KB134553

재미있는
영어 인문학
이야기
4

영어 단어를 통해 서양의 정치, 사회, 문화, 역사, 상식을 배운다

강준만 지음

재미있는
영어 인문학
이야기
4

The servant polished the apple to please his master

Which is your preference, tea or coffee

empty nest syndrome

A quick nap is restorative for him

I answered his insult tit for tat

Blonde hair cascaded over her shoulders

lock in profits

microblogging

shame-dumping

self-monitoring behavior

You're a slippery little thing, ain't you?

The trouble with socialism is that it would take too many evenings

The world runs on connections

What's your favorite comfort food?

daisies growing over me

Clear thinking requires courage rather than intelligence

Charity is no substitute for justice withheld

ageism

Jests that give pains are no jests

No sweat, no sweat

인물과
사상사

'이타주의'와 '간통'은
무슨 관계인가?

altruism(이타주의, 이타성)은 '타인'이라는 뜻의 라틴어 'alter hic'에서 유래한 것으로, 19세기 프랑스 철학자 오귀스트 콩트Auguste Comte, 1798~1857에 의해 생겨난 말이다. 이기적이지 않은 동기, 즉 자신이 치러야 하는 대가나 희생을 고려하지 않고 타인에게 행복을 주려는 욕망에서 비롯된 행동을 나타내는 말로 사용되었다.[1]

altruism은 어원상 adultery(간음, 간통)와 사촌 관계다. adultery는 '부부 간 신뢰의 위반'이라는 뜻을 가진 프랑스 고어古語 adultere에서 나온 말이다. 더 거슬러 올라가면 '타락시키다debauch'는 뜻을 가진 라틴어 adulterare가 그 어원이다. adulterare는 alter에서 나온 말인데, 앞서 지적했듯이 alter는 영어로 other(타인)라는 뜻이다. adulterare는 '남을 향하다'는 뜻인데, 그 향하는 대상이 이성異性이라서 '간음, 간통'으로 이어진 것이다. altrui는 이탈리아어로 '다른 사람에게 속한다'는 뜻인데, 이성 관계가 아닌 관계에서 다른 사람에게 속한다는 것, 즉 남을 배려하는 것이 이타주의나 이타심이라는 의미를 갖게 된 것이다.[2]

여러 연구 결과를 보면, 행복한 사람일수록 이타적이라고 하지만, 이타적인 사람들 가운데 타인을 돌보는 데만 치중해 정작 자신은 자신의 기본적인 욕구조차 전혀 알아차리거나 보살피지 못한 채 암울하게 살아가는 경우도 있다. 이와 관련, 앤서니 그랜트Anthony M. Grant와 앨리슨 리Alison Leigh는 『행복은 어디에서 오는가』(2010)에서 다음과 같이 말한다.

"이기심을 버리고 타인을 돕는 일이 자신의 삶을 희생하고 파괴하라는 것은 아니다. 이런 역기능을 가져다주는 이타주의는 절대 피해야 한다. 먼저 자신을 돌봐야만 진정으로 타인에게 베풀 수 있다. 이기적이거나 자기중심적으로 들릴 수도 있지만, 절대 그렇지 않다. 타인을 보살피고 싶다면 먼저 자신을 보살펴라. 회복과 재충전이야말로 이타주의를 지속시키는 밑거름이 된다."[3]

parochial altruism(자기집단 중심적 이타성)은 이타성이 자신이 속한 집단을 위해서만 발휘되는 이타성을 말한다. 이와 관련, 미국 시카고대학 경영대학원의 행동과학 교수 니컬러스 에플리Nicholas Epley는 "자살 폭탄 테러리스트들은 지독히 가난한 환경에서 자란 사람들이 아니다. 다른 사람의 고통을 느끼지 못하는 사이코패스도 아니다. 그들에게도 가족이 있고 일부에게는 자식도 있다. 그들도 자신과 가까운 사람들을 사랑한다"며 다음과 같이 말한다.

"폭력적인 행동가와 비폭력적인 행동가를 구분하는 것은 완전히 인간적인 감정과 동기이다. 사회집단에 대한 깊은 유대감, 대의를 위해 고통을 감수하는 사람들에 대한 강한 연민, 공격당하는 생계를 지켜내기 위해 몸과 마음을 바치는 헌신 등 우리와 너무나 비슷한 감정과 동기가 폭력과 비폭력을 구분 짓는다. 폭력적인 행동가는 자신의 집단에 대한 연민에 휩싸여 자연스럽게 경쟁 관계에 있는 다른 집단을 업신여기는 일을 자주 하게 된다. 이들은 '자기집단 중심적 이타성'에 따라, 쉽게 말해 자신에게 어떤 결과가 닥칠지 전혀 고려하지 않고 오직 자기집단의 이익이나 자신의 대의를 위한 강한 신념에 따라 행동하는 것이다."[4]

이상은 '재미있는 영어 인문학 이야기'의 한 샘플로 써본 것이다. 모두 100가지의 그런 이야기를 담고 있는 이 책은 『교양영어사전』(2012), 『교양영어사전 2』(2013), 『인문학은 언어에서 태어났다: 재미있는 영어 인문학 이야기』(2014), 『재미있는 영어 인문학 이야기 1』(2015), 『재미있는 영어 인문학 이야기 2』(2015), 『재미있는 영어 인문학 이야기 3』(2015)에 이어 내놓는 이 분야의 7번째 책이다. 이 일은 이른바 '잡학雜學 상식'에 대한 열정으로 내가 재미있고 좋아서 하는 일이다. 독자들이 내가 누린 재미의 일부라도 공유할 수 있기를 바랄 뿐이다.

2016년 4월

강준만

제3장 역사 · 사회 · 변화

제4장 경제 · 세계화 · 국제관계

제5장 교육·대학·가족

제6장 인생·삶·행복

제9장 과학기술 · 디지털화 · 소통

◉

제10장 건강 · 수면 · 스포츠

◉

심리·마음·두뇌

왜 우리는 '도망간 선장'에게
핏발 선 욕설을 퍼부었을까?
●
projection

　　　　　　　　　　"기억을 잃는 대상을 볼 때는 모든 아픔을 떠안게 된다. 어떻게 보면 이제 〈내 머릿속의 지우개〉는 두 남녀의 사랑을 기억상실증이 방해하는 그 사랑에 대한 판타지 얘기인 것 같다. 그런데 〈나를 잊지 말아요〉에서는 어떤 아픔을 잊고자 하는 남자, 상처 입은 남자의 방어기제에 의해서 부분적인 어떤 기억을 다루는 얘기다." [1]

　　영화배우 정우성이 2016년 1월 7일 종합편성채널 JTBC 〈뉴스룸〉에 출연해 손석희 앵커와 인터뷰를 하면서 그날 개봉한 새 영화 〈나를 잊지 말아요〉에 대해 한 이야기다. 이렇듯, 지그문트 프로이트Sigmund Freud, 1856~1939가 말한 정신적 '방어기제defense mechanism'라는 개념은 우리의 일상용어로 자리 잡았다. 프로이트는 방어기제가 우리가 불안에서 자신을 지키기 위해 사용하는 수단이라고 보았다. 예를 들어 어떤 불쾌한 기억 때문에 화가 났을 때 이 기억을 의식에서 억누르거나 아예 일어나지 않았다고 부인함으로써 자아를 방어하는 것이다. [2]

　　방어기제는 30여 개에 이르는데, 그중에서도 가장 흥미롭거니와 널리 거론되는 게 바로 '투사projection'다. 투사는 자기 자신의 동기나 불편한 감정을 다른 사람에게 돌림으로써 불안과 죄의식에서 벗어나고자 하는 방어기제다. 투사에는 문제의 소재를 가상적인 원인으로 돌리거나, 개인의 성격적 결함으로 돌리거나, 다른 사람의 책임으로 돌리는 등의 3가지 유형이 있는데, 가장 문제가 되는 게 바로 세 번째 유형의 투사다. 남에게 큰 피해를 줄 수 있기 때문이다.[3]

'투사投射'라는 말을 좀더 실감나게 이해하기 위해선 project의 어원부터 아는 게 좋겠다. project는 앞을 뜻하는 라틴어 접두어 'pro'와 '던지다'의 'iacere'가 합쳐져 만들어졌다. 원래 이 단어는 빛이 그림자를 벽에 던진다, 즉 '투영하다'를 의미했는데, 점차 어떤 일을 착수하기 전에 머릿속에서 그 일을 '투영해' 본다는 뜻에서 계획 또는 계획된 일로 의미가 확장되었다.[4]

일레인 아론Elaine N. Aron은 『사랑받을 권리: 상처 입은 나를 치유하는 심리학 프레임』(2010)에서 "투사를 사용하는 사람들은 스스로를 쓸모없는 존재라고 느끼도록 만드는 특징들을 다른 사람의 모습에서 찾는다. 우리는 놀라울 정도로 능숙하게 이 교묘한 방어기제를 사용한다. '돈만 밝히는 속물은 딱 질색이야'라는 말은 자기 자신이 속물이라는 사실을 알려주는 신호일 수 있다"며 다음과 같이 말한다.

"그러한 자질을 싫어하는 이유는 자신의 속물스러운 면을 마음속 깊이 수치스러워하기 때문일 수 있다. 수치심을 없애기 위해 속물적인 행동이 크나큰 잘못이라고 여기고 자신은 결코 그렇게 하지 않으리라 믿는 것이다. 또 타인에게 비판적인 사람이 '그 여자는 너무 비판적인 성향이 있더라' 하는 말을 하기도 한다. 자신의 비판적인 면이 싫어서 거기에 집착하다 보니 다른 사람에게서 그런 면을 더욱 잘 발견하게 되는 것이다. 스스로의 외모에 대해 끊임없이 신경 쓰고 걱정하면서도 그래서는 안 된다고 생각하는 사람은 무의식적으로 이런 말을 할 수 있다. '저 사람들은 허영이 너무 심해. 자기가 어떻게 보일지에만 신경 쓴다니까.'"[5]

샌디 호치키스Sandy Hotchkiss는 『사랑과 착취의 심리』(2002)에서 투사를 '수치심 떠넘기기shame-dumping'라고 부르면서, 이는 나르시시스트들의 가정에서 흔하게 볼 수 있는 현상이라고 말한다. "예를 들어, 자신의 성적 욕망 때문에 갈등하는 어느 어머니가 십대 소녀인 딸을 창녀 같은 계집애라고 몰아세운다. 심지어 소녀는 어머니가 붙인 이 꼬리표를 그대로 받아들이고 실제로 난잡한 생활에 빠져들기도 한다. 어머니는 자신이 받아들일 수 없는 육체적 욕망을 딸이라는 하얀 스크린에 투사한 셈이다."[6]

세월호 참사와 관련, 2014년 4월 이하경은 "여론은 선장에게 살인죄를 적용하라고 아우성이다. 살아온 세월보다 살아갈 세월이 훨씬 많은 어린 생명들이 세월호와 함께 차디찬 바다에 갇혀버린 가혹한 현실에 분노한다. 사람들은 '신은 어디에 있는가'라고 절규한다. 선장은 유죄다. 검찰이 살인죄 적용을 검토할 만도 하다. 그렇다면 우리는 무죄인가"라고 물으면서 다음과 같이 말했다.

"휴대전화와 반도체·자동차를 잘 만들고, 김연아와 류현진이 있으면 다 용서되는가. 사람으로서 가져야 할 최소한의 윤리, 염치가 실종된 약육강식의 정글 같은 현실을 만들어낸 데에 아무런 책임이 없을까. 이 나라에선 공부만 잘하면 된다. 좋은 학교 나와서 좋은 직장에 들어가 잘 먹고 잘살면 그만이다. 돈 있으면 '황제 노역'도 되고, 돈 없으면 '세 모녀 자살'도 남의 일이 아니다. 힘없는 사람을 무시하고, 끼리끼리 특권을 주고받으면서 살아도 되는 사회. 그게 이번에 세월호를 침몰시킨 대한민국의 실체다. 이런 부끄러운 자화상이 집단적으로 투사投射된 결과가 '도망간 선장'에 대한 핏발 선 욕설이 아니었을까."[7]

왜 특권의 바다에서 헤엄치는
사람들은 자신의 특권을 모를까?

●
introspection illusion

introspection은 "내성內省, 자기
성찰", encourage introspection은 "자성을 촉구하다", take
some time for introspection(self-examination)은 "반성의
시간을 갖다"는 뜻이다. I don't think I am cut out for
introspection(나는 아직 자기반성의 준비가 되지 않은 것 같아).
The election defeat led to an introspection within the
party(선거 패배는 당 내부의 자기반성을 유도했다). His defeat
in the world championship led to a long period of
gloomy introspection(세계 선수권에서 그의 패배는 오랜 기간
에 걸친 우울한 자기반성으로 이어졌다).[8]

introspection method는 "내성법內省法, 내관법"으로 실
험 참가자에게 자극을 제시하고 그 자극에 대해 어떻게 지각
하는지, 자신의 마음을 살펴(내성해) 보고하게 하는 방법이다.
줄여서 introspection이라고도 한다.[9]

introspection illusion은 '내성 착각, 자기관찰의 착각'
이다. 사람들은 자신의 정신 상태에 대해 자신이 잘 아는 통찰
력이 있다고 믿는 경향이 있는데, 이런 내성 착각의 슬로건은

"나는 나 자신을 아주 잘 알아"다. 즉, 자기평가를 할 때 자기 관찰에 의한 통찰의 비중을 과다하게 높이는 현상을 말한다.[10] 이 용어의 작명자인 미국 프린스턴대학 심리학자 에밀리 프로닌Emily Pronin은 다음과 같이 말한다.

"사람들이 자신의 심리 상태에 대해서는 근원이 무엇인지 직접적인 통찰력을 갖고 있다고 잘못 생각하는 반면, 다른 사람들의 자기 성찰 능력은 믿을 수 없다는 식으로 취급한다. 특정 상황에서 이 같은 착각은 자신의 행동이나 앞으로의 심리 상태에 대해 매우 확신하지만 실은 잘못된 설명이나 예측을 하게 만든다."[11]

프로닌은 "자신에게 유리하게 사고하는 방식", 즉 '이기적 편향self-serving bias'은 내성 착각에서 비롯된다고 말한다. 사람들은 자기 자신을 신뢰하기 때문에 자기관찰이라는 주관적인 과정을 통해 자신을 평가하는 반면, 다른 사람은 신뢰하지 못하기 때문에 자기관찰이 아닌 그 사람의 행동 일반을 통해 평가한다는 것이다.[12]

이남석은 이렇게 말한다. "사람은 자신의 심리적 요인을 자신이 직접 관찰하면 잘 알 수 있다고 생각하지만, 인지부조화 이론theory of cognitive dissonance에 의하면 사람은 자신의 행동을 일으킨 심리적 상태에 관해서 사실과 다른 결론을 내리는 경우가 더 많다.……일상생활에서도 상대방에게 심리 상태를 물어 답을 구했을 때, 그것에 너무 의지하지 않는 것이 좋다. 그 자신도 모르게 그럴듯한 이야기를 만들어낸 것일 수 있기 때문이다."[13]

특권을 누리는 사람들이 자신의 특권에 무감각한 채 사회를 향해 엉뚱한 말을 해대는 것도 바로 내성 착각 때문이다.

엘리엇 애런슨Elliot Aronson은 『거짓말의 진화: 자기정당화의 심리학』(2007)에서 "물고기가 헤엄치는 물을 의식하지 못하는 것처럼 우리 모두 자신의 맹점을 의식하지 못하지만, 특히 특권의 바다에서 헤엄치는 사람들은 이러한 맹점을 계속 인지하지 못할 확률이 더 높다"며 다음과 같이 말한다.

"풍족한 특권을 누리는 사람들은 대부분 자신이 지나치게 많은 특권을 누린다고 생각하거나 행운 덕분에 특권을 누린다고 생각하는 경우도 거의 없다. 특권은 그들의 맹점이다. 눈에 보이지 않으므로 그들은 그것에 대해 깊이 생각하지 않는다. 그들은 자신의 사회적 지위를 당연히 누려야 하는 것으로 정당화한다. 이런저런 방식으로 우리는 누구나 인생이 우리에게 제공하는 특권에는 맹목적이다."[14]

왜 무관심하던 연인도 경쟁자가
나타나면 열정이 되살아나나?

○
scarcity

scarcity는 "부족, 결핍, 희소성, 희귀성", the scarcity of teachers는 "교원 부족", a year of great scarcity는 "대흉년", scarcity value는 "희소가치", cause a scarcity는 "부족하게 만들다(기근을 낳다)", cause a scarcity of~는 "~의 부족을 초래하다", relieve the scarcity of~는 "~의 흠핍솟즈(기근)을 구하다"를 뜻한다. Scarcity of parking space is another serious problem(주차 공간의 부족도 심각한 문제죠). There is no scarcity of love in the world(세상에는 사랑의 결핍이란 없다). Eventually, the scarcity of homes would push prices up(결국 주택 부족은 가격 상승을 초래할 것이다). A scarcity of food can lead to war(식량 부족은 전쟁으로 이어질 수 있다).[15]

프랑스 경제학자 베르나르 마리스Bernard Maris는 "자본주의는 희소성이 존재하지 않는 곳에 희소성을 만들고, 욕구가 사라진 곳에 욕구를 창출하며, 과다한 곳에 부족함을 도래케 하고, 불필요한 것에 대한 필요를 주입하려고 항상 노력한다"며 "희소성은 부족을 만들고, 부족은 필요를 초래하며, 필요는

다시 희소성을 창출한다"고 했다.[16]

범죄학자 엘든 테일러Eldon Taylor는 "희귀성은 시간제한이나 소량의 문건 등의 문제만은 아니다. 순종의 원리를 이용하는 사람들은 다른 종류의 희귀성도 만들어낸다. 심문자로일할 때 나는 종종 정직의 희귀성을 들먹였다"며 이렇게 말한다. "정직은 백분율로 산정되는 게 아니다. 정직하거나 부정직하거나 둘 중 하나다. 정절과 마찬가지로 말이다. 대부분의사람은 90% 충실한 배우자를 원하는 게 아니다. 나머지 10%가 언제나 신경을 건드리게 마련이다. 심문 대상자의 진실성을 언급하면서 사람이 정직하기가 어렵다는 생각을 심어주면그 사람은 정직하게 행동하게 된다."[17]

2003년 2월 브리티시 에어웨이가 콩코드 항공기를 더는사용하지 않을 것이라는 소식을 발표하자, 콩코드 항공기의좌석이 날개 돋친 듯 팔려나갔다. 같은 해 10월 그들은 길이막히든지 말든지 차를 세우고 콩코드 항공기의 마지막 이륙을지켜보았다. 심리학자 로버트 치알디니Robert Cialdini는 이렇게말한다. "그것은 지난 30년간 매일 보던 광경과 조금도 다를바 없었는데도 말이다."[18]

그런 현상을 가리켜 치알디니는 'principle of scarcity(희귀성의 원칙)'라고 했다. 그는 "사람들은 뭔가를 얻는다는 생각보다는 비록 가치가 같다 해도 뭔가를 잃어버린다는 생각에 더 민감하게 반응하는 듯하다"고 말한다. "희귀성의 원칙을 가장 노골적으로 사용하는 경우는 고객들에게 어떤제품이 수량 부족으로 금방 매진될 것 같다고 홍보하는 '한정판매' 전략이다.……비슷한 전략으로 '마감 시간deadline' 전략이 있다. 제품을 구매할 수 있는 시간을 공식적으로 제한하는 전략이다."[19]

치알디니는 원래 풍부한 것이 갑자기 부족해지면 그 결핍을 더 심각하게 느낀다며 역사적 사례들을 제시한다. 미국의 독립혁명을 비롯해 세계의 거의 모든 혁명은 한동안 삶의 질이 향상되다가 갑자기 악화되면서 발생한 것이다. 이걸 이해해야 다음과 같은 의문도 풀린다. "미국 흑인들은 300여 년 동안 대부분의 기간은 노예 상태로, 또 해방 후에도 오랜 기간을 궁핍과 핍박 속에서 보냈는데 왜 하필 흑인의 사회적 지위가 상당히 향상된 1960년대에 폭동을 일으켰을까?"[20]

치알디니는 "사람들은 어떤 물건이 희귀해지면 더 갖고 싶어 하지만, 그 물건이 경쟁 상태에 있으면 그보다 훨씬 더 갖고 싶어 한다"며 이렇게 말한다. "희귀한 자원을 놓고 경쟁한다는 기분은 매우 강력한 동기를 부여한다. 무관심하던 연인도 경쟁자가 나타나면 열정이 되살아난다. 따라서 자신을 흠모하는 사람의 존재를 밝히는(또는 꾸며내는) 것은 연인의 사랑을 얻는 효과적인 전략이 될 수 있다."[21]

왜 우리는 서로
비슷한 사람들끼리 결혼할까?
●
affinity bias

affinity는 '친밀감, 관련성'을 뜻
한다. Sam was born in the country and had a deep
affinity with nature(샘은 시골에서 태어나서 자연에 대해 강한
친밀감을 갖고 있었다). There is a close affinity between
Italian and Spanish(이탈리아어와 스페인어 사이에는 밀접한 관
련이 있다). I have an affinity for the dresses designed by
him(나는 그가 디자인한 옷들을 아주 좋아한다). I guess he has
an affinity with the press(내 추측엔 그와 언론 사이에 밀접한
관계가 있다).[22]

affinity card(어피니티 카드)는 사용할 때마다 자선단체
같은 곳에 일정한 금액이 기부되는 신용카드를 말한다. 미국
에서 1980년대 말부터 사용되었다.[23]

affinity bias(호감 편향)는 사람들이 키, 체형, 나이, 머리
색깔, 눈 색깔, 배경 등이 대략 비슷한 사람에게 호감을 갖는 것
을 말한다. 물론 그렇게 비슷한 사람들끼리 결혼할 확률도 압
도적으로 높다. 이와 관련해서 마거릿 헤퍼넌Margaret Heffernon
은 "우리가 자기와 비슷한 사람들이 사는 동네에 정착하고, 자

affinity bias

기 아이들에게 골라준 학교와 같은 학교에 다니는 아이를 둔 사람들이 사는 곳에 정착하는 이유와 같다"며 다음과 같이 말한다.

"우리가 모두 하나같이 일률적인 사람들은 아니지만 신경학적으로는 자기와 비슷한 사람을 좋아하는 편견이 형성되어 있다. 따라서 비슷한 사람들로 구성된 영화 제작사나 텔레비전 방송국이 놀라울 정도로 유사한 선택을 내리더라도 크게 놀랄 필요가 없다. 창의력을 위해서는 발산적 사고가 필요하지만 표면적으로는 창의적인 산업계가 사실은 수렴적 사고를 맹렬히 받아들이고 있다."[24]

affinity group(동종 집단)은 동호인 단체처럼 공통의 취미나 관심사 등 친화성을 계기로 하여 모이는 집단을 말한다. 이들은 돈벌이의 대상으로 IT 기업들의 주목을 받고 있다. 이와 관련, 더글러스 러시코프Douglas Rushkoff는 다음과 같이 말한다.

"수백만의 사람들이 프렌드스터나 페이스북 등과 같은 소셜 네트워크 사이트에다 자신의 상세한 이야기를 올리고 다른 이들과 링크를 걸며 동종 집단affinity group을 만든다. 기업들이 사람들에게 웹의 공간을 제공하는 대가로 큰돈을 벌 수는 없겠지만 그들은 사람들에게 자기표현의 기준으로 강요할 수 있으며 그 모든 정보를 시장 조사자들에게 팔 수 있다."[25]

앤디 메리필드Andy Merrifield는 동종 집단에 의한 affinity politics(동종 정치)의 가능성에 대해 이렇게 말한다. "많은 경우에 동종 집단은 권력 장악보다는 생활에 대한 통제권을 회복하는 것에 더 관심이 많다. 이는 다시 시민이 되고 싶다는 욕망의 핵심이다. 즉, 생활의 통제력을 되찾고, 일종의 참여민

주주의적 형태로 그것을 회복하길 바라는 욕망, 집단적으로
지배할 수 있고, 어떤 방식으로든 우리 자신을 표현할 수 있기
를 바라는 욕망 말이다."[26]

왜 모방은 사회를 유지시키는 원동력인가?

●
emotional contagion

병원의 신생아실에 있는 아기들은 옆의 아이가 울면 따라서 운다. 아기들만 그러는 건 아니다. 우리 인간은 성인이 되어서도 누군가가 아파하면 마음이 찡해지는 등 타인의 희노애락喜怒哀樂에 공감하는 반응을 보이게 된다. 이를 심리학에서는 emotional contagion이라고 한다.[27] 우리말로 '감정 전염', '정서 전염', '감정전이' 등으로 번역해 쓰는 emotional contagion은 사회적 차원에서도 일어난다. 백승찬은 다음과 같이 말한다.

"세월호 참사 때 한국인들은 너 나 할 것 없이 애도의 기분에 휩싸였다. 2002년 한·일 월드컵 때는 축구에 대해 아무것도 모르는 사람도 함께 즐거워했다. 선거 직전에 여론조사 결과 공표가 금지되는 것도 '남들과 같은 행동'을 하고 싶어 하는 사람들의 심리 때문이다. 대형 사건, 이벤트를 떠올릴 것도 없다. 부서의 누군가가 우울에 빠져 있으면, 우울감이 부서 전체를 장악하는 건 시간문제다."[28]

우리는 모방을 좋지 않은 것처럼 말하지만, 사실 모방이야말로 사회를 유지시키는 원동력이라고 할 수 있다. 마이클

가자니가Michael S. Gazzaniga는 "당신은 당신과 비슷한 사람을 무의식중에 좋아하게 되고 그와 관계를 맺는다. 누군가 우리를 흉내내면 우리는 흉내내지 않는 사람보다 흉내낸 사람들에게 더 협조적이게 된다"며 다음과 같이 말한다.

"흉내내기는 확실히 사회적 교류라는 기계에 윤활유처럼 작용하며 긍정적인 사회적 행동을 증가시킨다. 이와 같은 친사회적 행동을 통해 사람들이 연결되면 연대가 더 단단해지고 많은 사람들 속에서 더욱 안전해지는 부수적 효과를 얻을 수 있다."[29]

그러나 의사와 같은 전문 직종에 종사하는 사람들은 '감정 전염'을 경계해야만 한다. 리처드 레스택Richard M. Restack은 "의사로서 나는 공포와 분노, 좌절과 슬픔 등 다른 사람의 부정적인 감정에 일상적으로 노출되기 때문에 정서 전염이 될 위험에 자주 처한다. 많은 의사, 특히 신경학이나 정신의학을 전공한 의사들은 거의 항상 부정적인 감정에 노출된다"며 다음과 같이 말한다.

"자신의 기분이 얼마나 좋은지, 또 삶이 얼마나 잘 풀려가는지 얘기하러 들어오는 환자는 없다. 환자와 의사 사이에서 주고받는 것들은 문제와 고통, 저조한 기분이다. 이 부정적인 성향의 흐름은 의사에게 특별한 도전거리를 던진다. 만약 의사가 지나치게 공감적이라면, 즉 모든 고통과 저조한 기분을 있는 그대로 개인적으로 경험한다면, 거기에 압도당해서 자신의 환자를 도와줄 수 없게 될 위험이 있다. 그러나 다른 한편으로, 의사가 자신과 환자 사이에 스스로를 보호하기 위한 감정의 벽을 세운다면, 환자는 의사가 냉담하며 마음이 닫혀 있다고 분명히 느낄 것이다."[30]

인간의 두뇌는 백지상태였다가 경험에 의해 형성되나?

●
tabula rasa

　　　　　　　　tabula rasa는 "글자가 씌어 있지 않은 서판書板, (마음 등의) 백지白紙상태, 순결한 마음"을 뜻하는 라틴어다. 영국 사상가 존 로크John Locke, 1632~1704는 첫 번째 저서인 『인간오성론Essay concerning Human Understanding』(1690)에서 바로 이 tabula rasa의 원리를 들어 우리가 머릿속에 생각을 갖고 태어나는 것이 아니라고 주장했다. 정신은 비어 있는 상태로 태어나고 지식은 경험에서 온다는 것이다.

　　로크의 주장은 프랑스 철학자 르네 데카르트René Descartes, 1596~1650나 당시의 이신론자들이 믿고 있던 '생득관념生得觀念'을 완전히 부정하는 것이었다. 로크는 인간의 문제에 대해 절대적인 대답이 있다는 생각을 배격하고 답은 하나씩 직접적인 실험을 통해 찾을 수 있다고 주장했다. 그를 '경험주의empiricism의 아버지'라고 부르는 이유도 바로 여기에 있다. 로크는 경험주의를 온몸으로 구현했다. 그는 처음에 학자였다가 의사가 되었으며, 그 후 외교관, 공무원, 경제학자, 시사평론가 등으로 직업을 바꾸었는데, 이는 경험만이 어떤 것을 배울 수 있는 유일한 수단이라고 생각했기 때문이다. [31]

김대식은 "계몽주의 철학자들은 인간의 본성을 '백지상태tabula rasa'라고 믿었다. 문명과 전통에 때 묻지 않은 인간은 백지 같기에, 교육과 문화를 통해 선하고 창의적인 사람으로 키울 수 있다는 가설이다. 이는 물론 과학적 근거가 없는 희망 사항일 뿐이다. 갓 태어난 인간의 뇌는 이미 수억 년 진화의 결과물들로 가득 차 있으니 말이다"며 다음과 같이 말한다.

"그렇다면 반대로 인간은 태어날 때부터 잔인하고 사악할 수밖에 없는, 다른 인간에겐 언제나 늑대homo homini lupus여야 할까? 이 주장 역시 현대 뇌과학적 관점으론 난센스다. 현실은 훨씬 더 복잡하다. 1000조가 넘는 뇌 시냅스들은 대략 1/3 유전, 1/3 환경, 그리고 1/3 랜덤 현상을 통해 만들어진다. 완벽한 교육으로도 모든 인간이 선하게 될 수는 없지만, 아무리 암흑한 환경에서도 모든 인간이 자동으로 '늑대'가 될 수는 없다는 말이다. 우리는 단지 문명과 교육을 통해 선과 창의성이 무지와 악과 싸워 이길 수 있는 확률만을 높일 수 있을 뿐이다."[32]

tabula rasa는 텔레비전의 영향력을 둘러싼 논쟁에서도 쟁점이 되었다. 1957년 한 연구자는 "유권자는 텔레비전 앞에 앉기도 전에 이미 텔레비전에서 어떤 이야기가 나오더라도 미리 결정된 방식대로 반응할 준비가 되어 있다"며 "인간은 결코 미디어가 채울 수 있는 타불라 라사tabula rasa가 아니다.……인간은 후보자가 말하는 것들 중 많은 사안에 긍정적이거나 부정적으로 반응할 수 있는 가치 감각을 갖추고 있다"고 주장했다. 그러나 이후 텔레비전이 사실상 시청자들의 인식에 영향을 미치고 그 인식을 바꿔놓을 수도 있다는 사실이 밝혀졌다.[33]

미국 하버드대학 진화심리학자 스티븐 핑커Steven Pinker, 1954~는 『빈 서판The Blank Slate』에서 인간의 두뇌가 백지(빈 서판)상태로 태어나서 경험에 의해 형성된다는 견해는 허튼소리에 불과하다고 일축했다. 보편적인 인간의 본성은 진화 과정에서 습득되어 두뇌의 성장을 조절하는 유전자 하드디스크에 저장되었다는 것이다. 그는 오늘날 우리가 볼 수 있는 인간의 행동은 전적으로 인류 진화 초창기의 유전적 선택 결과를 반영하고 있다는 '진화심리학evolutionary psychology'을 열정적으로 옹호한다.[34] 그는 다음과 같이 말한다.

"가장 최근의 연구는 뇌의 많은 속성들이 오감을 통해 얻은 정보에 좌우되는 것이 아니라 유전적으로 체계화된다는 것을 보여주고 있다.……행동은 문화권마다 다르게 나타날 수 있다. 그러나 그 행동을 하게 하는 멘탈 프로그램의 설계가 문화마다 다를 이유는 없다. 인간은 학습을 담당하는 선천적인 시스템을 가지고 있기 때문에 지능에 의존하는 행동들을 성공적으로 습득할 수 있다."[35]

왜 버락 오바마는 하루 중 어느 순간 갑자기 눈물을 흘리나?

●

empty nest syndrome

foul(befoul) one's own nest는
"자기 집안(회사, 정당, 편)의 일을 나쁘게 말하다"는 뜻이다.
직역을 하자면, 새가 자기 둥지를 더럽힌다는 뜻인데, 그런 새
는 없다. 그래서 비유적으로 자기편에 대해 나쁘게 말하는, 매
우 이색적인 일을 가리키는 말로 쓰게 된 것이다.[36]

nesting족은 직장에서 정시에 퇴근해 가족의 화목을 중
시하고 집안 가꾸기에 열중하거나 개인적인 취미생활에 집중
하는 사람을 말한다.[37] empty nester는 성장한 자식을 집에
서 떠나보낸 부모를 가리키는 말로, 1960년대부터 사용되었
다.[38] empty nester는 외롭기 마련이다. 그래서 나온 말이
empty nest syndrome(빈둥지증후군)이다. 2015년 4월 외신
을 타고 전해진 다음 뉴스를 보자.

"국내외 현안으로 눈코 뜰 새 없이 바쁜 버락 오바마 대통
령을 힘들게 하는 스트레스는 무엇일까. 미국 대통령의 눈물
도 찔끔하게 하는 요인은 다름 아닌 '빈둥지증후군empty nest
syndrome'이었다고 AFP통신은 전했다. 오바마 대통령은 7일
(현지시간) 조찬기도회에 참석해 '하루 중 어느 순간 갑자기

눈물이 나기 시작하는데 이유를 알 수 없다'며 '내가 슬픈 이유는 딸들이 떠나기 때문'이라고 말했다. 만 16세인 오바마 대통령의 큰 딸 말리아는 아직 고등학교도 졸업하지 않은 상태다. 오바마 대통령은 '여기 모인 모든 이들의 기도는 나와 내 아내 미셸에게 큰 힘이 된다. 특히 우리 딸들이 자라나 대학교 탐방을 시작하는 요즘 같은 시기엔 더더욱 말이다'라며 '기도가 필요하다'고 호소했다. 목소리까지 떨며 말하는 오바마 대통령에 청중들은 크게 웃음 지었다."[39]

서양인들도 많이 느끼고 있기에 empty nest syndrome이라는 말이 나왔겠지만, 이는 과학적 사실이라기보다 미디어가 만들어낸 허상이라고 주장하는 이들도 있다. 예컨대, 조르디 쿠아드박Jordi Quoidbach은 『행복한 사람들은 무엇이 다른가: 행복을 결정짓는 작은 차이』(2010)에서 실제로는 많은 부모가 자녀가 완전히 독립할 때 제2의 청춘을 맞이한다고 주장하면서 이를 입증하는 연구 결과들을 제시한다.

쿠아드박은 "자녀들은 행복에 매우 미미한 영향을, 그것도 '부정적인' 영향을 미친다는 것이다!……그렇다면 왜 자녀가 행복을 가져다준다는 내면의 직관과 과학적 데이터는 이토록 강하게 모순되는 것일까?"라는 질문을 던지면서 3가지 답을 내놓는다.

첫째, 기억의 작동 방식 때문이다. 응원하는 축구팀이 마지막 90분에 인상적인 플레이를 펼친 덕에 승리를 하면 그 경기 자체를 인상적이었다고 기억할 확률이 매우 높다. 사실상 경기의 89분은 하품이 나올 정도로 지루했음에도 말이다. 사람들은 주로 가장 전형적인 순간들이 아닌 가장 강렬한 순간들을 기억한다.

둘째, 자녀들이 특별한 행복의 순간을 선사해준다는 사실은 인정한다 해도 일상적 활동에서는 방해를 받을 수밖에 없기 때문이다. 매일 자녀들을 돌보아야 하기 때문에 친구를 만나기 위해 외출을 하는 것도, 계획을 실현시키는 것도, 사랑을 나누는 것도 쉽지가 않다. 이 모든 것이 행복에 매우 중요한 역할을 하는데도 말이다.

셋째, 행복을 가져다주는 무엇에 대한 대가를 지불하려고 할 때, 지불한 대가가 클수록 만족감도 커지기 때문이다. 비싼 금액을 지불하고 와인을 구입했을 때, 그 와인을 더 고급스럽게 느낀다는 연구 결과가 이를 증명한다. 이러한 판단의 오류는 사람들이 왜 자녀를 행복의 중요한 원천이라고 생각하는지를 설명해준다. 자녀가 주는 행복에 가치를 부여하고 그에 대한 투자를 정당화하며 막대한 대가를 치르기 때문이다.[40]

범죄 피해자와 가해자의 화해는 가능한가?

restorative justice

restorative는 "원기를 회복시키는", the restorative power of fresh air는 "원기를 회복시키는 힘이 있는 신선한 공기", restorative drinks는 "원기를 회복시키는 음료", a restorative(a tonic, an invigorant)는 "피로 제거제"를 뜻한다. I hope the repose has been restorative(나는 그 휴식이 원기 회복 효과가 있기를 바란다). A quick nap is restorative for him(잠깐 동안의 낮잠은 그에게 원기를 회복시켜준다). Vermont is a restorative justice state(버몬트는 회복적 사법제도를 시행하는 주다).[41]

마지막 문장에 나온 'restorative justice'에 주목해보자. 흔히 '회복적 정의' 또는 '회복적 사법'으로 번역해 쓰는 이 개념은 범죄 피해자가 입은 손해의 회복에 초점을 맞추며 그 과정에 모든 당사자가 관여할 것을 요하는 형사 사법 이론과 과정을 말한다. 앤서니 기든스Anthony Giddens는 『사회학의 핵심 개념들』(2014)에서 다음과 같이 말한다.

"오늘날 널리 퍼져 있는 징벌적 사법 체계는 불과 18세기에 그 역사가 시작된 비교적 근래의 것이다.……현대의 회복

A quick nap is
restorative for him.

적 사법 운동은 뉴질랜드 마오리족 공동체와 호주 원주민 집단의 회복적 모델에서 영감을 얻어서 1970년대 말에 등장했다. 그러나 범죄학자들 사이에서는 이러한 운동을 자극한 요인으로 기존의 징벌적 정책에 대한 환멸, 여전히 높은 재범률, '어떤 것도 소용없다'는 느낌이 거론된다."[42]

미국에서 '회복적 정의의 아버지'로 불리는 하워드 제어 Howard Zehr는 『회복적 정의란 무엇인가?: 범죄와 정의에 대한 새로운 접근Changing Lenses: A New Focus for Crime and Justice』 (1990)에서 "우리는 정의를 응보로 정의하지 말고, 원상회복으로 정의해야 한다. 범죄가 손해이면, 정의는 손해를 배상하고 치유를 촉진하는 것이다. 원상회복 행위는 범죄의 해악과 평형을 이루어야 한다. 더이상의 해악을 만들어내서는 안 된다"며 다음과 같이 말한다.

"사법의 첫 번째 목적은 피해자에 대한 원상회복과 치유이어야 한다.……피해자와 가해자의 관계 치유는 사법에서 두 번째로 중요한 관심 사항이 되어야 한다. 피해자-가해자 화해 운동Victim Offender Reconciliation Program도 이와 같은 목표를 화해로 인식한다.……가해자도 치유를 받아야 한다. 물론 자신의 행위에 책임을 져야 한다. '궁지'를 스스로 무사히 빠져나오게 그냥 내버려둘 수는 없다. 그러나 이 책임 accountability은 그 자체가 변화와 치유를 향한 걸음이 될 수 있다. 그리고 그들의 다른 요구들도 주목해야 한다. 공동체도 치유의 대상이다. 범죄는 공동체의 완전함을 잠식하기 때문에 이러한 손상을 치유해야 할 필요가 있다."[43]

제어는 책을 끝맺으면서 "이 책의 내용은 망상적이며 비현실적으로 받아들여질 수도 있다. 노예제도 폐지의 목소리도 한때는 마찬가지 입장이었다. 사실, 오늘날 상식이라고 생각하는 것의 상당수가 한때는 이상적인 것으로 여겨졌다. 렌즈는 변하는 것이다"며 다음과 같이 말한다.

"회복적 정의는 나에게조차도 이상주의적인 것으로 받아들여질 때가 있음을 고백할 수밖에 없다. 나 역시 화가 나고, 범죄 가해자를 비난하고 싶고, 대화를 망설이고 갈등을 싫어하는 까닭에 이 책을 쓰기가 두려운 적도 있었다. 그러나 나는 이상을 믿는다. 우리는 쉽게 이상을 잊고 살지만 이상은 여전히 우리에게 방향성과 기준을 제시하는 등불로 남아 있다."[44]

한국에서 회복적 정의를 위한 시도는 2006년부터 한국형사정책연구원의 정책 연구 과제로 진행된 '피해자–가해자 대화 모임'을 통해 이루어졌다. 한국에서는 사법 분야보다는 교육 분야에서 그 응용이 비교적 활발하다. 일부 학교들이 실시하는 '회복적 생활교육'이 바로 그것이다.[45]

자연스러운 게 좋은 건가,
좋은 게 자연스러운 건가?

●
naturalistic fallacy

"자연스러운 게 좋은 거야." 이렇게 말하는 사람이 많다. 그저 별 생각 없이 지나가는 말로 한 말이라면 모르겠지만, 정말 그렇게 믿는다면 문제다. 이를 '자연주의적 오류naturalistic fallacy'라고 한다. 영국 철학자 조지 에드워드 무어George Edward Moore, 1873~1958가 1903년에 출간한 저서에서 창안한 개념이다.

자연주의적 오류는 '현상'에서 '당위'로 비약하는 것으로, 현상이 곧 당위인 셈이다. "사람들은 서로 유전적으로 다르고 각자 능력과 재능을 다르게 타고나기 때문에 각자 다른 대접을 받아야 한다"고 말하는 이가 있다면, 그는 자연주의적 오류에 빠진 사람이라고 할 수 있다.

"좋은 게 자연스러운 거야." 이렇게 말하는 사람도 많다. 그저 별 생각 없이 지나가는 말로 한 말이라면 모르겠지만, 정말 그렇게 믿는다면 이 또한 문제다. 이를 '도덕주의적 오류moralistic fallacy'라고 한다. 1970년대 미국 하버드대학 미생물학과 교수 버나드 데이비스Bernard D. Davis, 1916~1994가 창안한 개념이다. 맷 리들리Matt Ridely는 이를 '역逆자연주의적 오류'

라고 불렀다.

도덕주의적 오류는 '당위'에서 '현상'으로 비약하는 것으로, 당위가 곧 현상인 셈이다. "모든 사람은 동등하게 대접받아야 하기 때문에, 사람들 간에 타고난 유전적 차이점이란 있을 수 없다"고 말하는 이가 있다면, 그는 도덕주의적 오류에 빠진 사람이라고 할 수 있다.

정치적 보수에 속하는 사람들은 자연주의적 오류를 저지를 가능성이 더 크다. 예컨대, 이런 주장을 함으로써 말이다. "남자가 경쟁심이 강하고 여자가 아이를 잘 돌보는 것은 자연의 섭리다. 그러니 여자는 집에 있으면서 애들이나 보고 정치 같은 것은 남자에게 맡겨야 한다."

정치적 진보에 속하는 사람들은 도덕주의적 오류를 저지를 가능성이 더 크다. 예컨대, 이런 주장을 함으로써 말이다. "서구 사회의 자유민주주의 원칙에 따르면 남자와 여자는 동등하게 대우받아야 한다. 따라서 남자와 여자는 생물학적으로 동일하며, 그와 다른 주장을 펴는 연구는 '추측건대' 그릇된 것이다."[46]

프란츠 부케티츠Franz Wuketits는 『왜 우리는 악에 끌리는가: 선악의 본질에 대한 진화론적 고찰』(1999)에서 "우리는 자연계에 갖가지 사물들이 단순히 존재한다는 것이 어떤 도덕적 의무로 이어지지는 않음을 쉽게 깨달을 것이다. 그러므로 '존재'가 우리를 직접 '당위'로 연결 짓지 않는다는 사실은 절대적으로 옳다"며 다음과 같이 말한다.

"하지만 인간의 존재와 당위를 살필 때는 상황이 약간 복잡해진다. 자연주의의 오류를 피하기 위해서는, 인간이 단지 존재한다는 이유만으로 도덕적으로 행동해야 한다고 주장해서는 안 된다. 그런데 우리는 인간이 선악을 구별하는 능력이 있다는 이유만으로 이미 도덕적으로 행동할 의미가 있다고 논증하는 경향이 있다. 왜냐하면 생물의 진화에 있어 인간이 등장하기 전에는 존재하지 않았던 의도, 목적, 목표가 자기 자신의 존재와 주변 세계를 의식하는 인간과 더불어 갑자기 중요성을 얻기 때문이다."[47]

롭 브룩스Rob Brooks는 『매일 매일의 진화생물학』(2015)에서 "나는 자연주의적 오류를 주의하라고 경고했다. 왜냐하면 매일같이 누군가는 '어떤 행동은 본능적이다'라는 주장으로 그들이 선택한 삶의 방식을 그럴듯하게 합리화하곤 하기 때문이다"며 다음과 같이 말한다.

"교회의 수장과 보수주의 정치가들은 이성애자로서 평생 일부일처로 사는 게 가장 자연스러운 것이라고 주장한다. 이에 반해 어떤 사람들은 인간의 가장 자연스러운 모습은 성적으로 문란한 것이라며 맹렬히 항의한다. 어떤 이들은 동성애가 자연스러운 모습이 아니라고 주장하는 반면, 다른 이들은 동성애도 이성애와 똑같이 자연스럽다고 주장한다. 진화는 우리가 이러한 행동을 이해하는 데 도움을 줄 수 있지만, 진화적 역사가 성적 문란함이나 성 정체성 같은 복잡하고 까다로운 문제들이 어떤 도덕적 서품을 부여하는 것은 아니다. 우선 우리는 우리가 어떻게 현재 모습이 되어왔는지 이해하고, 인간 행동이 표현되는 범주의 폭을 이해하는 데 초점을 맞추어야 한다. 우리는 이러한 아이디어를 우리 사회 속에서 그릇된 것들을 바로잡는 더 넓은 과정에 지혜롭게, 또 조심스럽게 반영해야만 한다."[48]

왜 동기부여는 외부가 아니라
내면에서 와야 하는가?

self-determination theory

You've got to get up every morning with determination, if you're going to go to bed with satisfaction(만족감을 느끼면서 잠자리에 들려면 매일 아침 결의를 다지면서 일어나야 한다). 미국 저널리스트 조지 호러스 로리머George Horace Lorimer, 1869~1937의 말이다. determination(결정, 결의)의 가치를 예찬하는 명언은 무수히 많다. 심리학자들이 그런 현상을 외면했을 리 만무하다.

self-determination theory(자기결정 이론, 자기결정성 이론, 자력결정 이론)는 인간의 가장 기본적인 욕구는 자율성이며, 따라서 외적 동기보다는 스스로 결정한 자발적 선택이 더 큰 힘을 발휘한다는 이론이다. 즉, 스스로 동기가 유발된 사람이 주어진 업무에 더 만족하고 있고 당연히 그 업무를 더 잘 수행할 가능성이 높다는 것이다. 미국 로체스터대학의 에드워드 데시Edward L. Deci와 리처드 라이언Richard M. Ryan이 1970년대에 제시한 이론이다.[49]

자기결정 이론의 핵심은 인간의 동기를 뒷받침하는 3가지 중요한 욕구가 있다는 것인데, 그것은 자율성autonomy, 유능감competence, 관계성relatedness에 대한 욕구다. "자기결정 이론이 우리에게 전해주는 가장 중요한 메시지는 심리적 유능감에 목표를 부여하려는 욕구를 제대로 파악하지 못하면 목적 지향적 행동은 물론이고 행복과 심리적 발달과 같은 보다 근본적 주제들에 대한 완전한 이해가 불가능하다는 것이다."[50]

에드워드 데시Edward L. Deci와 리처드 플래스트Richard Flaste는 『마음의 작동법: 무엇이 당신을 움직이는가』(1995)에서 수많은 자기계발서들이 외치는 것과는 달리 "동기부여 기법이나 자율성 확보 기법 따위는 없다"고 단언한다. 동기부여는 기법이 아니라 내면에서 와야 하며, 자신을 책임지고 관리하겠다는 결심에서 동기가 부여된다는 것이다.

"개인적인 변화의 이유를 찾았을 때, 그리고 부적응 행동의 바탕에 숨은 불만과 무능력, 분노, 고독 등 다양한 감정과 대면하고 해결할 마음을 먹었을 때 그때서야 비로소 변화의 동기가 마련된다. 그 상태가 되었다면 여러 기법이 유용하게 쓰일 수 있다. 하지만 결단이 없다면, 그리고 개인적으로 의미를 부여할 수 있는 변화의 계기가 없다면 기법은 아무런 쓸모가 없다. 기법이 자신을 바꿔줄 거라고 믿는 사람은 내면의 인과관계가 아니라 외부의 인과관계에 의지하며, 자율적이기보다는 통제를 받음으로써 의미 있는 개인적 변화를 이루려는 것이나 다름없다."[51]

기업의 인사관리에 적용되는 자기결정 이론의 핵심은 승진이나 연봉 인상과 같은 외재적인 동기부여보다는 내재적인 본질적 동기부여가 중요하다는 것이다. 이 방식을 도입한 구글의 인사 분석과 보상 담당 부사장인 프라사드 세티Prasad Setty는 다음과 같이 말한다.

"전통적인 제도는 성과 평가와 인재 개발이라는 완전히 다른 두 가지 일을 하나로 합치는 중대한 오류를 발생시켰다. 평가는 연봉 인상이나 성과급 지급과 같은 유한한 자원을 분배하기 위해 필요한 것이다. 그러나 인재 개발은 직원이 성장하고 직원이 하는 업무가 개선되기 위해 필요한 것이다."[52]

심리학자들은 레고의 인기 비결을 "규칙과 상상력을 동시에 구현하고, 자체적으로는 의미를 갖지 않는 재료들을 모아 의미와 스토리를 만드는 것"에서 찾는데, 이에 대해 문요한은 이렇게 말한다. "인간은 자신의 운명을 스스로 주조하려는 속성을 지니고 있다. 자신의 인생을 스스로 만들어가고 싶고 자신의 이야기를 스스로 써내려가고 싶어 한다. 그러므로 낱개의 부품들에 형태를 부여하고 더 나아가 새로운 의미를 담아 새로운 형태를 만드는 레고 놀이야말로 우리 안의 자율 추구와 창조 본능을 충족시켜준다."[53]

alternative
participatory democracy
politics
competitive altruism
philanthropy
philanthrocapitalism
tit for tat
reciprocal altruism
slippery slope
self-monitoring

정치·갈등·리더십

왜 대안의 정의가
최고의 권력 수단인가?

●
alternative

alternative는 '대안, 선택 가능한 것', alternative fuel은 대체 연료(화석연료나 핵연료를 대체할 수 있는 연료), alternative medicine은 대체 의학(서양 의술 대신에 약초를 쓰는 것과 같은 치료 형태), alternative pitch는 야구에서 반칙 투구를 말한다. 형용사인 alternate는 '두 가지 일(것)이 번갈아 생기는(나오는)', alternate layers of fruit and cream은 '과일과 크림이 번갈아 층층이 놓인 것을 말한다.[1]

alternative는 1960년대 말부터 유행한 단어로, 당시 히피족들이 추구하던 alternative society(대안 사회)에서 비롯된 말이다. 이 시기에 alternative medicine이라는 말도 쓰였고, 1970년대 초에는 환경보호를 위한 alternative technology (대체 기술), 1980년대에는 전통 코미디에서 탈피한 새로운 코미디 장르인 alternative comedy, 대체 의학의 파생어로 나온 alternative therapy 등이 선을 보였다.[2]

오늘날에는 기존의 것과 다르다는 의미를 강조하기 위한 용법으로 다양한 분야에서 종잡을 수 없을 정도로 많이 쓰인다. alternative rock, alternative music, alternative country, alternative dance, alternative hip hop, alternative metal, alternative pop, alternative R&B, alternative algebra, alternate leaves, alternative investment, alternative education, alternative school, alternative comics, alternative culture, alternative fashion, alternative lifestyle, alternative media 등등.[3]

If no alternative remains except communist domination or the extinction of the human race, the former alternative is the lesser of the two evils(만약 공산주의 지배와 인류의 절멸이라고 하는 양자택일 이외에 다른 대안이 없다면, 전자前者가 차악次惡이다). 영국 철학자 버트런드 러셀 Bertrand Russell, 1872~1970이 1958년에 한 말이다.[4]

The definition of the alternatives is the supreme instrument of power(대안의 정의를 내리는 것이 최고의 권력 수단이다). 미국 정치학자 E. E. 샤츠슈나이더E. E. Schattschneider, 1892~1971의 말이다.[5]

The function of democracy has been to provide the public with a second power system, an alternative power system, which can be used to counterbalance the economic power(민주주의는 경제 권력에 대항할 수 있는 또 하나의 권력 시스템, 즉 대안 권력 시스템을 공중에게 제공하는 기능을 수행해왔다). 미국 정치학자 E. E. 샤츠슈나이더E. E. Schattschneider, 1892~1971의 말이다.[6]

Moderation is a virtue only in those who are thought to have an alternative(중용은 대안이 있을 때만 미덕이다). 미 국무장관을 지낸 헨리 키신저Henry Kissinger, 1923~의

말이다.[7]

There Is No Alternative(다른 대안은 없다). 줄여서 TINA라고 부른다. 1979~1990년 영국 수상을 지낸 '철의 여인' 마거릿 대처Margaret Thatcher, 1925~2013가 자본주의 이외에 이를 대체할 정책이나 이념이 없다는 뜻으로 한 말이다. 이는 좁게는 복지 예산과 같은 공공 지출을 줄이는 신자유주의 Neoliberalism 옹호론으로 해석되었다. 신자유주의의 핵심을 한 마디로 이야기하자면, "시장은 좋은 것이고, 국가의 개입은 나쁘다"는 것이다. 세계화가 그러하듯이, 신자유주의는 작은 국가와 국가의 축소를 지향한다. 대처의 이런 발언을 염두에 두고, 2000년 1월의 세계사회포럼에선 "대안은 있다", "또 다른 세상은 가능하다"는 주장이 나왔다.[8]

왜 사회주의는
너무 많은 저녁을 빼앗아가는가?
●
participatory democracy

       The trouble with socialism is that it would take too many evenings(사회주의의 문제는 너무 많은 저녁을 빼앗아간다는 것이다). 영국 작가 오스카 와일드Oscar Wilde, 1854~1900의 말이다. 참여와 토론을 한답시고 당원들의 시간을 너무 많이 요구한다는 뜻이다.[9]

    Democracy can resist the authoritarian threat if it is transformed from a passive 'spectator democracy' into an active 'participatory democracy'—in which the affairs of the community are as close and as important to the individual citizens as their private affairs or, better, in which the well-being of the community becomes each citizen's private concern(수동적인 '방관자 민주주의'에서 능동적인 '참여민주주의'—여기서는 공동체의 사안들이 개별 시민들에게 그들의 사적인 사안들만큼이나 긴밀하고 중요하며, 나아가서 공동체의 행복이 각 시민들의 사적인 관심이 된다—로 변화되기만 하면 민주주의는 전체주의의 위협을 격퇴할 수 있다).[10] 에리히 프롬Erich Fromm, 1900~1980이 『소유냐 존재냐To

The trouble with socialism is that
it would take too many evenings

Have or to Be?』(1976)에서 한 말이다.

Great parts of the masses of our people no longer believe that they have a voice or a hand in shaping the destiny of this nation. They have not forsaken democracy because of any desire or positive action of their own; they have been driven down into the depths of a great despair born of frustration, hopelessness, and apathy. A democracy lacking in popular participation dies of paralysis(우리 인민 대중의 대다수는 이 나라의 운명을 형성하는 데에 자신들의 목소리를 내거나 자신들이 할 일이 있다고 더는 믿지 않는다. 그들은 그들 자신의 어떤 욕망이나 능동적 행위의 결과로 민주주의를 포기한 게 아니다. 그들은 좌절, 절망, 무관심에서 비롯된 자포자기의 수렁으로 내몰렸기 때문에 민주주의를 포기한 것이다. 대중적 참여가 없는 민주주의는 마비되어 사망하기 마련이다).[11] 미국의 급진적 빈민운동가이자 지역사회 조직가community organizer인 솔 알린스키Saul Alinsky, 1909~1972의 말이다.

Critics of the mass media seem generally to suppose that the media foster political apathy……. How can Washington, it is sometimes asked, compete with Hollywood and Broadway(매스미디어 비판자들은 일반적으로 미디어가 정치적 무관심을 조장한다고 생각하고 있는 것 같다. 어떻게 워싱턴이 할리우드 및 브로드웨이와 경쟁할 수 있겠느냐는 질문이 제기되는가)? 미국 사회학자 데이비드 리스먼David Riesman, 1909~2002의 말이다.[12]

이 4개의 진술이 말해주듯, participation(참여)은 매우 어려운 일이다. 그래서 '참여민주주의participatory democracy'는 민주주의의 이상으로 예찬되지만, 참여가 과잉이거나 계층·세대별 참여의 불균형이 나타날 경우 많은 부작용이 나타나는 '민주주의의 역설paradox of democracy'에 직면하게 된다.[13]

왜 로널드 레이건은
"정치는 쇼 비즈니스"라고 했는가?

●
politics

politics(정치)는 "of, for, or relating to citizens(시민의, 시민을 위한, 시민과 관련된)"를 뜻하는 그리스어 politikos에서 나온 말이다. 1520년경 영어에 편입되었다.[14] 이미 기원전 6세기경 그리스 작가 이솝Aesop, B.C.620~B.C.560이 "We hang the petty thieves and appoint the great ones to public office(좀도둑은 사형에 처하고 큰 도둑은 공직에 임명한다)"라고 말한 걸로 미루어 보아,[15] 정치와 정치인이 늘 욕을 먹는 건 정치와 정치인의 숙명이 아닌가 싶다. 정치에 관한 명언을 5개만 감상해보자.

(1) I have come to the conclusion that politics are too serious a matter to be left to the politicians(정치는 너무나 중차대한 것이라 정치인에게 맡길 수 없는 것이다).[16] 프랑스 정치인 샤를 드골Charles De Gaulle, 1890~1970의 말이다.

(2) Politics is mainly about a fundamental concern or lack of concern with equality and freedom(정치는 주로 평등과 자유에 대한 근본적인 관심 또는 관심의 결여에 관한 것이다).[17] 미국 심리학자 밀턴 로키치Milton Rokeach, 1918~1988의 말

이다.

(3) As long as no political interpretations are attached to deplorable conditions, these conditions remain inert, posing no threat to the status quo(비참한 상태를 정치적으로 해석하지 않는 한, 현상現狀에 아무런 위협도 되지 못한 채 그 비참한 상태는 지속된다). 미국 정치학자 클라우스 뮬러Claus Mueller의 말이다.[18]

(4) Politics is just like show business(정치는 쇼 비즈니스와 같다).[19] 미국 제40대 대통령 로널드 레이건Ronald Reagan, 1911~2004이 1966년 캘리포니아주 주지사로 당선되었을 때 한 말이다. 레이건은 자기 자신의 인기가 할리우드 시절에 터득한 연기력에 힘입은 바 크다는 점을 인정했다. 레이건은 "쇼 비즈니스의 근본은 커뮤니케이션이다. 할리우드에는 한 가지 법칙이 있는데 그것은 카메라에 의해 클로즈업된 상태에서는 대사를 실제로 믿는 그러한 마음으로 연기를 해야 한다는 것이다. 만약 나 자신이 믿지도 않는 말을 연기라는 걸 의식하고 이야기한다면 영화 관객들 또한 실감나게 믿지 않을 것이다"라고 말했다.[20]

(5) One of the big problems in American politics is that people are far more afraid of being unpopular than being wrong(미국 정치의 가장 큰 문제는 사람들이 잘못 판단을 내리는 것보다는 인기가 없는 걸 훨씬 더 두려워하는 것이다). 조지 부시의 백악관 공보 비서관 토니 스노Tony Snow, 1955~2008가 방송 언론인 시절인 1996년 한 잡지 인터뷰에서 한 말이다. 그는 당시 당파성을 떠나 공화·민주 양당을 동시에 비판한 것으로 유명했다.[21]

왜 '과시적 이타주의'를
장려해야 하는가?

●

competitive altruism

conspicuous altruism(과시적
이타주의)은 경제학자 소스타인 베블런Thorstein Veblen, 1857~
1929이 말한 '과시적 소비conspicuous consumption'를 원용한 개
념으로 conspicuous philanthropy(과시적 자선)라고도 한
다.[22] 사람들은 과시적 이타주의에 대해 비판적인 경향이 있
지만, 이 말을 만든 영국 런던정치경제대학 교수 폴 돌런Paul
Dolan은 이 개념을 적극 장려해야 한다고 주장한다.

"연구를 계속 진행하면서 나는 우리가 어떤 동기를 가지
고 있느냐보다 우리의 행동이 좋은 결과를 가져오느냐가 더
중요하다는 사실을 깨달았다. 나의 관심사는 결과물, 구체적
으로 말하면 행복이라는 결과물뿐이다. '어려운 사람들에게
베풀면 대외적인 이미지가 좋아지고 그래서 더 행복해진답니
다'라는 말로 사람들을 설득한다고 해서 나쁠 것은 없다."[23]

진화심리학에선 '과시적 이타주의'를 '경쟁적 이타주의
competitive altruism'라고 한다. 인간은 가족을 위해서 또는 상호
주의 원칙에 따라 이타적 행동을 하지만 명성을 얻기 위해 남
을 도울 줄도 안다는 것이 경쟁적 이타주의다. 미국 재벌들의

거액 기부도 이런 관점에서 이해할 수 있겠다. 2006년 영국 켄트대학 심리학자 찰스 하디의 연구에 따르면, 집단 내에서 이타적 행동과 사회적 신분 관계를 분석한 실험에서 가장 이타적인 사람이 가장 높은 지위를 획득했으며, 그들의 행동이 더 많은 사람에게 알려질수록 그만큼 더 이타적이 되는 것으로 밝혀졌다.[24]

로버트 프랭크Robert Frank는 『리치스탄: 새로운 백만장자의 탄생과 부의 비밀Richistan: A Journey Through the American Wealth Boom and the Lives of the New Rich』(2007)에서 "소프트웨어 황제가 모교에 1억 달러를 기부했다거나 또 다른 인수합병 전문가가 박물관의 새로운 부속 건물에 2천만 달러를 쾌척했다는 식의 발표가 매일 이뤄지면서 기부 행위는 상류사회의 최신 유행이 되었다. 수많은 학교와 박물관, 콘서트홀, 심지어 공원 벤치에까지 명예로운 기부자들의 이름이 새겨졌다"며 다음과 같이 말한다.

"한때 부자들의 선물을 의심스러운 눈초리로 바라봤던 경제 전문지들은 이제 자선 행위를 마치 경쟁적인 산업처럼 소개하고 있다. 경제주간지 『비즈니스위크』는 매년 기부를 가장 많이 한 50명을 선정해 소개한다. 『포브스』의 400대 부자처럼 이타주의자들도 경쟁을 시키는 식이다. 『월스트리트저널』에는 돈 많은 헤지펀드 매니저나 협상 전문가, 인수합병 전문가, 기술 기업 창업자, 최고경영자 등의 기부 내역을 자세히 소개하는 '금주의 기부'라는 칼럼이 있다. 미국에서 특정한 목적으로 기금을 모아 각종 사업을 펼치는 재단의 수는 1990년 이후 두 배 이상 늘어 6만 7천 개가 넘어섰다. 이러한 재단은 주로 부자들이 기부금의 배분과 사용을 직접 관리하기 위해 세운 것으로, 자산이 5천억 달러가 넘는다."[25]

이어 프랭크는 "하지만 많은 부자들이 자선을 자신의 이미지를 높이는 가장 저렴한 방법으로 바라보고 있는 것 또한 사실이다. 어떤 부자들은 단순히 상류사회에 진입하기 위한 수단으로 사용하는가 하면, 어떤 부자들은 평생 써도 다 쓰지 못하고 죽을 것 같은데 그 막대한 유산으로 자식들이 방탕하게 사는 걸 원치 않아 기부를 하기도 한다"며 다음과 같이 말한다.

"리치스탄 부자들은 기부 금액의 규모를 떠나 기부의 방법까지 바꾸고 있다. 그들은 자선단체에 달랑 수표만 건네는 것에 만족하지 않는다. 자신들의 돈이 어디에 쓰이는지를 감시하고 발언권을 갖기를 원한다. 그리고 그 돈으로 어떤 결과가 나타났는지 구체적으로 알기를 원한다. 무료 수프 배급이나 구호품 지급 등은 시대에 뒤떨어진 자선 방법이 되었다. '사회적 이익'과 '높은 수준의 참여 기부' 등이 새로운 기부 문화를 나타내는 전문용어가 되었다. 이러한 변화는 큰 자선단체들의 비효율성 때문이기도 하다."[26]

왜 자기 가족보다 멀리 떨어져 있는 아프리카인을 걱정하나?

●
philanthropy

미국 철학자 크리스티나 호프 솜머스Christina Hoff Sommers, 1950~는 1986년 『철학저널Journal of Philosophy』에 기고한 「효도Filial Morality」라는 글에서 '젤리비 오류Jellyby Fallacy'라는 말을 만들어냈다. 찰스 디킨스Charles Dickens, 1812~1870의 소설 『황폐한 집Bleak House』에 나오는 젤리비 부인은 자기 가족보다 멀리 떨어져 있는 아프리카인을 걱정하는 '망원望遠 박애주의자'로 젤리비 오류는 그 부인의 이름을 딴 것이다.

이와 관련, 미국 시카고 컬럼비아대학 철학과 교수인 스티븐 아스마Stephen T. Asma는 『편애하는 인간Against Fairness』에서 이렇게 말한다. "사람들은 젤리비 부인과 유사한 일을 하는 몇몇 할리우드 유명인에게 감동을 받는다. 그들은 전 세계의 어린이들을 입양해 말 그대로 유엔 가족을 만들고 고상한 모든 인류애적 명분을 옹호하면서도 왜 그런지 소원한 자신의 부모나 형제자매들과 화해할 만한 연민은 찾아내지 못한다."[27]

또 그는 "남에게 마땅히 보여야 하는 정중함을 넘어 길거리에서 만난 누군가가 어떤 대의에 기부하는 이유는 연민 때문이다. 우리는 지금 이 자리에서 고통 받는 사람들이 걱정돼 그런 행동을 한다"며 다음과 같이 말한다.

"우리는 그들에게 동질감을 느끼는데 이는 공정성이 아니라 사랑이 낳는 힘이다. 만약 지나치게 자신이 아는 사람만 챙기는 친지 편애주의에 균형을 잡자면 사랑의 그물을 좀더 멀리 던져야 한다. 그러나 애정이 미치는 범위에는 한계가 있다. 그레이엄 그린Graham Green도 '사람을 사랑할 수는 있어도 인류를 사랑할 수는 없다'고 말하지 않았던가."[28]

이 이야기는 자선charity과 박애philanthropy의 차이점과도 통하는 면이 있다. 둘은 어떻게 다를까? charity는 특별히 빈곤층에 대한 자선과 긴급한 필요에 대한 지원을 의미하기 때문에 '자선, 구호, 구호금'으로 번역되는 반면, philanthropy는 사랑이란 뜻의 'phil'과 인류라는 뜻의 'anthropy'가 결합된 단어로 '인류를 널리 사랑하는' 보다 넓은 의미의 자선과 박애博愛를 의미한다.[29]

미국 하버드대학 사회학과 교수 프란시 오스트로어 Francie Ostrower의 『부자들은 왜 기부하는가: 엘리트 자선사업의 문화적 배경』(1995)에 따르면, 자선은 가난한 사람에게 주어지는 것인 반면에 박애는 부유한 제도적 기관에 주어질 수 있고 실제로 대부분의 경우에 이런 형태로 이루어진다. 에바 일루즈Eva Illouz는 『오프라 윈프리, 위대한 인생』(2003)에서 "따라서 박애는 부자가 부자에게 주는 형태를 띤다"며 "오프라는 두 형태의 기부를 결합시켜서, 아이비리그의 대학이나 박물관 등과 같은 중산층 기관에 주어진 전통적인 기부 행위에서 벗어나 가난한 사람이나 중산층의 흑인을 대리하는 기관들에 돈을 기부한다"고 했다.[30]

한국은 어떤가? 이미숙은 『존경받는 부자들』(2004)에서
이렇게 말한다. "charity와 philanthropy의 개념 구분을 우리
사회에 적용해볼 때, 한국에는 charity는 있어도 아직
philanthropy는 생소한 단계이다. 자선사업을 얘기하면 아직
도 대부분 고아원, 양로원에 대한 물질적 지원이나 수재의연
금 등을 떠올리는 수준이다."[31]

왜 빌 게이츠는 경제적 착취를
박애주의라는 가면으로 숨기는가?

● **philanthrocapitalism**

영국의 경제 저널리스트 매슈 비
숍Matthew Bishop과 마이클 그린Michael Green은 2008년 『박애
자본주의Philanthrocapitalism: How the Rich Can Save the World』라는
책에서 '박애 자본주의'를 제시했다.

박애 자본주의의 대표적 국가는 단연 미국이다. 국내총생
산에서 자선기부금 비율은 미국이 1.67퍼센트로 영국 0.73퍼
센트, 독일 0.22퍼센트, 프랑스 0.14퍼센트, 네덜란드 0.45퍼
센트 등 다른 선진국들보다 월등히 높다. 온라인 잡지 『슬레이
트』가 매년 발표하는 거액 자선 기부자 순위 '슬레이트 60'에
오르기 위한 최소 기부액이 1997년 1,000만 달러에서 2008년
엔 3,000만 달러로 뛰어올랐다. 이처럼 개인적 선행의 차원을
넘어 체계적이고 효과적인 기부를 통해 다양한 사회문제를 해
결하려는 흐름이 바로 '박애 자본주의'다.

저자들은 박애 자본주의가 세상을 지금보다 훨씬 나은 곳
으로 변화시킬 수 있는 잠재력을 갖고 있다고 평가한다. 자선
가와 기업, 정부, NGO, 일반 시민이 효과적인 협력 관계를 구
축하고, 역할을 분담해야 한다며 이를 위한 새로운 '사회계

Charity is no substitute for justice withheld

약의 필요성을 강조한다. 지금은 "박수를 칠 때"라며, 의심하기보다 격려하라고 주문한다. 더 나아가 박애 자본주의야말로 '21세기의 복음'이라고 주장한다.[32]

좋은 이야기지만, 그래도 짚어볼 점은 있는 것 같다. 이말을 믿어야 할지 모르겠지만, 빌 게이츠는 2007년 하버드대학 졸업식 연설에서 세계에 대한 자신의 무지를 이렇게 토로했다고 한다. "하버드를 자퇴했을 때 나는 세계 전역에 끔찍한불평등이 만연해 있음을, 건강과 부 그리고 기회의 어마어마한 격차가 수백만 명의 삶을 절망으로 내몰고 있음을 전혀 알지 못했습니다."[33]

이거 참 골치 아픈 주장이다. 저자들은 박애 자본주의 정신을 설명하기 위해 게이츠의 이 말을 긍정 인용하고 있지만, 박애 이전에 국내외를 막론하고 미국인들의 바깥 세계에 대한무지를 탓해야 하는 게 아닐까? 미국인들로 하여금 세계 전역의 끔찍한 불평등을 잘 알게 해준다면, 미국의 자본주의는 더욱더 인간의 얼굴을 갖게 될 수 있지 않을까?

이제 박애 자본주의자Philanthrocapitalist가 된 게이츠는 "이시대에 창조된 모든 부에 커다란 의문이 있다"며 이렇게 말한다. "이것은 계기의 문제입니다. 더 많은 사람이 참여할수록다른 사람들을 더 많이 끌어들이게 된다는 얘기지요. 과연 신흥 부유층의 어느 정도 비율이 궁극적으로 기부 대열에 서기시작할까요? 저는 15퍼센트 정도가 아닌 70퍼센트에 가까운높은 비율이 될 거라고 봅니다."[34]

박애 자본주의에 대한 회의론자들은 빈곤 퇴치 같은 사회적으로 중대한 문제들은 개인이 아니라 국가가 최적의 해결책을 제시할 수 있다고 주장한다. 부자들에게서 더 많은 세금을 거둬 사회안전망을 확충하는 데 써야 한다는 것이다. 부자들의 거액 기부가 감세 혜택을 받거나, 재단을 설립해 자녀들에게 안정적으로 먹고살 길을 마련해주려는 것이라는 비판도 있다. 다른 한편에선 재능 있는 사람들이 자선사업에 뛰어드는 것보다 비즈니스에 주력하는 게 사회에 더 공헌하는 길이라는 지적도 나온다. 동유럽 철학자 슬라보이 지제크Slavoj Žižek, 1949~는 빌 게이츠의 기부 활동에 대해 "경제적 착취를 박애주의라는 가면으로 숨기려는 행동"이라고 비판한다.[35]

지제크의 발언은 과도한 독설일망정, 이 원칙은 확인해둘 필요가 있겠다. Charity is no substitute for justice withheld(자비가 정의를 대신할 수 없다). 성 아우구스티누스St. Augustine, 354~430의 말이다.[36] 자선이건 박애건 이 대원칙을 전제로 해서 이루어지는 게 좋겠다.

왜 사람들은
보복의 악순환에 빠지는가?

●
tit for tat

tit for tat은 "오는 말에 가는 말, 주는 만큼 받는 것, 맞받아 쏘아붙이기, 받은 만큼 되갚기, 보복, 앙갚음"이란 뜻이다. 16세기 네덜란드어 tip for tap에서 나온 말인데, 주먹을 주고받는 걸 뜻했다. 라틴어 quid pro quo(this for that, something for something)와도 관련이 있다.

Sarah took Jason's colouring pens, so Jason took her painting book(세라가 제이슨의 컬러 펜을 가져가자, 제이슨은 세라의 그림책을 가져가는 걸로 대응했다). I answered his insult tit for tat(나는 그의 무례함에 무례함으로 답했다). This, surely, is tit for tat(이건 분명 보복이다). They gave me the same kind of difficulty that I gave them. They gave me tit for tat(그들은 내가 한 것과 똑같은 난제를 가지고 왔다. 나에게 보복을 한 것이다). The U.S. government caught a foreign spy, and the spy's government seized an American in a tit for tat(미국 정부가 외국 간첩을 체포하자 상대국 정부도 보복 조치로 한 미국인을 체포했다).[37]

tit for tat은 게임 이론에 자주 등장하는 개념이기도 하다. 이와 관련된 수많은 실험이 이루어지고 있다. 영국 신경학자들이 피험자들에게 두 사람씩 짝을 짓게 한 뒤에 행한 실험을 보자. 엘리엇 애런슨Elliot Aronson과 캐럴 태브리스Carol Tavris는 『거짓말의 진화: 자기정당화의 심리학』(2007)에서 "각각의 쌍에서 한 사람에게 기계장치로 검지에 일정한 압력을 가한 후 방금 자신이 느낀 것과 똑같은 압력을 상대의 손가락에 가하라고 했다. 아무리 애를 써도 동일한 힘을 가할 수 없었다. 자신이 받은 만큼의 압력을 가한다고 생각하면서 실제로는 상당히 더 큰 압력을 가했다"며 다음과 같이 말한다.

"연구자들은 이와 같은 고통의 악순환이 '신경계 정보처리의 자연스러운 부산물'이라고 결론지었다. 연구 결과는 장난으로 서로 팔을 치던 두 소년이 어느새 주먹다짐을 하게 되는 이유와 두 나라가 보복의 악순환에 빠지게 되는 이유를 설명해준다. '저쪽은 이에는 이로 갚은 것이 아니라 이를 눈으로 갚았다. 우리도 그대로 갚아야 한다. 다리 하나를 손봐주자.' 양쪽 모두 당한 만큼 되갚는 것이라고 행동을 정당화한다."[38]

미국 미시간대학 정치학자 로버트 액셀로드Robert Axelrod, 1943~는 1984년에 출간한 『협력의 진화The Evolution of Cooperation』에서 반복적 '죄수의 딜레마prisoner's dilemma' 게임을 컴퓨터 토너먼트 형식으로 개최한 결과에 근거해 최상의 전략으로 '팃포탯Tit for Tat', 즉 '맞대응(동일 반응 선택)'을 제시했다. 그는 전문가 14명을 선정해 죄수의 딜레마에서 이상적인 해답을 찾는 컴퓨터 프로그램을 만들어 제출해달라고 요청한 다음 그 프로그램들끼리 경쟁을 붙였는데, 이 경쟁에서 가장 간단한 프로그램이었던 '팃포탯'이 승리한 것이다.[39]

"처음에는 협력한다. 그다음부터는 상대방이 그 전에 행동한 대로 따라서 한다"는 2개의 규칙으로 구성된 팃포탯은 다음 4가지 특성으로 인해 승리를 거둘 수 있었다. (1) 인정 많음(먼저 배반자가 되지 않음). (2) 관대함(상대방이 배반한 적이 있더라도 다시 협력하면 따라서 협력함으로써 협조 분위기를 복원시킴). (3) 분개(상대방이 배반하면 따라서 배반함으로써 즉시 응징함). (4) 명료함(단순하여 상대방이 쉽게 대처할 수 있는 전략).[40]

　　액설로드가 내린 결론은 이렇다. "협력의 기초는 신뢰라기보다는 관계의 지속성에 있다.……결국 사람들이 서로를 믿을 수 있는지 여부보다는 안정된 협력의 패턴을 구축할 수 있는 요건이 성숙되었는지 여부가 더 중요하다."[41]

인류는 정말 끊임없는
투쟁의 삶을 살았는가?
●
reciprocal altruism

'tit for tat(주는 만큼 받는 것)'의 원칙은 'reciprocal altruism(상호적 이타주의, 호혜적 이타주의)'이라는 개념으로 발전했다. 호혜적 이타주의는 심리학적 개념인 '상호성의 법칙law of reciprocality'의 인류학적 버전이라고 할 수 있다.[42]

프란츠 부케티츠Franz Wuketits는 『왜 우리는 악에 끌리는가: 선악의 본질에 대한 진화론적 고찰』(1999)에서 "('tit for tat'의 원칙)은 상부상조의 원칙으로, 여기서는 승자도 패자도 없지만 모든 당사자들에게 이득을 준다. 호혜적 행동은 항상 즉각적으로 일어나는 것이 아니라, 상당 기간이 지나서야 일어나기도 한다. 호혜성은 받은 급부를 기억할 능력이 어느 정도 있어야 함을 전제로 하는 경우가 잦으므로 인간에게서 가장 뚜렷이 나타난다"며 다음과 같이 말한다.

"호혜적 이타주의는 매우 좁은 의미에서는 도덕과 아무런 관계가 없고, 단지 집단의 결속을 위해 중요한 기능을 수행할 뿐이다. 예를 들어 우리가 누군가에게 책을 한 권 빌려준다면, 우리는 그 책을 다시 돌려받을 것이라는 기대(아쉽게도 늘

충족되는 것은 아니지만)뿐 아니라, 반대급부로 그 사람에게서 다른 책을 빌릴 수 있을 것이라는 기대도 한다. 생각이나 심지어 '비밀'까지 전해주는 것은 약간 더 까다롭다. 누군가에게 어떤 사실을 털어놓는다면, 나는 그가 해당 사실을 비밀로 해주기를 기대하며, 또 그 사람도 마찬가지로 나에게 신뢰를 보이고 어쩌면 때때로 은밀한 정보들을 전해줄 것이라고도 기대한다."[43]

네덜란드 철학자 크리스 부스케스Chris Buskes는 『다윈처럼 생각하라』는 책에서 "상호적 이타주의는 어떤 이가 자신의 에너지와 주의력을 때때로 타인에게 제공하고, 그 대가로 언젠가는 '반대급부'를 기대하는 것을 의미한다"고 정의한다.[44] 즉각적인 보상을 받는 협력은 상호적 이타주의로 볼 수 없으며, 당장 보상을 받을 전망이 없는데도 무엇인가를 지불하는, 훨씬 더 복잡한 과정이다.[45]

호혜적 이타주의는 인류학자이자 사회생물학자인 로버트 트리버스Robert Trivers, 1943~의 이론으로, 반복적 상호작용(그렇지 않으면 빚을 갚을 수 없기 때문)과, 상호작용을 한 상대를 인지하고 기억하는 능력이 조건이다. 이 조건이 갖춰지면 인간을 비롯한 많은 동물 종에서 비혈족 간에 대한 이타적인 행동이 이루어진 사례가 수없이 기록되었다.[46]

그렇긴 하지만 호혜적 이타주의는 일반적으로 한눈에 파악할 수 있는 소규모 집단 내에서, 특히 생물학적으로나 유전적으로 서로 결부되어 있는 가족구성원들 간에 가장 잘 작동한다. 이와 관련, 사회생물학자 에카르트 볼란트Eckart Voland는 『인간의 본성』에서 다음과 같이 말했다.

"사회적 응집력은 진화적으로 성장해온 접합제 하나를

알고 있는데, 그것을 우리는 족벌주의(친족우선주의)라 한다. 족벌주의의 진화사를 보면, 인간의 경우 무엇 때문에 세계 어디에서나 친족을 중심으로 하는 사회구조가 발전하여왔으며, 구조상 더이상 친족에 기초하고 있지 않는 사회적 관계를 가진 오늘날의 세상에서조차 일터에서나 여가 시간에 개인적인 위기상황이 생길 때 가족적 연대성에 기대를 거는 이유가 어디에 있는지를 이해할 수 있다."[47]

진화생물학자 조지 윌리엄스George Williams는 『적응과 자연선택Adaptation and Natural Selection』(1966)에서 초기 인류가 끊임없는 투쟁의 삶을 살았다는 토머스 홉스Thomas Hobbes, 1588~1679의 가설을 정면으로 반박하면서 '호혜적 이타주의'를 이렇게 요약했다. "간단히 말해 우호적 정신을 극대화하고 적대감을 극소화하는 개인이 진화에서 유리하며, 자연선택은 대인관계를 증진하는 특징을 선호한다."[48]

보수주의자들이 개혁에 반대할 때 애용하는 논리는 무엇인가?

slippery slope

slippery는 "미끄러운, 미끈거리는, 약삭빠른", slippery like a fish는 "물고기처럼 미끈거리는"이란 뜻이다. as slippery as an eel은 "(뱀장어처럼) 미끈미끈한, 붙잡기 어려운, 파악할 수 없는, 사람을 속이는deceitful"이란 뜻으로, 14세기부터 쓰인 말이다. slippery의 동의어로는 slithery, greasy, slick, sleek, slimy, oily 등이 있다.[49]

The floor is very slippery(바닥이 매우 미끄럽다). In places the path can be wet and slippery(군데군데 길이 젖어서 미끄러울 수 있다). Her hands were wet and slippery(그녀의 손은 축축하고 미끈거렸다). A road is slippery(slick) with mud(길이 진흙으로 미끈거린다). You're a slippery little thing, ain't you(당신은 약삭빠르군요, 맞죠)? She sure was a slippery one(물론 그녀는 약삭빠른 사람이었지).[50]

slope는 "경사지, 비탈길, 언덕", a grassy slope는 "풀이 우거진 경사지", dry slope는 "인공 스키 연습장", nursery slope는 "스키 초보자용 코스", a gentle slope는 "완만한 언덕", a hill with a grade(gradient) of 25 degrees는 "25도의

기울기를 가진 언덕"이란 뜻이다. The floor has(is on) a slight slope(바닥이 약간 경사가 졌다). He pedaled his way up the slope(비탈길을 페달을 밟으며 올라갔다). The woman is tumbling down slope(여자가 비탈길에서 구르고 있다). The gentle slope was dropping off into a steep slant(완만하던 경사가 급경사로 바뀌어가고 있었다).[51]

slippery slope는 "미끄러운 경사면"이다. 얼핏 보기는 괜찮으나 브레이크가 안 들어 위험한 코스나 위험한 비탈길을 가리키는 말로도 쓰이며, 20세기 중반부터 사용된 말이다. 비유적으로 "일단 시작하면 중단하기 어렵고 파국으로 치달을 수 있는 행동 방향"을 가리키는 말로도 쓰인다.[52]

fallacy of slippery slope는 논리학에서 쓰는 개념으로 '미끄러운 경사면의 오류', '미끄러운 비탈길의 오류', '도미노의 오류'라고 한다. 미끄럼틀을 한번 타기 시작하면 끝까지 미끄러져 내려간다는 점에서 연쇄반응 효과의 오류라고도 할 수 있겠다. 이는 특정한 방향으로 움직이면 무엇인가를 내리막길로 밀어뜨리는 것처럼 계속해서 같은 방향으로 내려갈 수밖에 없다는 의미를 담고 있다.[53]

강재륜은 검열제도에 대한 반대 이론이 '미끄러운 경사면'을 타고 일사천리로 밑바닥에 떨어지는 주장의 사례를 다음과 같이 들었다. "포르노 출판물을 불법화하는 것은 기본권의 침해가 되기 때문에 마땅히 중지되어야 한다. 만약 포르노 출판물이 금지되면 머지않아 신문과 잡지가 검열을 받아야 하며, 그렇게 되면 머지않아 교과서와 정치 연설과 그리고 강의 내용이 검열 대상이 되고 말 것이다. 그래서 중앙정부에 의한 정신의 통제가 불가피해진다."[54]

일반적으로 미끄러운 경사면의 오류는 보수주의자들이 개혁에 반대하는 논리로 자주 애용한다. 이와 관련, 앨버트 허시먼Albert O. Hirschman, 1915~2012은 "그 자체로는 반박할 수 없지만 불행한 결과를 낳을 것이라는 이유로 행동에 대해 반대하는 주장이 만연해 있음을 입증하고 있다"고 말한다. 영국 고전학자 프랜시스 콘퍼드Francis M. Conford는 개혁은 본질적으로 올바르거나 정당하다고 할지라도 '때가 되지 않았기 때문에' 채택되어서는 안 된다는 주장을 '시기상조의 원칙Principle of Unripe Time'이라고 불렀다. [55]

로버트 프랭크Robert H. Frank는 "(미끄러운 경사면의 오류)라는 논변은, 비록 행동을 규제하는 조치의 혜택이 비용을 능가할 수는 있으나 좋지 않은 선례가 확립되기 때문에 규제는 여전히 나쁘다고 한다. 일단 우리가 사람들의 행동을 사소한 경우에 제한하게 되면, 사람들은 그런 제한에 익숙해지게 될 것이고, 그것은 개인의 자유를 더욱더 침해하는 다음 단계의 준비가 되는 토대를 쌓는 것이 된다고 한다"며 다음과 같이 말한다.

"규제는 실제로 미끄러운 경사길일 수도 있지만, 거듭해서 일부 구간은 꼭 내려가야만 하는 경사길인 경우가 많다. 그리고 많은 사례에서, 경사길의 일부 구간을 내려가는 것이 꼭 경사길 바닥까지 죽 내려가는 결과를 낳지는 않는 것 같다. 예를 들어 비록 우리 대부분이 혼잡한 극장에서 불이 나지도 않았는데 '불이야!'라고 외치는 것을 금지하는 법의 필요성은 인정하겠지만, 여전히 계속해서 표현의 자유를 억제하는 그 이상의 시도에 대해서는 저항한다." [56]

왜 '자기 감시'를 많이 하는 사람이 성공 가능성이 높은가?

●
self—monitoring

monitor는 "(텔레비전 · 컴퓨터의) 화면, 모니터, 감시(관찰, 감독, 조사)하다", choose monitors는 "모니터 요원을 선발하다", monitor exchange rates는 "환율 동향을 주시하다"는 뜻이다. The monitor caught him shoplifting(그가 가게에서 물건을 훔치는 것이 모니터에 찍혔다). The details of today's flights are displayed on the monitor(오늘 항공편들에 대한 자세한 내용은 화면에 나와 있습니다). She monitored the program she appears on(그녀는 자신이 나오는 프로그램을 모니터했다).[57]

감시의 대상을 자기 자신으로 삼는다면 그건 바로 self—monitoring이다. 우리말로 쉽게 말하자면 '눈치'라고 볼 수 있지만, 그것보다는 좀더 넓은 개념이어서 '자기 감시', '자기 감찰', '자기 점검', '자기 모니터링' 등으로 번역하는데, 문맥에 따라 같은 취지로 달리 번역해도 무방하다. self—monitoring behavior(자기 모니터링 행동)를 줄인 말로 볼 수 있다.

자기 감시는 다른 사람들의 감정 상태와 다른 사람에게 자신이 어떤 모습으로 비치는지를 정확하게 파악하고, 상대나 상황에 맞게 자신의 행동을 적절하게 조절하는 것으로, 한마디로 말하자면 대인관계에서 자신에게 가장 유리한 인상을 상대편에게 주기 위해 자신의 이미지를 조작하는 것이라고 정의할 수 있겠다.[58]

자기 감시를 많이 하는 사람이 있는가 하면 적게 하거나 거의 하지 않는 사람도 있다. self-monitoring이란 개념을 만든 미국 심리학자 마크 스나이더Mark Snyder는 1974년 자기 감시의 정도를 판별하기 위해 25개 항목의 체크 리스트를 만들었으며, 나중에 18개로 줄였다.[59]

A high self-monitor tends to read the social situation first and then present an appropriate face('상황에 자신을 맞추는 정도가 심한 사람'은 먼저 상황을 파악한 뒤에 적합한 자세를 취한다). 미국 커뮤니케이션 학자 세라 트렌홈Sarah Trenholm의 말이다.[60]

high self-monitor는 HSM, low self-monitor는 LSM으로 부르기로 하자. 스나이더는 LSM은 일상적 행동을 할 때 성격에 영향을 받는 반면, HSM은 상황에 영향을 받는다고 했다. 일반적으로 HSM은 LSM보다 사회에서 성공할 확률이 훨씬 높다. 여러 사람과 함께 일할 때 HSM은 지도자가 될 확률이 높고, 조직 내 다양한 역할과 신호에 주목해야 하는 관리 분야에서도 높은 점수를 받는다. 왜 그럴까? 브라이언 리틀Brian R. Little은 『성격이란 무엇인가』(2014)에서 다음과 같이 말한다.

"HSM이 승진 기회를 더 많이 얻는 이유 하나는 자신이 원하는 '다음' 관리직에 자기가 적임자라고 스스로 드러내 보인다는 점이다. 이와 대조적으로 LSM은 HSM보다 조직에 더 충실하지만, 승진으로 이어질 수 있는 이미지 관리에는 소홀

하다.……LSM은 조직 안에서 일부 사람들과 끈끈한 유대를 맺고, HSM은 조직 전반에 걸쳐 넓은 인맥을 맺는 경우가 많다. HSM은 그 인맥에서 중심점을 맡아, 서로 알고 지내지 않았을 사람들을 연결하는 역할을 한다."[61]

자기 모니터링이 강한 사람은 약한 사람과 어울리는 걸 선호한다. 상대방이 자신의 모니터링을 감지하지 못하기 때문이다. 그렇게 함으로써 그 사람에게 권력이나 영향력을 행사할 수 있다.[62] 자기 감시는 '정체성 관리identity management'라고도 하는데, 일부 사람들은 이걸 비윤리적인 걸로 생각하기도 한다.[63]

사람마다 '자기 노출self-disclosure'의 정도가 다른데, 이는 자기 감시와 관련이 있다. 이에 대해 나은영은 이렇게 말한다. "자기 감시란 마음속의 내용을 밖으로 표출할 때 그대로 표출해도 되는지를 스스로 점검하는 과정이다. 따라서, 자기 감시가 높은 사람들은 마음을 표출하기 전에 스스로 많은 감시를 하여 속마음을 그대로 내보이지 않는 경향이 많고, 자기 감시가 낮은 사람들은 그다지 많은 점검을 거치지 않고 바로 속마음을 그대로 표출하는 경향이 있다. 따라서, 자기 감시가 낮은 사람들이 자기 노출의 정도도 더 많고 솔직하다고 볼 수 있다."[64]

제3장

Christmas
talent
talented tenth
daisy
thin slicing
thick description
information cascade
A Streetcar Named Desire
encounter
nostalgia

역사 · 사회 · 변화

왜 크리스마스는 예수의 생일도 아닌 12월 25일일까?

●
Christmas

Christ(그리스도)를 이름으로 오해하는 사람들이 있지만, 이는 크리스토스Christos라는 그리스어 호칭을 번역한 말이다. 크리스토스는 히브리어의 '메시아'를 옮긴 것으로, 원래는 '기름'이란 뜻이지만, '기름 부음을 받은 자'로 해석한다.[1] Christology는 '그리스도론論'으로 그리스도의 성질·인격·행위를 다루는 신학의 한 부문이다.

Christmas(크리스마스)는 Christ와 Mass(미사)를 합쳐 만든 합성어로, 예수의 탄생을 기념하는 날을 뜻한다. 하지만 예수는 크리스마스에 태어나지 않았다. 12월 25일을 성탄절로 맨 처음 언급한 시기는 354년이 되어서였는데, 고대에 12월 25일은 이교도pagan들이 태양신을 기리는 축제일이었다. 로마시대의 초기 기독교 교회는 이날을 빌려와 이교도를 개종시키는 기회로 사용했다. 이교paganism는 그리스신화에서 빌려온 신들을 믿는 그 당시 로마 제국의 국교를 가리키는 말이었다.[2]

Christmas를 Xmas로 표기하는 것엔 논란이 있다. 미국에서 1977년 New Hampshire의 주지사는 Xmas식의 표기

는 이교도들이 Christ라는 말을 싫어해 빼려는 표기방식pagan
이라며 Christmas가 옳다고 주장했지만, Xmas 표기의 기록
은 1,000년 전으로 거슬러 올라간다. 그리스어로 X는 곧
Christ를 연상시키는 말이었으며, 그래서 영어권에서도 고대
그리스어를 좀 알던 식자층에서 이렇게 줄여 쓰려고 했다. 그
리스 문자 X는 영어식으로 발음하면 kris가 되는데 이를 그리
스와 영어를 뒤섞어 Xmas로 썼을 때 '엑스마스'로 읽으면 안
되며 '크리스마스'로 읽어야 한다.

『뉴욕타임스』, 『가디언』, BBC 등 언론사의 맞춤법 안내
와 『옥스퍼드 사전』의 지침에서도 Xmas는 연말연시 연하장
에서 되도록 쓰지 말라고 권하고 있으며, 『웹스터 사전』에서
도 공간 제약 때문에 줄여 써야 하는 제목이나 특수 상황이 아
니라면 이 줄임말은 금기시하고 있다. 임귀열은 "이와 관련하
여 몇 가지 참고할 표기법도 있다"며 다음과 같이 말한다.

"가령 Christmastime은 한 단어로 표기해야 하고 Santa
Claus의 철자법도 주의해야 하며 Xmas는 X-mas처럼 분리해
서도 안 된다. 그리고 Merry Christmas!가 연말연시 인사말로
쓰일 때에는 모두 한 문장처럼 'Merry Christmas and a new
happy year!'처럼 쓸 것을 권한다. Happy Thanksgiving처
럼 happy를 사용하여 Happy Christmas라고 쓰지 않는 것은
성모 마리아 Mary와 흡사한 Merry Christmas가 더 잘 어울
린다는 해석도 참고할 만하다."[3]

Christmas tree(크리스마스트리)는 1510년 독일 종교개
혁가 마르틴 루터Martin Luther, 1483~1546가 전나무에 장식을 하
면서 처음 시작되었다. 그는 눈 내린 겨울 밤 숲길을 거닐다
전나무에 달빛이 반사되는 모습을 보고 하늘의 섭리와 기독교

인 역할의 상징으로 삼게 되었다고 한다. 인조 트리artificial tree 는 1930년대 한 영국 회사가 만든 것이 최초다. 크리스마스의 상징처럼 되어버린 빨간 옷의 산타클로스the red-suited Santa Claus는 1935년 코카콜라 광고용으로 만들어진 것이다. 크리스마스카드Christmas card는 1843년 런던 빅토리아·앨버트 박물관의 헨리 콜Henry Cole, 1808~1882 관장이 처음 보낸 것이 기원이 되었다.[4]

왜 탤런트에 대한 집착이
불평등 사회를 만드는가?

● talent

Again, it will be like a man going on a journey, who called his servants and entrusted his property to them. To one he gave five talents of money, to another two talents, and to another one talent, each according to his ability. Then he went on his journey(또 어떤 사람이 타국에 갈 때 그 종들을 불러 자기 소유를 맡김과 같으니. 각각 그 재능대로 한 사람에게는 금 다섯 달란트를, 한 사람에게는 두 달란트를, 한 사람에게는 한 달란트를 주고 떠났더니).

신약성서 「마태복음」 25장 14~15절에 나오는 이야기다. 30절까지 계속되는 이 '달란트 비유' 이야기는 달란트, 즉 talent가 하나님께서 각 개인에게 부여하신 재능이나 능력(기회)을 나타내는 말로도 사용되었음을 말해준다. talent의 원뜻은 '한 덩어리', '저울, 계량된 것'이라는 의미로, 무게의 최대 단위이자 화폐 단위를 말한다.[5]

talented는 '재능이 있는'이란 뜻인데, 이 단어의 사용을 두고 논란이 있었다는 게 흥미롭다. 빌 브라이슨Bill Bryson은

『빌 브라이슨의 유쾌한 영어 수다』(1990)에서 "식민지 경험의 거의 초창기부터 영국에서는 단어 하나 또는 문투 하나조차 미국에서 나온 듯한 느낌이 약간만 보여도 열등한 것처럼 여기는 것이 일반적이었다"며 다음과 같이 말한다.

"새뮤얼 테일러 콜리지는 'talented(재능이 있는)'라는 비열하고 야만적인 단어'를 비판하면서 '이런 식의 속어들 가운데 상당수가 아메리카에서 온 것'이라고 고찰했다. 그 사실 하나만으로도 그런 단어들을 혐오할 만한 이유가 충분했던 것이다. 그런데 사실 미국 출신인 나로선 무척이나 기쁘게도, talented라는 말은 원래 영국에서 만들어져 1422년에 처음으로 사용되었다. 당시 풍조 가운데 일부는 새뮤얼 존슨의 고찰에 잘 드러나, 1769년에 그는 미국인들은 '죄수들의 후손들이며, 우리가 그들에게 교수형 처분을 내리지 않은 것을 감사해마지않아야 한다'고 썼다."[6]

2001년 12월 자산 규모 630억 달러로 미 최대의 에너지 유통회사이자 세계 6대 기업에 속했던 엔론Enron이 파산했다. 엔론은 왜 파산한 걸까? 엔론의 조직 문화는 치열한 경쟁을 숭배한 나머지 부정한 방법을 취해도 회사 안에서는 별 문제가 되지 않았다는 점에 주목할 필요가 있다. 엔론만 그런 게 아니었다. 2002년 7월에 파산한 세계 최고의 인터넷 서비스업체이자 미국 제2의 전화사업자인 월드콤WorldCom 등 미국의 주요 대기업들의 회계 부정은 상상을 초월하는 수준의 것이었음이 밝혀졌다.[7]

이런 일련의 사건은 미국 내에서 "재능talent이란 과연 무엇인가?"라는 의문을 불러일으켰다. 저널리스트 맬컴 글래드웰Malcolm Gladwell은 2002년 7월 『뉴요커The New Yorker』에 쓴

Are Smart People
Overrated?

「재능에 대한 오해: 똑똑한 사람들이 과대평가된 것 아닐까 The Talent Myth: Are Smart People Overrated?」라는 기사에서 이른바 '똑똑한 사람들'에 집착하는 언론과 그런 분위기를 부추긴 미국 최고의 컨설팅 회사 맥킨지McKinsey & Company의 태도를 동시에 비판했다.

"맥킨지와 언론에 있던 맥킨지 추종자들의 추락 원인은 그들이 어떤 기업의 지능이 그 기업 직원들의 지능을 바탕으로 결정된다고 믿었기 때문이다. 그들은 스타를 신봉했다. 시스템을 믿지 않았기 때문이다."[8]

미국에서 이른바 '지식노동형 일자리' 비중은 1900년 13퍼센트에서 1960년 16퍼센트로 조금 늘어나다 1960년대 이후 급증해 2010년엔 33퍼센트로 커졌다. 캐나다 토론토 경영대학장을 지낸 로저 마틴Roger Martin, 1956~은 이를 '인재주도형 경제talent economy'로 명명하고, 그 최대 수혜자로 월가의 대형 헤지펀드를 지목했다. 그는 지난 20년간 미국의 지식노동형 경제가 새로운 가치를 창출하기보다는 '가치의 거래'에만 몰두해왔으며, 그 결과 기업의 경영진과 금융업자 등 소수의 엘리트 인재들에게 가장 큰 경제적 보상을 가져다주었고 미국 사회를 전 세계에서 가장 빠른 속도로 불평등 사회로 변화시켰다고 말했다.

마틴은 그 증거의 하나로 미국 부자의 순위를 들었다. 『포브스』가 매년 선정하는 미국의 부자 400명 명단을 보면 지난 10여 년 만에 헤지펀드 소유자가 불과 4명에서 31명으로 늘어났다. 이는 잘나가는 정보기술IT 기업 소유주(39명) 다음으로 많은 것이다. 그는 "인재주도형 경제의 과실을 소수의 최고경영자와 월가의 매매자들이 독식하기 때문"이라고 설명했다.[9]

W. E. B. 듀보이스가 옳고
부커 워싱턴은 틀렸는가?

1909년 미국에서 전미유색인지
위향상협회NAACP, National Association for the Advancement of Colored
People가 창립되었다. 백인이 주도했지만, 협회의 기관지 『더
크라이시스The Crisis』의 편집인은 흑인인 W. E. B. 듀보이스W.
E. B. Du Bois, 1868~1963였다. 그가 유일한 흑인 임원이었지만 그
는 협회에서 지도적 역할을 맡았다.

1895년 매사추세츠에서 태어난 그는 애틀랜타의 피스크
대학Fisk University을 거쳐 하버드대학에서 흑인 최초로 박사학
위를 받았다. 학업을 마친 뒤에는 강의, 강연, 집필 활동을 했
으며, 1903년에 『흑인의 영혼The Souls of Black Folk』을 출간했
다. 그는 이 책에서 "자신과 다른 인종을 오염시키고 죽음을
유발하는 최악의 사람들로부터 대다수의 사람들을 인도할 수
있는 최고의 흑인들을 키워야 한다"며 유화적인 흑인운동 지
도자인 부커 워싱턴Booker T. Washington, 1859~1915을 다음과 같
이 비판했다.

"워싱턴이 북부인이 하는 것이든 남부인이 하는 것이든,
흑인에 대한 부당한 처사에도 사과하고, 선거권에 담긴 의미

90

와 선거의 의무에 담긴 의미를 올바로 평가하지 못하며, 흑백 계급차별을 없애는 것의 효과를 간과하고, 흑인의 명석한 두뇌를 고도로 훈련시키고 흑인이 야망을 갖는 것에 반대하는 한, 그가 됐든 남부가 됐든 국가가 됐든 누구라도 이것을 행하는 한, 우리는 계속해서 그리고 단호하게 그들과 싸우지 않을 수 없다."[10]

혹인에 대한 차별로 인해 학문적으로 성공하기는 어렵다는 걸 깨달은 듀보이스는 1905년 흑인 민권운동을 위해 캐나다 나이아가라 폭포 근처에서 흑인 지도자들과 회동했는데, 이것이 바로 그 유명한 '나이아가라 운동Niagara Movement'의 시작이다. 이 운동과 더불어 5년 후 일리노이주 스프링필드에서 발생한 인종 폭동이 계기가 되어 NAACP가 창설된 것이다.[11]

듀보이스는 『더크라이시스』의 편집인으로 4반세기 동안 활동하다가 1934년 NAACP를 떠나 교직으로 돌아갔다. 10년 뒤 다시 협회에 들어가 일했으며, 1945년에는 미국 측 대표의 일원으로 국제연합UN 창립에도 기여했다. 나중에는 공산당에 입당해 미국을 떠났다. 그는 시민권을 포기하고 가나로 옮겨가 그곳에서 생을 마쳤다.[12]

듀보이스는 1903년 여러 흑인 필자가 공동으로 출간한 『흑인문제The Negro Problem』에 쓴 「The Talented Tenth(십분의 일의 재능 있는 사람)」라는 글을 통해 흑인 대중을 계몽하고 일깨울 '유능한 10퍼센트'를, 교사·전문직·장관 등 높은 사회적 지위를 갖도록 키워내는 게 중요하다고 역설했다.[13] 물론 이는 흑인들의 직업교육을 강조했던 부커 워싱턴의 노선과는 다른 것이었다.

talented tenth라는 표현은 듀보이스가 만든 것이 아니라, 원래 1896년 북부의 리버럴한 백인들의 선교 조직인 American Baptist Home Mission Society가 사용한 말이다. 석유 재벌 존 록펠러John D. Rockefeller, 1839~1937의 후원을 받은 이 조직은 남부에 흑인 교사와 엘리트를 양성하는 흑인 대학들을 세우려는 목표를 갖고 있었다.

부커 워싱턴은 나중에 흑인 민권운동가들에게서 백인 사회에 순종하는 '엉클 토미즘Uncle Tomism'을 선전한 데 지나지 않는다는 비난을 받기도 한다.[14] 그렇다면 듀보이스가 옳고 부커 워싱턴은 틀렸는가? 그렇게 말하기는 어렵다. 워싱턴에 대한 평가와 관련, 케네스 데이비스Kenneth C. Davis는 다음과 같이 말한다.

"당대나 후대나 워싱턴의 비판자들은, 그가 현존 질서에 화해, 수용하는 방식이 서툴렀고 심지어 비겁하기까지 했다고 불만을 토로한다. 그런가 하면 어떤 사람들은 선택의 폭이 극히 제한된 시대에 그는 자신이 할 수 있는 모든 것을 다했다면서 그를 옹호한다. 어찌됐든 그는 '건방지다'는 이유 하나만으로 군중이 흑인을 교수형시킬 수도 있었던 시대를 살았던 인물인 것만은 분명하다."[15]

린든 존슨은 배리 골드워터를
어떻게 전쟁광으로 몰았는가?

daisy

(as) fresh as a daisy는 "매우 신
선하여, 발랄하여, 생생한, 원기왕성한"이란 뜻이다. 국화의
일종인 데이지는 밤에는 꽃잎을 닫고 낮에는 다시 꽃잎을 열
기 때문에 신선하다는 명성을 얻은 데서 나온 말이다. daisy라
는 단어도 이 꽃이 낮에 활짝 피어 있는 모습 또는 꽃잎을 열고
닫는 것이 사람의 눈을 닮았다고 해서 day's eye라고 부른 것
이 daisy로 표기된 것이다. (as) fresh as a daisy는 영국 해군
장교이자 소설가인 프레더릭 메리엇Frederick Marryat, 1792~1848
이 『충실한 야곱Jacob Faithful』(1834)에서 처음 쓴 말이다.[16]

영국 시인 존 키츠John Keats, 1795~1821는 자신이 사망한
1821년에 쓴 편지에서 'daisies growing over me(내 몸 위에
자라는 데이지)'란 표현을 썼는데, 이는 데이지가 교회 묘지에
많이 자라는 것을 빗대 한 말이다. 또 영국 시인 윌프레드 오
언Wilfred Owen, 1893~1918은 제1차 세계대전 기간 중 'push up
the daisies'란 표현을 썼는데, 이는 오늘날에도 '죽다, 무덤에
묻히다'는 뜻으로 쓰이는 관용구가 되었다. 즉, 땅에 묻힌 사
람이 거름이 되어 데이지 꽃을 땅위로 밀어 올린다는 뜻이

다.[17]

Daisy advertising(데이지 광고)은 미국의 1964년 대선에서 재선을 노리는 현직 대통령 린든 존슨Lyndon Johnson 1908~1973이 공화당 후보 배리 골드워터Barry M. Goldwater, 1909~1998를 '전쟁광'으로 몰기 위해 사용한 정치광고로, 정치광고의 교과서적 시례로 기론되고 있다.

골드워터의 호전성을 강조할 목적으로 만들어진 데이지 광고는 어린 소녀가 데이지 꽃잎을 하나하나 뜯어내는 모습을 보여준다. 그 장면 위에 카운트다운을 하는 매우 육중하고 음산한 남자 성인의 목소리가 울려 퍼지며 곧 지구의 종말을 예고하는 핵폭발 장면이 화면을 가득 메운다. 이때에 존슨의 목소리가 흘러 나온다.

"These are the stakes! To make a world in which all of God's children can live, or to go into the dark. We must either love each other, or we must die(너무도 중대한 일입니다! 하나님의 자녀들이 살아갈 수 있는 세상을 만들거나 암흑의 세계로 빠지거나 선택해야 합니다. 서로 사랑하면서 살겠습니까, 아니면 죽겠습니까)."

이어 다른 해설자의 음성이 들려온다. "Vote for President Johnson on November 3. The stakes are too high for you to stay home(11월 3일 존슨 대통령에게 투표하십시오. 집에만 머물러 있기엔 너무도 중대한 일입니다)."

이 광고는 '공포 부추기기fear mongering, scaremongering, 또는 scare tactics' 이자 '쇼크 광고shock advertising 또는 shockvertising'의 전형으로 간주된다.[18]

1964년 9월 7일, CBS의 월요일 밤 영화 시간에 단 한 번

방영되었지만, 이 광고에 대한 반응은 즉각적이고 강렬했다. 다음 날 3대 방송사가 광고 전체를 저녁 뉴스 시간에 다시 방송했으니, 광고를 대신 해준 셈이었다. 라디오 광고는 "골드워터는 정말 평화가 지겨워진 것이란 말인가?"라고 묻는 등, 존슨 진영은 시종일관 골드워터를 전쟁광으로 몰아갔다. 이 광고가 대선을 결정지은 결정타였다고 말하는 사람이 많다.[19]

나폴레옹은 어떻게 전황을
순식간에 파악할 수 있었나?

●
thin slicing

slice는 "한 조각, 자르다, 썰다, 몫, 일부", a slice of bread는 "빵 한 조각", a slice of the take는 "배당된 몫", a slice of the inheritance는 "유산의 일부", slice into one's finger by mistake는 "실수하여 손가락을 베다"는 뜻이다. She sliced the peel off the loaf of bread(그녀는 빵 껍질을 얇게 잘라냈다). The canoe sliced the surface of the calm water(카누는 잔잔한 수면을 헤치괴가르괴 나아갔다).[20]

slice and dice는 구글의 책 검색 기능을 말한다. dice는 "(야채·고기 등을) 주사위꼴로 자르다, ~을 체크무늬로 하다", dice an apple은 "사과를 주사위꼴로 자르다"는 뜻이다. 구글 북스는 "10초 안에 당신이 원하는 책을 찾을 수 있습니다"라는 캐치프레이즈를 내걸고 인터넷 이용자들의 관심을 끌었다. 태그 클라우드 덕분에 서적의 주제에 쉽게 접근할 수 있게 되었으며 간단히 책의 한 구절을 잘라 붙일 수 있게 되었는데, 구글은 이 검색 기능을 가리켜 slice and dice라고 했다.

물론 반대자도 없진 않았다. 니컬러스 카Nicholas G. Carr,

1959~는 "인터넷으로 책을 검색하고 발견할 수 있게 만드는 것은 책의 파괴를 의미한다"고 비판하며 "그것은 책이 아니라 스니핏 도서관에 불과하다"고 했다. 스니핏snippet은 "(잘라낸) 작은 조각, 자투리; (정보·소문 등의) 단편, 오려낸 것; (비격식) 시시한 녀석"이란 뜻인데, IT 분야에선 사용자들의 웹페이지 방문 여부에 중요한 영향을 미치는 웹페이지의 간략한 대표 글을 말한다.[21]

심리학자 날리니 앰바디Nalini Ambady와 로버트 로젠탈 Robert Rosenthal은 1992년 『심리학회보Psychological Bulletin』에 발표한 논문에서 어떤 사건의 아주 작은 일부만 경험해도 패턴을 찾아낼 수 있는 사람들의 능력을 기술하기 위해 'thin slicing'이라는 용어를 사용했다. 우리말로는 '얇게 조각내기' 또는 '잘게 쪼개 관찰하기'라고 한다. 이 이론은 심리학자들 사이에서만 알려진 것이었는데, 이를 '블링크blink'라는 이름 으로 대중화시킨 주인공이 바로 맬컴 글래드웰Malcolm Gladwell, 1963~이다.[22]

글래드웰이 2005년에 출간한 『블링크Blink: The Power of Thinking Without Thinking』는 세계적인 베스트셀러가 되었는데, 블링크blink는 깜짝임, 흘긋 봄, 섬광 등의 뜻과 더불어 순간적 인 판단snap judgment이라는 의미를 갖고 있는 단어다. 우리 인 간이 일상적 삶에서 사람이나 일에 대해 판단을 내릴 때 심사 숙고하기보다는 순간적인 직감에 의존하는 경향이 강하다는 걸 밝힌 책이다. 이 책의 한 대목만 감상해보기로 하자.

In the military, brilliant generals are said to possess "coup d'oeil"—which, translated from the French, means "power of the glance": the ability to immediately see and make sense of the battlefield. Napoleon had coup d'oeil. So did Patton(군대에서 총명한 장군들은 '혜안coup d'oeil'을 갖고 있다고 알려져 있다. 프랑스어인 '혜안'은 '한눈에 알아채는 힘'을 뜻한다. 즉, 전황을 순식간에 파악할 수 있는 능력인 것이다. 나폴레옹은 혜안을 갖고 있었으며, 패튼도 마찬가지였다).[23]

'잘게 쪼개 관찰하기'의 한 사례를 보자. 결혼에 관해 연구한 과학자 존 고트먼John M. Gottman, 1942~은 사람들이 지금의 배우자와 미래에도 계속 결혼한 상태로 있을지를 단 몇 분만에 알려줄 수 있었다. 그런데 그러한 능력은 수십 년에 걸쳐 사람들의 행동과 말을 부호화하고, 이것을 대상으로 심층적인 통계분석을 해왔기 때문에 가능했다.[24]

그러나 일상적 삶에서 thin slicing에 의한 관찰이 늘 좋은 건 아니다. 심리학자 로버트 치알디니Robert Cialdini는 『설득의 심리학Influence: Science and Practice』에서 정보를 잘게 쪼개 관찰함으로써 결정을 내리면 생각지 못한 역풍을 맞을 수 있다고 지적한다. 이 점을 강조하기 위해 치알디니는 1960년대 텔레비전 토크쇼에서 사회자로 한쪽 다리가 의족인 조 파인Joe Pyne, 1924~1970과 초대 손님으로 머리가 긴 록 가수 프랭크 자파Frank Zappa, 1940~1993가 나눈 대화를 인용했다. "파인: 머리가 긴 것이 꼭 여자처럼 보이네요. 자파: 다리 한쪽이 그 모양이니 당신은 꼭 탁자처럼 보입니다."[25]

왜 역사는
두껍게 읽어야 하는가?
●
thick description

오른쪽 눈의 눈꺼풀을 황급히 수축시키고 있는 두 명의 소년이 있다. 눈꺼풀을 수축시키는 행위는 여러 해석이 가능하다. 경련을 일으킨 건가? 윙크하는 건가? 거짓 윙크하는 건가? 흉내를 내는 건가? 흉내를 연습하는 건가? 미국 문화인류학자 클리퍼드 기어츠Clifford J. Geertz, 1926~2006는 『문화의 해석The Interpretation of Cultures』(1973)에서 그런 물음을 던지면서 다음과 같이 말했다.

"인류학자들이 아주 기계적인 자료 수집 작업(이것도 물론 빼놓을 수 없는 것이다)을 하고 있을 때를 제외하고는 대부분의 경우에 그가 당면하게 되는 상황이란 여러 겹의 복합적인 의미 구조이며, 이 개개의 의미 구조들은 서로 중복되면서 복잡하게 얽혀 있다. 이러한 상황은 인류학자들에게 아주 생소하고 불규칙적이며 불분명한 까닭에 인류학자는 우선 그것이 어떤 종류의 상황인가를 파악해야 하며 그 상황에 대한 설명은 그 이후에라야 가능하게 된다."[26]

기어츠는 그러한 설명을 위한 기술을 'thick description'이라고 했다. 국내에선 이 개념의 번역을 둘러싸고 여러 의견이 제출되었다. 기어츠의 저서를 번역한 문옥표는 '중층적 기술'이라 했고(그 반대인 thin description은 '현상 기술'), 김기봉은 '치밀한 묘사'라 했고, 곽차섭은 '촘촘한 묘사'라고 했다. '두터운 묘사'라는 번역도 나왔다.

그러나 조한욱은 이와 같은 번역 사례들을 소개하면서 '두꺼운 묘사'가 올바른 번역이라고 주장했다. 그는 '중층적 기술'은 내용에서 '두꺼운 묘사'와 비슷하나, '치밀한 묘사'라고 번역하는 것은 오류를 범하고 있다고 지적했다. 왜냐하면 수학적 공식이나 비행기의 부품에 대한 설명도 얼마든지 치밀할 수 있지만, 그것을 thick description이라고 말할 수는 없기 때문이라는 것이다. 그는 '촘촘한 묘사' 역시 이와 유사한 종류의 문제점에 봉착한다고 지적했다. 또 '두터운 묘사'는 '두꺼운'이라는 형용사가 '묘사'라는 명사를 수식할 때 생기는 생경함을 줄이면서 '두꺼운'이라는 말의 의미를 살리기 위해 만들어진 절충안인 것 같으나, '두터운'은 미더움과 같은 것이 '풍부'하다는 뜻이 강한 반면 의미의 '중층성'이라는 것이 그다지 명확하게 나타나지 않는다는 것이다.[27]

조한욱은 기어츠의 '두꺼운 묘사'라는 개념에 근거한 '두껍게 읽기'란 자연과학과 대비되는 인문과학에서의 글 읽기에 전제가 되는 방법이라고 평가했다. 그는 "예를 들어 '사과'라는 단어에 대해 접근할 때에 자연과학의 입장에서는 사과라는 물체와 관련된 외형적, 객관적 사실들을 묘사한다. 즉 사과의 원산지, 주요 생산지, 크기, 색깔, 영양가와 같은 것들을 얇게 묘사한다. 묘사된 것을 벗기면 그 밑에 아무것도 남지 않는다는 말이다. 반면 인문과학에서는 사과 자체보다는 그것에 담겨 있는 여러 의미를 다룬다"고 했다.

"예를 들면 트로이전쟁의 사과, 뉴턴의 사과, 빌헬름 텔의 사과와 같은 역사적 층위의 의미도 있을 것이고, 개인적으로 떠오르는 사과가 파생시키는 의미의 연상 작용도 있을 것이다. 그렇다면 외형적으로 사과에 대해 쓰고 있다는 것은 같을지라도 거기에 담겨진 의미는 전혀 다르다. 따라서 인문학 또는 인류학에서의 묘사는 원래가 '두꺼운 묘사'이며, 이 두꺼운 의미의 층위를 뚫고 들어가기 위해서는 상징에 대한 해석이 필요한 것이다. '두껍게' 읽은 역사적 자료는 역사에서 객관적 사실만을 확인하려던 종래의 과학적 역사와는 확연하게 다른 가능성을 보여준다."[28]

안병직은 '치밀한 묘사'의 방법을 역사 연구에 적용할 경우, 명시적인 문제 제기와 이론적 가설에서 출발하는 가설 검증의 방법에 비해 여러 가지 이점이 있다고 했다. "그것은 역사를 통일적이고 단선적인 발전 과정을 거쳐온 '하나의 역사'로 보는 잘못된 시각을 교정하고 '복수의 역사들'이 있음을 인식시켜준다. 다시 말해 '치밀한 묘사'의 방법은 낯선 경험과 행위를 성급하게 익숙한 것, 알려진 것으로 환원시켜버리는 방법과 달리 역사적 일상 속에 나타나는 새로운 것, 미지의 것, 이해하기 어려운 것들을 있는 그대로 현재화함으로써 이론과 모델에는 부합하지 않는 역사적 현상의 다양성과 모순성을 드러내는 것이다."[29]

무엇이 베를린장벽을 붕괴시켰는가?

info **information cascade**

         cascade는 "작은 폭포, 폭포처럼 쏟아지는 물, 풍성하게 늘어진 것, 폭포처럼 흐르다, 풍성하게 늘어지다", a cascade of rainwater는 "억수같은 비", cascade down은 "폭포수가 되어 떨어지다"는 뜻이다. After a rainfall, water cascades down from the mountains(비가 온 후, 산에서 물이 폭포처럼 떨어진다). He crashed to the ground in a cascade of oil cans(그는 기름통들이 쏟아지는 바람에 땅바닥에 깔려버렸다). Blonde hair cascaded over her shoulders(풍성한 금발머리가 그녀의 어깨 위로 늘어져 있었다). Her hair tumbled in a cascade down her back(그녀의 머리는 등 뒤로 풍성하게 늘어져 출렁거렸다).[30]

    information cascade(정보의 폭포 현상, 정보 연쇄 파급효과)는 정보가 폭포처럼 쏟아져 나오면서 원하는 정보를 찾기가 점점 어려워짐에 따라 개인들이 다른 사람들의 결정을 참고해 자신의 의사를 결정하는 현상을 말한다. 예를 들어 인터넷에서 물건을 구매할 때 다른 고객들이 어떤 제품을 주로 구매했는지를 참고해서 '따라하기'식의 구매를 하거나, 주식투

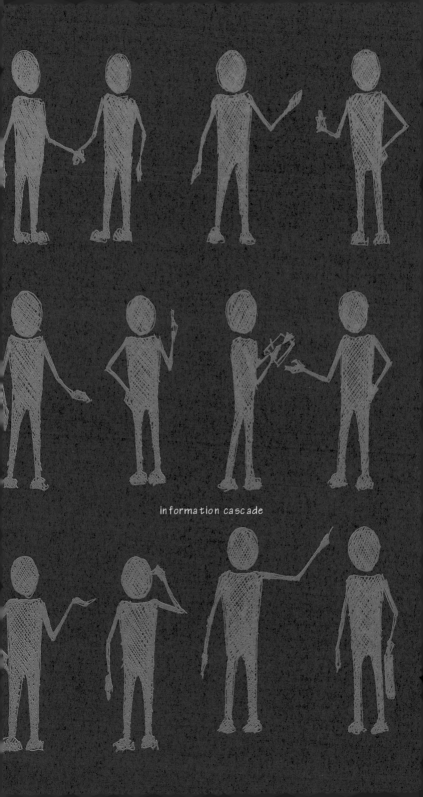

information cascade

자나 외환거래 등 금융거래 시 리스크를 줄이기 위해 다른 사람의 동향에 관심을 갖는 등의 행동이 이에 해당한다. informational cascade라고도 한다.[31]

information cascade는 사람들이 불완전한 정보를 보완하기 위해 다른 사람들이 하는 행동을 살펴보기 때문에 일어나는 현상이다. 이것의 근본적인 문제점은 특정 시점 이후에는 사람들이 자기 자신만의 지식에 관심을 기울이지 않으면서 그런 태도를 스스로 합리화한다는 것이다. 그리고 타인의 행동을 보면서 모방하기 시작한다. 개개인이 자기가 갖고 있는 지식을 활용하지 않게 되면 연쇄 파급효과가 부정적으로 작용하기 시작한다.[32]

information cascade가 사회적 차원에서 일어나면 혁명으로까지 비화될 수 있다. 던컨 와츠Duncan J. Watts는 『Small World: 여섯 다리만 건너면 누구와도 연결된다』(2003)에서 정보의 폭포 현상이 일어나면 집단 내의 개인들은 개인 행동을 중단하고 응집된 전체처럼 행동하기 시작한다며 다음과 같이 말한다.

"정보 캐스케이드는 때로는 급하게 일어나고(베를린장벽을 붕괴시킨 라이프치히 시위대의 규모는 몇 주 만에 폭발적인 증가를 경험했다), 때로는 서서히 일어난다(인종 간 무차별, 여성의 참정권, 동성애자에 대한 관용 같은 새로운 사회 규범은 보편성을 확보하기까지 몇 세대가 걸릴 수도 있다). 하지만 모든 정보 캐스케이드는 일단 시작되면 자기 영속성을 갖는다. 다시 말해서 앞선 사람들을 끌어들인 그 힘에 의해 새로운 추종자를 끌어들이는 식이다. 그러므로 처음의 충격은 그것이 아무리 작더라도 대단히 큰 시스템의 구석구석까지 전파될 수 있다."[33]

루머는 정보의 폭포 현상을 통해 전파되는 경우가 많으며, 거짓 루머도 폭포 현상을 일으키는 경우가 많다. 캐스 선스타인Cass R. Sunstein은 『루머』(2009)에서 그렇게 되면 2가지의 큰 사회적 문제가 야기된다고 말한다.

"첫째로 가장 중요한 문제는 사람들이 거짓 사실, 어쩌면 아주 치명적인 허위 사실을 진실인 것처럼 믿게 된다는 것이다. 그런 폭포 현상은 인간관계를 망치고 비즈니스를 망치고, 대상이 되는 사람의 일생을 망가뜨릴 수 있다. 두 번째 문제는 일단 폭포 현상에 휩쓸리고 나면 사람들이 자기 맘속에 갖고 있는 의문을 잘 드러내지 않는다는 것이다. (그래서) 그런 루머를 먼저 퍼뜨린 자들이 이끄는 대로 뒤를 따라가게 된다."[34]

이어 선스타인은 "폭포 효과로 확산된 루머들이 확고한 믿음으로 자리 잡게 되면 그 파급효과는 엄청난 위력을 발휘하게 된다"고 말한다. "유사한 믿음을 공유한 사람들끼리는 특정 루머를 받아들이고, 다른 루머는 배척하는 경향이 강하다는 점을 상기해보자. 어떤 그룹은 루머를 퍼뜨리는 정보 폭포 효과에 취약한 반면 다른 그룹은 그렇지 않다고 가정해보자. 그럴 경우에 서로 다른 '세상'에 사는 사람들은 강렬한 기초적 믿음을 키워나가고, 이후에 듣게 되는 모든 정보에 대해서는 그 기초적인 믿음을 토대로 접근한다. 그렇기 때문에 이들이 갖고 있는 생각을 바로잡기란 대단히 어렵다."[35]

왜 〈욕망이라는 이름의 전차〉는 일대 사건이 되었나?

●
A Streetcar Named Desire

〈A Streetcar Named Desire(욕망이라는 이름의 전차)〉는 아서 밀러Arthur Miller, 1915~2005와 함께 전후 미국 연극의 양대 산맥의 역할을 해온 테네시 윌리엄스Tennessee Williams, 1911~1983의 희곡 제목이자 나중에 만들어진 영화 제목이다. 통속적인 성적 주제를 노골적으로 취급함으로써 성性 개방화의 물결을 이끈 〈욕망이라는 이름의 전차〉는 1947년 뉴욕의 배리모어 극장에서 엘리아 카잔Elia Kazan, 1909~2003의 연출로 무대에 올려졌는데, 이는 역사에 남는 훌륭한 공연으로 기록되었다. 스탠리 코왈스키Stanley Kowalski역을 맡은 말런 브랜도Marlon Brando, 1924~2004의 연기도 돋보였다. 이해에 윌리엄스는 뉴욕극비평가협회상, 퓰리처상, 도널드상을 수상했다. 퓰리처 상금은 미주리대학 저널리즘 스쿨의 장학금으로 기증했다.[36]

〈욕망이라는 이름의 전차〉는 2년 동안 성황리에 공연된 이후, 다시 윌리엄스가 각본을 쓰고 엘리아 카잔이 감독한 동명의 영화(워너브러더스, 1951)에서는 초연 때의 캐스트가 모두 등장하고 블랑시역만 비비언 리가 맡았다. 원래 카잔은 이 작품을 영화로 옮길 생각은 없었지만, 원작자인 윌리엄스의 집요한 설득으로 메가폰을 잡아 원작과 거의 똑같은 영화를 만들었다. 덕분에 이 영화는 연극의 '붕어빵 영화 버전' 정도로 치부되는 수모를 받은 특이한 작품으로 통하고 있다. '연극보다는 못하다'라는 평가에도 이 영화는 1951년에 열린 아카데미영화제에서 미술감독상을 비롯한, 여우주연상(비비언 리), 남우조연상(칼 몰덴)과 여우조연상(킴 헌터) 등을 수상하는 등 후한 점수를 받았다.

뉴욕 출신의 유대인의 가족적 배경에서 성장한 밀러와 달리 옛 남부의 몰락하는 가문의 후손인 윌리엄스는 미시시피주의 콜럼버스에서 태어나 1938년 뉴올리언스에 거주하면서 그곳의 보헤미안적 분위기에 심취했다. 그는 동성연애자로서 "나는 내가 흑인이라는 느낌을 언제나 가졌다"고 말할 정도로 아웃사이더 근성이 강했다. 카잔은 그리스계 유대인, 브랜도는 중산층의 생활 관습을 비난한 중산층이었는데, 세 사람 모두 아웃사이더로서 자유분방을 내세우는 인습 타파주의자들이었다. 저널리스트 데이비드 핼버스탬David Halberstam, 1934~2007은 〈욕망이라는 이름의 전차〉는 "단지 한 편의 희곡에 불과한 것이 아니라 일대 사건이었다"며 다음과 같이 주장한다.

"이 희곡은 미국 사회와 문화생활에서 하나의 강력하고도 새로운 조류의 중요한 일면으로 자리매김을 하였다. 블랑시의 숙녀연하고 여왕인 듯한 허세가 스탠리의 원시적 성욕에 의해 잔인하게 공격을 당한다는 플롯조차도 상징적인 것처럼 보였다. 매일 밤 브로드웨이에서는 관객들이 눈에 띄게 감동을 받은 채 극장 문을 나섰다. 그것은 블랑시의 비극적 파멸에 대한 반응 때문만은 아니었다. 아마도 어떤 의미에서는 그들이 그들 자신의 문화와 생활에서 막 변모하기 시작한 폭력적 변화의 일면을 보았기 때문이었는지 모른다."[37]

　　〈욕망이라는 이름의 전차〉는 좀 다른 이유로 한국에서도 하나의 문화적 현상이 되었다. 1955년 극단 신협에 의해 한국에서 공연되었을 때, 공연을 시작한 지 6일 만에 9,826명의 관객을 동원하면서 "현관문 유리창이 파괴될 정도로" 많은 관객이 몰려들었다. 1950년대에 두 차례나 재공연될 정도로 〈욕망이라는 이름의 전차〉는 많은 관객을 사로잡았다. 최성희가 잘 지적했듯이, "내용면으로 볼 때 미국 남부 문화, 동성애, 강간(근친상간)을 다루고 있는 〈욕망이라는 이름의 전차〉는 한국적 전통이나 정서와는 상당한 차이를 보이는 작품이어서, 오늘날의 우리로서는 50년 전의 한국 사회가 반발과 검열 대신에 환영과 열광을 보냈다는 것이 오히려 신기하게 느껴질 정도다".[38]

도시에서 '마주침'은
어떤 결과를 낳을 수 있는가?

●
encounter

　　　　　　　　　close encounter는 "(비행 중에
다른 천체나 물체와) 근접 조우遭遇하는 일, (미지의 사람끼리) 가
까이 만남"을 뜻한다. 스티븐 스필버그Steven Spielberg, 1947~의
1977년 영화 〈Close Encounters of the Third Kind〉 이후
대중화된 말이다. 이 영화 제목에서 Third Kind는 UFO
Unidentified Flying Object(미확인비행물체) 전문가로 미 공군의
UFO 연구 특별 고문이었던 J. 앨런 하이네크J. Allen Hynek,
1910~1986가 분류한 close encounter의 3가지 종류 중 세 번
째에 해당한다는 의미다.

　첫 번째는 UFO 목격, 두 번째는 외계인 착륙 목격, 세 번
째는 외계인과의 실제 접촉이다. 네 번째 단계도 있는데, 그것
은 외계인에 의해 납치되는 것이다.[39] Unidentified Flying
Object는 1950년부터, UFO라는 약자는 1953년부터 사용되
기 시작했다. 1959년엔 ufologist(UFO 연구자), ufology(UFO
연구)라는 말도 생겨났다.[40]

　심리학자 윌리엄 크로스William E. Cross는 흑인이 자신의
인종적 정체성을 얻는 데 다섯 단계가 있다고 보았는데, 그중

두 번째 단계가 바로 encounter(직면)로 피부색 때문에 다른 대우를 받는 사건을 통해 생애 처음으로 인종적인 차이를 인식하는 순간을 말한다. 흑인 사회심리학자 클로드 M. 스틸 Claude M. Steele은 『고정관념은 세상을 어떻게 위협하는가: 정체성 비상사태』(2010)에서 자신이 겪은 '직면'에 대해 다음과 같이 말한다.

"일고여덟 살이던 어느 날, 나는 내가 흑인임을 처음으로 자각했다. 여름방학을 앞둔 어느 오후, 한 동네에 살던 친구들과 하교하던 길에 우리 '흑인' 아이들은 수요일 오후를 제외하면 지역 공원에 있는 수영장에서 물놀이를 할 수 없다는 말을 들었던 것이다. 정말로 그해 여름 우리는 수요일마다 수영복만 입은 몸을 수건으로 돌돌 감싼 채 마치 낙타를 타고 사막을 건너는 대상처럼 줄지어 백인이 사는 바로 옆 동네의 성지인 수영장으로 향해야만 했다. 매주 이 기묘한 성지순례를 떠났다. 그 시대와 장소, 즉 1950년대와 1960년대 초반 시카고 대도시권에는 인종 간 위계질서가 존재했던 것이다."[41]

영국의 마르크스주의 도시 이론가인 앤디 메리필드Andy Merrifield는 『마주침의 정치The Politics of the Encounter』(2013)에서 "마주침encounter이라는 개념은 사람들이 인간 존재로 어떻게 한데 어울리느냐 하는 이야기, 집단이 왜 형성되고, 연대가 어떻게 이루어지고 유지되며, 여러 영역을 교차하는 정치가 도시적으로 어떻게 형성되는가 하는 것에 관한 이야기이다"며 다음과 같이 말한다.

"마주침은 어떤 신성한 마스터플랜도, 그 어떤 신성한 주체도 없는 과정이다. 오직 한데 모이는 집단성, 그들 자체의 단일한 목표와 이 세계에 적절한 목표, 그리고 객관성 그 자체의 창출을 규정해주는 순전한 공현존co-presences의 집단성만 있을 뿐이다."[42]

co-presences는 캐나다 출신의 사회학자인 어빙 고프먼 Erving Goffman, 1922~1982이 쓴 용어로, 의식이 융합되는 수준에 이를 정도의 상호 인식을 공유하는 연대 모델을 가리킨다. 메리필드는 그런 연대 모델이 발휘된 대표적 사례로 2011년 9월 17일에 시작된 '월스트리트를 점령하라Occupy Wall Street' 운동을 들었다. "도시적인 것은 마주침의 결과로 생긴 드라마의 장소이자 마주침의 드라마 그 자체를 마주치는 창소라고 말할 수 있을 것이다."[43]

왜 향수는 '치유 가능한 감정'에서 '치유 불가능한 감정'으로 변했는가?

● nostalgia

nostalgia(노스탤지어)는 "향수鄕愁, 향수병homesickness, 과거에의 동경, 회고의 정"을 뜻한다. 1688년 오스트리아의 의학도 요하네스 호퍼Johannes Hofer, 1669~1752가 산 속에 주둔한 스위스 용병들의 고향에 대한 그리움을 묘사하기 위해 그리스어 nostos(return)와 algos(pain)를 합쳐 만든 말이다.

호퍼는 자신의 논문 「향수병에 대한 의학적 논의」에서 향수병의 증상은 의기소침과 우울증을 동반하고 때로는 과도한 눈물과 식욕 감퇴로 나타나며, 아주 드문 경우지만 자살하는 수도 있다고 말했다. 향수라는 말에서 질병이라는 뜻이 사라진 것은 19세기 후반이다. 이후 점차 범위가 넓어지더니 '과거에의 동경'과 '회고의 정'으로까지 그 뜻이 번져나갔다. nostalgist는 "회고 취미의 사람"을 말한다.[44]

고향 떠난 스위스 용병 때문에 탄생한 말이라, Swiss illness라고도 한다. nostalgia를 강하게 유발하는 자극으론 냄새, 접촉touch, 음악, 날씨 등이 꼽힌다. homesickness는 nostalgia를 영어로 차용 번역loan translation(외국어를 문자 그대로 번역하는 일)한 단어로, 노스탤지어보다는 의미가 약하다. 17~18세기 의사들은 노스탤지어가 집에 돌아갈 수 없으면 죽음에 이를 수 있는 병이라고 믿었다. 그들은 노스탤지어는 단세포적인 부류, 어수룩한 부류, 배우지 못한 부류가 잘 걸리는 병으로 여겨 보편 교육만이 이런 병을 예방할 수 있다고 주장했다.[45]

사이먼 레이놀즈Simon Reynolds는 『레트로 마니아: 과거에 중독된 대중문화』(2011)에서 "이처럼 노스탤지어는 본디 시간이 아니라 공간을 통해 돌아가고 싶은 마음을 가리켰다. 그건 이동에 따른 고통이었다. 하지만 그 지리적 의미는 점차 사라졌고, 대신 시간이 노스탤지어를 규정하게 됐다. 이제 노스탤지어는 떠나온 모국을 절박하게 그리는 마음이 아니라, 사람의 일생에서 잃어버린, 평온했던 시절을 애타게 동경하는 마음이 됐다"며 다음과 같이 말한다.

"의학적 성격이 사라지면서, 노스탤지어는 개인감정이 아니라 행복하고 단순하고 순진했던 시절을 향한 집단적 염원이 됐다. 본디 노스탤지어는 치료할 수 있다는 점에서(다음에 올 군함이나 상선에 올라 가족과 친지로 둘러싸인 따스한 집으로, 친숙한 곳으로 돌아가면 되므로) 설명 가능한 감정이었다. 현대적 의미에서 노스탤지어는 불가능한 감정, 적어도 치유는 불가능한 감정이다. 치료법이라곤 시간여행밖에 없다."[46]

overconnectedness
circuit breaker
mass customization
McDonaldization
identity
micro power
microfinance
plastic
revealed preference
taper tantrum

경제 · 세계화 · 국제관계

왜 과잉연결은 디지털 시대의
질병이 되었는가?

●
overconnectedness

The world runs on connections
(세상은 연결로 돌아간다). 미 국무성은 2010년 이후 '연결의 자
유freedom to connect'를 외교 방침의 하나로 강조했다. 이는 웹
을 국경을 초월해 사람들을 조직화하는 잠재력을 지닌 수단으
로 공식 인정했음을 의미한다.[1]

급기야 connection economy(연결경제)라는 말까지 등
장했다. 세스 고딘Seth Godin은 "제품을 생산함으로써 부를 쌓
아가던 산업사회의 시대가 저물고 '연결'과 '관계'라는 완전
히 새로운 것에서 가치가 창출되는, 이른바 '연결경제'의 시대
가 시작되었다"며 다음과 같이 말한다.

"네트워크를 기반으로 하는 연결경제는 선택권과 판매
통로를 무한하게 확대한다. 그리고 동시에 소수의 관심과 신
뢰를 더욱 중요한 요소로 만들어간다. 무엇보다 연결경제는
재능이라는 것이 차지하던 독보적인 지위를 무너뜨리고 그 자
리를 새롭고, 실질적이고, 중요한 가치를 추구하는, 만족할 줄
모르는 욕망으로 채우고 있다."[2]

연결경제에서 중요한 개념은 interconnectedness(상호

연결성)다. 칼 웨익Karl Wrick은 상호연결성의 중요성을 생물학적 모델biological model로 다음과 같이 설명한다.

"몸은 하나의 기관으로 되어 있는 것이 아니라 많은 기관으로 구성되어 있다.……만약 귀가 '나는 눈이 아니기 때문에 몸에 속해 있지 않다'라고 말한다면, 어떠한 신체의 일부분조차도 몸의 일부분이 될 수 없다. 만약 몸 전체가 눈이라면 어디로 들을 수 있을까?……신은 몸속에 다양한 기관을 하나하나 고르게 배치했다. 많은 기관이 있지만, 그것은 하나의 몸이다. 눈은 결코 손에게 '나는 네가 필요 없어'라고 말할 수 없다."[3]

그러나 뭐든지 과유불급過猶不及이다. overconnectedness (연결과잉, 과잉교류)는 인터넷과 휴대전화 등 새로운 커뮤니케이션 테크놀로지로 쉬지 않고 다른 사람들과 교류하는 데서 빚어지는 사회적 질병을 말한다. 『샌프란시스코크로니클San Francisco Chronicle』 1999년 8월 12일자는 "Overconnectedness is the disease of the Internet age(과잉교류는 인터넷 시대의 질병이다)"라고 말했다.[4]

미국의 기술 전문가인 윌리엄 데이비도William H. Davidow는 『과잉연결시대: 일상이 된 인터넷, 그 이면에선 어떤 일이 벌어지는가Overconnected: The Promise and Threat of the Internet』 (2011)에서 인터넷 시대에 네트워크 효과를 낳게 하는 overconnectivity, 즉 '과잉연결' 또는 '연결과잉'은 통제 불능 등과 같은 수많은 부작용을 낳으면서 사회 전체를 파멸의 위기에 빠뜨릴 수도 있다고 경고한다.[5]

이른바 '접속 중독connectivity addiction'이 심화되면서 '축복받은 단절 상태blessedly disconnected'를 그리워하는 사람들도 늘고 있다.[6] 하지만 경제 시스템 자체가 '연결경제'를 넘어 '초연결경제hyper-connected economy'로 질주하고 있는 상황에서,[7] 생존에 급급한 사람들에게 단절 상태는 결코 축복일 수 없으며 이미 성공한 사람들만이 누릴 수 있는 사치일 뿐이다.

왜 중국 증권감독위원회
위원장이 전격 경질되었는가?

●
circuit breaker

circuit은 "순회, 순환, 일주, 전기회로, 순회 경기", make a circuit of the town은 "시내를 한 바퀴 돌다", circuit-riding lawyer는 '순회 변호사', circuit rider는 '순회 목사', the circuit of the valley는 '골짜기', a lake about 10 kilometers in circuit은 '둘레 약 10킬로미터의 호수', a TV circuit은 '텔레비전 회선', a closed circuit은 '폐회로', an integrated circuit은 '집적회로', hit for the circuit은 '홈런을 치다'는 뜻이다. [8]

circuit training(서킷 트레이닝)은 1953년 영국의 리즈대학 모건R. E. Morgan과 애덤슨G. T. Adamson 두 사람에 의해 창안된 훈련법이다. 웨이트 트레이닝으로는 근력이나 파워, 근지구력을 양성할 수는 있으나 각 세트set 사이에 휴식을 취하면서 연습을 하기 때문에 심장이나 폐에 그 기능을 발달시킬 만한 부담이 걸리지 않는 결점이 있다. 이 결점을 보완하기 위해 휴식 시간을 일체 두지 않고 한 운동에서 다음 운동으로 이동하는 계속적인 트레이닝 방법을 고안해, 서킷 트레이닝이라 이름 붙였다. [9]

서킷 브레이커circuit breaker는 주식시장에서 주가가 급등 또는 급락하는 경우 주식 매매를 일시 정지하는 제도로, 영어의 첫 글자를 따서 'CB'라고도 한다. 전기회로에서 서킷 브레이커가 과열된 회로를 차단하는 장치를 말하듯, 주식시장에서 주가가 갑자기 급락하는 경우 시장에 미치는 충격을 완화하기 위해 주식 매매를 일시 정지하는 제도로 '주식거래 중단 제도'라고도 한다. 미국에선 '안전장치'라는 데에 의미를 두어 경제적 위기에 처한 사람에게 재산세나 소득세를 감면해주는 조치를 뜻하는 말로도 쓰인다.

서킷 브레이커는 1987년 10월 19일 미국에서 사상 최악의 주가 대폭락 사태인 블랙 먼데이Black Monday 이후 주식시장의 붕괴를 막기 위해 처음으로 도입된 제도다. 당시 뉴욕증권거래소에 권고된 제안은 일정 시간(예컨대 20분) 주가가 한도 이상으로 상승 또는 하락한 종목에 대해 거래를 연기시키는 것이었다.[10]

서킷 브레이커에 대해선 찬반 논란이 있는데, 『이코노미스트』는 서킷 브레이커를 잘 조율해야 그 효과가 있을 가능성이 있다고 말한다. "그렇지 못할 경우, 서킷 브레이커는 공황을 방지하는 것이 아니라 오히려 공황을 조장하고 혼란을 야기할 뿐이다. 이때 조율이란 거래가 중단될 가망이 있을 경우 반드시 현금, 선물, 옵션 등 모든 시장에서 전면 중단되어야 한다는 뜻이다. 이는 시장들이 모두 연계되어 있다는 분명한 이유 때문이다. 이렇게 연결된 시장의 한 곳에는 접근을 허락하지 않으면서 또 다른 곳에 허용하는 것은 불규칙하고 공정하지 못한 일이다."[11]

2013년 1월 24일 미국 나스닥 시장에서 애플 주가는 전

날보다 12.35퍼센트 급락한 450.50달러로 마감했는데, 하루 낙폭으로는 사상 최대였다. 사상 최고치를 기록했던 2012년 9월 21일 705.07달러(장중)에 비해선 36퍼센트 하락한 수준으로, 시가총액은 하루 사이 600억 달러(64조 원)가 사라진 4,320억 달러로 떨어졌다. 이날 애플 주가가 급락하면서 거래를 일시 중단하는 서킷 브레이커가 발동되기도 했다.[12]

2016년 2월 20일 샤오강肖鋼 중국 증권감독위원회 위원장이 전격 경질되었다. 그는 최근 주가 급락기에 단행한 '서킷 브레이커'와 같은 정책으로 시장 혼란을 가중시켰다는 비판을 받아왔다. 중국 증권감독위원회는 1월 8일 서킷 브레이커 제도를 시행 4일 만에 잠정 중단했는데, 시장 변동성을 통제하려고 도입한 제도지만, 발동 시 유동성을 위축시켜 변동성을 확대하는 역효과를 냈다는 지적을 수용한 것이다.[13]

서킷 브레이커가 공습경보라면, 그 전 단계인 경계경보는 '사이드 카side car'라고 한다. 선물 가격이 전일 종가 대비 4퍼센트 이상 변동(등락)한 시세가 1분간 지속될 경우 주식시장의 프로그램 매매 호가는 5분간 효력이 정지되는데 이런 조치를 사이드 카라고 한다. 선물 시장의 급등락에 따라 현물시장의 가격이 급변하는 것을 막기 위한 가격 안정화 장치로 시장을 진정시키고자 하는 것이 사이드 카의 목적이며, 다만 프로그램 매매만을 잠시 중지시키는 제도다. 사이드 카는 발동 5분 후 자동 해제되며 하루 한 차례 발동한다. 사이드 카는 경찰의 오토바이 사이드 카가 길을 안내하듯이 과속하는 가격이 교통사고를 내지 않도록 유도한다는 의미에서 붙인 이름이다.[14]

왜 '틈새시장'마저
거대기업이 독차지하고 있는가?

●
mass customization

We now engage in a host of
new consumer behaviors that are described with
intentionally oxymoronic terms: "massclusivity",
"slivercasting", "mass customization." They all point in
the same direction: more Long Tails(이제 우리는 소비자로
서 '매스클루시버티', '슬리버캐스팅', '대량 맞춤'처럼 상반되는 의
미가 결합된 새로운 행동을 보이고 있다. 이 모든 행동은 한결같이
롱테일을 지향하고 있다).[15] 미국 『와이어드Wired』 편집장 크리
스 앤더슨Chris Anderson, 1961~이 2006년에 출간한 『롱테일The
Long Tail』에서 한 말이다.

'매스클루시버티massclusivity'는 '대중'을 뜻하는 'mass'
와 '특별, 배제'를 뜻하는 'exclusivity'의 합성어로 대중 소비
자를 배제하고 초우량 고객만을 대상으로 하는 마케팅을 지칭
한다. 대량생산 시스템 내에서 생산을 하면서도 VIP에 해당하
는 개별 고객의 요구에 대해 한정 생산하는 차별화 전략이다.
매스티지masstige와 같이 이미 대중화된 명품에 식상해진 일부
계층들이 자신만을 위해 차별화된 희소한 재화나 용역을 원하

mass customization

면서 확대되고 있는 마케팅 전략이다.[16]

'슬리버캐스팅slivercasting'은 일반 대중 청취자를 대상으로 하는 전통적인 대중방송broadcasting에 대응하는 용어로, 소수의 마니아 청취자를 대상으로 하는 새로운 온라인 방송 서비스를 말한다. 협송narrowcasting 또는 적소 협송niche narrowcasting이라고도 한다. sliver는 '쪼개진 조각splinter'이란 뜻이다.

'대량 맞춤mass customization'은 대량생산Mass Production과 맞춤화Customization가 결합된 용어로 맞춤화된 상품과 서비스를 대량생산을 통해 비용을 낮춰 경쟁력을 창출하는 새로운 생산·마케팅 방식을 말한다. 고객으로서는 대량생산 제품을 군말 없이 사는 것이 아니라, 마치 동네 양복점에서 옷을 맞추듯 대기업과 중견 기업 제품도 자신의 취향을 반영한 상품을 살 수 있다. 이 같은 개념은 앨빈 토플러Alvin Toffler, 1928~가 『미래 충격Future Shock』(1970)에서 대량생산과 맞춤화의 패러독스가 극복될 가능성이 있다고 예견했으며, '대량 맞춤Mass Customization'이라는 용어와 기술적 가능성은 스탠 데이비스Stan Davis의 『완벽한 미래Future Perfect』(1987)에서 제시되었다.[17]

그러나 존 실리 브라운John Seely Brown과 폴 두구드Paul Duguid는 『비트에서 인간으로』(2000)에서 "거대 기업의 활발한 활동은 첨단 정보통신기술의 발달로 더욱 힘을 얻고 있다. 거대한 네트워크를 효과적으로 이용할 수 있게 되면서 거대 복합기업의 유지와 운영이 쉬워지고 있다.……벤처기업의 전유물처럼 인식되던 '틈새시장'도 거대 기업이 독차지하고 있다"며 다음과 같이 말했다.

"'대량 맞춤mass customizing'이라는 역설적인 단어가 의미하는 것은 바로 틈새시장에서도 대형 기업이 유리하다는 사실이다. 개인의 몸에 치수를 맞춘 이른바 '맞춤식 청바지'를 만든다고 생각해보자. 이것을 할 수 있는 기업은 리바이스 말고는 없다. 개인의 다양한 치수에 맞는 옷을 만들기 위해서는 거대한 생산시설과 표준화된 제품과 공정, 이를 받쳐주는 시장이 모두 필요하기 때문이다. 따라서 상품의 탈대량화demassification는 대량생산과 대량소비의 기반 위에서나 가능한 것이다. 인터넷 경제의 헨리 포드가 나온다면 그 역시 이렇게 말할 것이다. '당신에게 꼭 맞는 청바지가 여기 있습니다. 물론 모두 리바이스죠.'"[18]

'맥월드', '맥몽드', '맥잡', '맥처치'란 무엇인가?

●
McDonaldization

미국 메릴랜드대학 사회학 교수 조지 리처George Ritzer가 쓴 『맥도날드 그리고 맥도날드화: 유토피아인가, 디스토피아인가』는 미국의 200여 대학에서 교재로 쓸 정도로 맥도날드는 학문적 연구의 대상이 되고 있다. 이 책은 맥도날드를 다루고 있지만 어떤 의미에선 맥도날드에 관한 책이 아니다. 막스 베버Max Weber, 1864~1920의 합리화 이론을 근거로 이 세상의 작동 방식을 탐구한 책이다.

리처는 '맥도날드'로 대표되는 패스트푸드점의 원리가 미국 사회와 그 밖의 세계의 더욱더 많은 부문을 지배하게 되는 과정과 그것이 초래하는 비인간화를 '맥도날드화 McDonaldization'라고 부른다. 맥도날드 모델은 전 세계로 수출되고 있으며 세계 각지에서 큰 성공을 거두고 있다. 왜 그럴까? 리처는 맥도날드가 효율성efficiency, 계산가능성calculability, 예측가능성predictability, 통제control를 제공하기 때문이라고 말한다.[19]

맥도날드는 사회학뿐만 아니라 정치학에서도 깊은 관심을 기울여야 할 주제임이 틀림없다. '맥도날드 포퓰리즘'도 정치적 포퓰리즘에 시사하는 바가 많지만, 효율성, 계산가능성, 예측가능성, 통제를 제공하는 맥도날드화의 원리는 상당 부분 정치에도 침투했으며, '맥월드McWorld'나 '맥몽드' 같은 신조어는 국제정치의 메커니즘과도 맞닿아 있기 때문이다.

'맥도날드화McDonaldization'를 가리켜 '맥도날드 이데올로기'라 할 수 있겠는데, 이는 이른바 '코카콜라화Coca-Colonization'와 맥을 같이하는 것이기도 하다. 맥도날드나 코카콜라가 '문화적 동질화cultural homogenization'의 상징으로 거론되는 것은 도처에 편재하는 이들의 가시성可視性 때문이다.[20]

프랑스 지식인 기 소르망Guy Sorman은 맥도날드화를 너그럽게 볼 것을 제안했다. "사실 우리가 세계화라고 부르는 것은 종종, 실제로는 미합중국의 제국주의인, 미국화를 의미한다. 그렇기 때문에 나는 세계화라는 용어를 사용하기보다, 오히려 전 세계의 몸과 마음의 양식을 생산하는 매킨토시Macintosh와 맥도날드McDonald's의 머리 부분을 따서 프랑스어와 영어의 신조어인 맥몽드McMonde를 제안한다. 맥몽드는 미국적 제국주의를 지칭하는 것이 아니며, 미국을 중심으로 하고 유럽·캐나다·호주로 그 외곽 지역을 구성하는 서양의 캠프다."[21]

맥도날드는 그런 상징성과 더불어 전 세계적인 보편성 때문에 각 나라의 물가지수를 맥도널드 값으로 비교하는가 하면 각 나라의 문화를 비교하는 연구의 주제로도 자주 활용된다. '빅맥지수'란 각국의 통화가치와 그 통화의 실질구매력을 '빅맥' 햄버거 가격과 비교해 평가하는 지수로 세계 물가와 실질구매력을 알 수 있는 지표다. 미국 하버드대학의 인류학자 제임스 왓슨James Watson이 서울을 비롯한 아시아 5개 주요 도시의 맥도날드에 대해 실시한 연구에 따르면, 미국의 맥도날드에서는 음식을 먹고 바로 나가는 것이 가게와 손님 사이의 암묵적 합의임에 반해, 아시아에서는 맥도날드가 10대들이 숙제를 하고 친구를 기다리면서 시간을 보내는 장소로 애용했다.[22]

맥도날드의 전 세계적인 보편성은 맥잡McJob이라는 불명예스러운 용어를 낳게 만들었다. 맥잡은 실패한 사람들이 하던 일을 대체하는 새로운 형태의 일을 의미하게 되었다. 소매와 요식업종 내에서도 맥도날드의 임금은 하위 25퍼센트에 해당하고, 업종 평균에 비해 20~50퍼센트 높은 이직율을 보였다. 또 경영자 측의 계속되는 취업규칙 위반 행위가 발생하고, 종업원들이 심리적으로 '극도의 흥분' 상태로 있게 하고, 초과수당 지불 없이 연장근무를 요구하고, 노조 활동을 하면 해고하고, 최신 전술로 노조 설립에 대응하는 걸로 악명을 얻었다.

영국에서 맥도날드 명예훼손 재판을 맡았던 판사 로저 벨Rodger Bell은 맥도날드가 종업원에게 너무 낮은 임금을 주어 영국의 모든 요식업종 근로자의 임금을 하락시키는 데 일조했다고 판결했다. 또 뉴욕시립대학 교수 조 킨첼로Joe L. Kincheloe는 승진 기회가 거의 없고 저임금·비숙련의 맥잡은, 열심히 일하면 신분이 상승한다는 모더니스트들의 주장에 대한 노동자계급 청년들의 믿음을 상실하게 만드는 데 기여해왔다고 평가했다.[23]

미국에서 1990년대 들어 부동산 경기 붐에 편승해 도시외곽에 고급 주택단지가 들어서자 대형 교회도 속속 생겨났다. 패스트푸드 맥도날드에 빗대 '맥처치McChurch'란 비아냥이 나온 것도 이때쯤이다.[24] '맥처치'가 시사하듯이, 무엇이건

패스트푸드의 원리가 작동되는 곳이라면 다 '맥'을 붙여 말을 만들 수 있다. 이 또한 '맥도날드화McDonaldization' 현상이라고 할 수 있겠다.

왜 세계화 시대에
경계가 더욱 늘어나는가?
●
identity

정체성正體性, identity이란 사물 본
디의 형체가 갖고 있는 성격을 말한다. 'identity'란 단어가
'확인하다identify'란 말에서 유래했다는 사실은 정체성이 자기
가 아닌 남에 의한 확인과 증명을 통해 형성되는 것임을 말해
준다.[25]

영국의 문화 이론가 스튜어트 홀Stuart Hall, 1932~2014은
1996년에 출간된 논문집 서문에서 "최근 몇 년 동안 '정체성'
이라는 개념을 둘러싼 담론이 폭발했다"고 썼다. 지그문트 바
우만Zygmunt Bauman은 『방황하는 개인들의 사회The Individualized
Society』(2001)에서 "그로부터 몇 년이 흐르는 동안 정체성 담
론은 쇄도했다. 현대의 삶의 측면들 가운데 철학자, 사회과학
자, 심리학자들로부터 이 정도의 관심을 끄는 것은 없는 듯하
다. '정체성 연구'는 그 자체로서 학문으로 급속히 번성하고
있다"며 다음과 같이 말한다.

"'정체성의 시대'는 무의미한 온갖 소음들로 가득하다.
정체성의 추구는 사람들을 갈라놓고 고립시킨다. 그러나 외롭
게 정체성을 형성하려고 애쓰는 개인들이 공통적으로 느끼는

불안감은 그들로 하여금 개인적으로 느끼는 불안감과 근심을 함께 공유할 방법을 찾게 만들고, 마찬가지로 겁먹고 불안해하는 개인들이 다른 이들과 함께 불안감을 떨쳐버릴 예식을 거행하도록 만든다.……다른 사람들과 함께 방어벽을 설치하면 잠시나마 외로움에서 해방된다. 효과가 있든 없든 그래도 뭔가 조치를 취하긴 했다고, 적어도 그냥 손 놓고 타격을 입지는 않았다고 자신을 위로할 수 있다."[26]

특히 세계화는 자신들만의 전통과 정체성을 지키고자 하는 사람들에게 엄청난 충격으로 다가왔다. 이는 미국에서건 아랍 세계에서건 그 어디에서건 마찬가지였다. 자신들의 전통과 정체성에 가해지는 압박과 그 압박의 주체에 대한 저항과 투쟁, 이게 바로 근본주의의 탄생을 가능케 한 온상이기도 하다.[27]

같은 맥락에서 조너선 프리드먼Jonathan Friedman은 이렇게 말한다. "세계화하는 세계에서 온갖 현상이 일어나지만 경계가 사라지는 현상만은 일어나지 않고 있다. 오히려 우리가 사는 세계에서 삶의 터전은 모조리 허물어져 가는데 새로 생기는 거리 모퉁이마다 경계가 생겨나고 있다."[28]

개인의 일상적 삶에서도 정체성 문제는 끊임없이 나타난다. 멀티태스킹multi-tasking은 정체성의 문제를 대단히 복잡하게 만들고 있다. MIT대학 심리학과 교수 셰리 터클Sherry Turkle은 "윈도의 멀티태스킹 기능이 첨가되면서 다중인격체 형성이 가속화되었다"고 말한다.[29] 터클은 그걸 긍정적으로 보지만, 우려하는 목소리도 높다.

홍윤선은 사이버 공간에서 다중인격을 경험한다는 것은 한 사람이 소통하는 관계의 양과 범위가 그만큼 많고 복잡해지는 것을 뜻하고, 이러한 환경 속에서는 더는 자율적인 의식을 소유한 자아는 소멸하고, 개개인은 단말기와 같은 존재로서 역할을 할 뿐이라고 본다.[30]

기업들은 소비자들의 정체성을 파고든다. 아이덴슈머 마케팅idensumer marketing은 정체성을 뜻하는 아이덴티티identity와 소비자consumer를 결합한 신종 마케팅 기법으로, 똑같은 상품이나 서비스를 이용하는 사람들에게 동질감을 느끼도록 해 회사의 신뢰도를 높이는 작업이다. 소비자는 같은 제품을 사용하는 사람들끼리 정보를 공유하고 기업은 이들의 의견을 적극적으로 받아들인다.

SK텔레콤 임성식 마케팅 팀장은 "아이덴슈머 마케팅은 브랜드 마케팅이나 프로슈머 마케팅에서 한 발 더 진화한 것"이라며 "동질감을 느낄 수 있는 문화 코드를 개발했더니 가입자의 응집력이 높아졌다"고 말했다. 아이덴슈머 마케팅은 브랜드를 중심으로 인적 교류를 갖는 '브랜드 커뮤니티' 조성 전략으로 이어질 수도 있다. 인터넷은 브랜드 커뮤니티 형성의 강력한 촉매가 되었다.[31]

소비자들은 물건을 살 때 단순히 제품만 구매하는 것이 아니다. 그 제품의 상징성, 관점, 의미, 철학까지 함께 구매한다. 미국 펜실베이니아대학 와튼스쿨 교수 조나 버거Jonah Berger는 이런 소비를 가리켜 '자아 표현 소비identity signaling consumption'라고 말했다.[32]

왜 '마이크로 파워'의
약진이 가능해졌는가?

●

micro power

micro power는 '작은 권력'인데, 정보혁명과 권력 분산에 따라 이전에 비해 더 큰 힘을 발휘할 것으로 예측되고 있다. 조지프 나이Joseph S. Nye, Jr.는 『미국의 세기는 끝났는가Is the American Century Over?』(2015)에서 "세계가 점점 더 복잡해지는 이유가 국가의 수가 늘어나고 부가 축적되기 때문만은 아니다. 글로벌 정보화 시대를 맞아 모든 나라들이 겪는 어려움은 점점 더 많은 일들이 국가의 통제권 밖에서 이루어진다는 점이다. 아무리 강력한 통제력을 가진 정부라도 마찬가지다"며 다음과 같이 말한다.

"이는 내가 말하는 '힘의 분산diffusion of power' 현상이다. 모이세스 나임Moises Naim은 이를 '마이크로 파워들의 약진rise of micro powers'이라고 부른다. 이들 마이크로 파워들이 나서서 '막스 베버가 말한 거대한 관료주의 집단으로부터 힘을 효과적으로 발휘하는 능력을 분리시켜냄으로써 세계를 변화시키고 있다'는 것이다."[33]

micro society(마이크로 소사이어티)는 작고 사소한 힘이 큰 변화를 이끌어내는 사회로, 네트워크 환경의 변화로 누구든, 언제, 어디서나, 무엇이든 할 수 있는 작은 신세계를 일컫는다. 한국의 NHN이 만든 오픈 네트워크형 연구 조직 NORI의 첫 프로젝트 그룹인 '팔란티리 2020'이 2008년에 제시한 개념이다.[34]

microsociety(마이크로 소사이어티)는 1967년 미국 뉴욕 브루클린의 교사인 조지 리치먼드George H. Richmond가 아이들이 학교에서 정상적인 생활을 하기 위해선 동기부여와 자기주도력이 필요하다는 취지로 제시한 개념이다. 그는 1991년 비영리조직인 MicroSociety를 출범시켰는데, 이 조직의 프로그램은 미국 전역의 300여 학교에서 시행되고 있다.[35]

micronation(마이크로 네이션)은 국가를 흉내낸 공동체를 말한다. 1970년 중반 미국의 10대 소년 로버트 벤 메디슨 Robert Ben Madison이 처음 만든 말인데, 그는 1979년 '탈로사 왕국the Kingdom of Talossa이라는 마이크로 네이션을 창설했다.[36]

오늘날 마이크로 네이션은 주로 국가 체제를 빌린 테마파크를 말한다. 전 세계에는 2014년 3월 현재 120개가 넘는 마이크로 네이션이 있다. 손민호는 2014년 "우리나라에도 마이크로 네이션이 있다. 남이섬이다. 남이섬은 2006년 3월 1일 나미나라공화국 독립을 선언했다. 나미나라공화국은 헌법·애국가·화폐·여권·문자는 물론이고 군대도 갖췄다(남이섬 여객선 직원이 '해군'이다). 남이섬의 국가 흉내는 마케팅 전략에서 출발했다"며 다음과 같이 말했다.

"2004년 이후 일본인 입장객이 부쩍 늘었지만 남이섬은 〈겨울연가〉 바람이 3년이면 잦아들 것으로 내다봤다. 궁리 끝에 찾아낸 활로가 세상 어디에도 없는 '상상 나라'였다. 독립은 불가피했다. 하나 속사정은 복잡하다. 남이섬 국립호텔 '정관루'에 단서가 있다. 객실 44개가 전부인 호텔 정문에 별 6개가 그려져 있다. 6성 호텔의 상징인 듯싶지만 우리나라는 외국과 달리 호텔 등급을 무궁화로 표시한다. 그러니까 정관루의 별은 장식인 셈이다. 강우현 대표의 설명이다. '호텔 등급을 신청했더니 공무원들이 이래서 안 된다 저래서 안 된다 계속 시간을 끄는 거야. 2년을 기다리다 안 되겠다 싶어 별을 붙여버렸어. 우리는 6성급 서비스를 하고 손님은 6성급에 묵고. 진짜 등급? 여관이지.'……남이섬에는 대만 국기가 펄럭인다. 중국하고만 국교를 맺은 한국의 공공기관에선 볼 수 없는 풍경이다. 한국 땅에 휘날리는 제 국기 아래에서 대만인은 감격한다. 누가 대만 국기에 딴죽을 걸면 강우현 대표는 '여기는 한국이 아닙니다'라며 너스레를 떤다. 지난해 남이섬에는 대만인 10만 명이 입장했다."[37]

2006년 노벨평화상
수상자 선정은 실수였는가?

●
microfinance

microfinane는 '미소금융微小金融'이다. 방글라데시 치타공과대학 경제학과 교수로 재직하던 무함마드 유누스Muhammad Yunus, 1940~는 1976년 빈민 42명에게 개인적으로 27달러를 빌려주면서 무담보소액대출microcredit을 중심으로 하는 그라민은행Grameen Bank 프로젝트를 시작했다. 성과는 놀라웠다. 3년 만에 500여 가구가 절대빈곤에서 벗어났다. 98퍼센트라는 높은 회수율을 기록해 도덕적 해이를 걱정하던 일각의 목소리도 불식시켰다. 유누스는 "자본주의를 극복하는 하나의 대안을 제시했다"는 찬사와 함께 2006년 노벨평화상을 받았다.[38]

이에 따라 스리랑카, 인도 등 동남아시아 국가를 비롯해 브라질, 콜롬비아, 볼리비아 등 남미, 나이지리아 등 아프리카에도 마이크로파이낸스는 저소득층의 돈줄로 자리 잡으면서 2010년 전 세계 약 600억 달러(약 68조 원) 규모로 성장했다. 그런데 2010년 12월 8일 인도의 중앙은행인 인도준비은행 밖에서는 수십 명의 여성이 "인도준비은행은 마이크로파이낸스를 규제하라"고 쓰인 팻말을 들고 시위를 벌였다. 가난한 사람들에게 담보 없이 크지 않은 규모의 돈을 빌려주는 무담보 소액대출, 마이크로파이낸스 제도를 이용한 빈민들이다. 높은 이자를 감당하지 못하고 스스로 목숨을 끊는 일이 잇따라 발생하면서 주요 고객인 여성들이 마이크로파이낸스에 대한 규제를 강화하라고 항의 시위를 벌이는 상황까지 이른 것이다. 이에 대해 『경향신문』(2010년 12월 8일)은 "무함마드 유누스 교수에게 노벨상의 영광을 안기며 빈자의 '구명 밧줄'이 돼온 마이크로파이낸스가 어떤 이들에게는 '죽음의 덫'으로 변한 이유는 무엇일까"라면서 다음과 같이 말했다.

"규모가 커지면서 마이크로파이낸스 부문은 '시장'을 넘어 '산업'이 됐다. 기존 은행권으로부터 자금이 흘러들어왔고 경쟁 체제로 인해 자금 동원력이 커지면 더 많은 사람들이 대출받을 수 있는 기회가 생긴다는 논리로 상업적 목적의 마이크로파이낸스 회사들이 늘어났다. 비영리 단체에서 출범한 기관들이 영리단체로 노선 변경하는 경우도 생겼다.……무담보 대출의 특성상 다른 대출보다 이자율이 높은 것은 받아들일 만하지만 100퍼센트 이상의 살인적인 이자율에 고통을 겪는 사람들이 늘어났다.……노출된 문제점에도 불구하고 더 많은 극빈층에게 무엇인가를 시작할 수 있는 희망을 제도로서 보여주는 마이크로파이낸스가 계속되어야 한다는 명제 자체에는 이견이 없는 듯하다. 그리고 마이크로파이낸스의 사업적 역량이 커질수록 그 사회적인 역할에 대해서도 더 큰 관심을 기울여야 한다고 전문가들은 지적한다."[39]

미국 코넬대학 교수 필립 맥마이클Philip McMichael은 "미소금융은 발전을 개인-자기 이익을 극대화하는 주체로서-의 책임으로 돌리는 신자유주의 철학을 구체적으로 표현한다"며 이렇게 말한다. "미소금융은 '나쁜 국가, 좋은 시장'이라는 명제에 입각해 지구화 프로젝트의 이념을 재생산한다.……미소금융은 신용의 소비자인 빈곤층의 생활을 안정시키고, 개발이 곧 소비라고 하는 관념을 강화하기도 하지만, 그와 동시에 '신용은 근본적 인권'이라고 하는 유누스의 미심쩍은 주장을 실현하기도 한다."[40]

마이크로크레디트 신화를 인류학적으로 분석한 논문으로 박사학위를 받은 방글라데시 출신의 인류학자인 라미아 카림Lamia Karim은 『가난을 팝니다: 가난한 여성들을 착취하는 착한 자본주의의 맨얼굴Microfinance and Its Discontents: Women in Debt in Bangladesh』(2011)에서 "마이크로크레디트로 인해 방글라데시 빈민 여성들은 오히려 빚더미에 앉게 되었고, 가정과 마을공동체 안에서 폭력에 노출되었다"고 말한다. 가족과 공동체 내에서 여성의 취약한 지위가 변하지 않은 상황에서 여성들에게 오히려 새로운 형태의 종속과 억압을 만들어냈으며, 98퍼센트에 달하는 높은 회수율의 이면에도 강압과 돌려막기, 연대책임 강요, 수치심 자극 등이 있었다는 것이다.[41]

'유혹하는 플라스틱'을
어찌할 것인가?

● plastic

'대망待望의 비니루 장판 드디어
등장!!' 1956년 락희樂喜화학공업사(LG화학의 전신)가 국산 비
닐 장판 생산 개시를 알린 광고는 화학물질에 대한 예찬으로
가득하다. 1950년대 후반부터 국내에 본격 보급된 플라스틱과
합성섬유는 나무·고무 등 천연 소재를 대체하는 꿈의 신물질
로 취급되었다. 신문 기사도 플라스틱을 '생활 개선의 선구자'
라고 표현했다(『조선일보』 1963년 3월 17일자). 플라스틱 도마
광고는 '나무 도마는 세균의 온상, 세균의 배양판培養板, 그리
고 세균 덩어리'라고 헐뜯었으며(『조선일보』 1968년 9월 24일
자), 쌀 도정搗精 기계용 플라스틱 롤러 광고는 '종래의 고무 롤
러는 유물에 불과!!'하다고 주장했다(『조선일보』 1957년 9월 15일
자).[42]

환경적 관점에서 비판이 쏟아지고 있지만, 플라스틱의 인
기는 오늘날까지도 건재하다. "신용카드로 지불하겠다"는 말
도 'I prefer to pay with plastic'이라고 하면 된다. 플라스
틱이 곧 신용카드를 의미하는 것이다.[43] plastic은 고대 그리
스어인 '플라스티코스plastikos'에서 유래했는데, 이 단어의 뜻

I prefer to pay with plastic

은 '주물이나 조형을 맞추는capable of being shaped or molded'이
다. 그래서 성형수술도 plastic surgery라고 한다. [44]

　　미국 사회학자 로리 에시그Laurie Essig는 『유혹하는 플라
스틱: 신용카드와 성형수술의 달콤한 거짓말American Plastic:
Boob Jobs, Credit Cards, and the Quest for Perfection』(2010)에서 "플
라스틱을 이해하지 않고서는 누구도 미국을, 오늘의 세계를
이해할 수 없다"고 말한다. 그는 오늘날 거의 모든 미국인이
플라스틱이 보장하는 멋진 약속들에 눈먼 노예 신세가 되었다
고 비판하는데, 여기서 대표적인 플라스틱은 '플라스틱 수술
(성형수술)'과 '플라스틱 머니(신용카드)'다.

　　"국가가 금융업과 미용 수술 산업을 철저하게 규제한다
하더라도 우리가 플라스틱 수술이야말로 우리의 불안정에 대
한 유일한 해결책이라고 가르치는 한, 사람들은 어떻게든 그
것을 소비할 길을 찾아낼 것이다. 우리가 완벽에의 추구를 멈
출 때, 모든 국민에게 기회가 골고루 배분되는 사회를 요구할
때 우리가 사는 나라는 바뀔 것이다." [45]

　　"플라스틱 수술비를 제일 손쉬운 플라스틱 머니로 지불"
한다는 표현이 가슴에 와 닿는다. 로리 에시그Laurie Essig는
"불황이건 공황이건, 그것이 신용 경색credit crunch으로 인해
시작되었다는 데에는 모든 사람들의 의견이 일치했다"며 다
음과 같이 말한다.

　　"'크레딧 크런치'라는 용어는 전혀 해롭지 않은 말처럼
들리기도 한다. 무슨 초콜릿과자 이름 같기도 하다. 하지만 실
제로 그것은 수백만 명의 직업과 평생 저축, 집, 더 나은 삶에
대한 꿈을 앗아간 거대한 경제 붕괴를 가리킨다. 신용 경색은
은행업에 대한 규제 완화의 결과였다. 플라스틱 수술비를 제

일 손쉬운 플라스틱 머니로 지불하게 한 것도 이런 규제 완화 책 가운데 하나였다. 경제 불황이 닥치자 가장 곤란에 처한 사람들은 빚이 많은 사람들이었다."[46]

왜 전통시장을 살려야 한다면서도 대형마트만 찾는가?

●
revealed preference

preference는 "선호, 좋아하기, 특혜, 우선권, 편애", preference of health over wealth는 "부富보다 건강을 좋아하기", give(show) preference to는 "~쪽을 택하다, 우선하다", have no preference는 "어느 쪽이든 상관없다", have a preference for American movies는 "미국 영화 쪽을 좋아하다", preference treatment는 "특혜 대우"란 뜻이다. My preference is for chemistry rather than physics = I prefer chemistry to physics(물리보다 화학을 좋아한다). Which is your preference, tea or coffee(홍차와 커피 중 어느 쪽을 좋아하세요)?[47]

sour grapes는 "억지, 오기傲氣, 지기 싫어함, 가질 수 없기 때문에 원치 않는 것처럼 말하는 자위"를 뜻한다. 이솝 우화Aesop's Fables의 「여우와 포도The Fox and the Grapes」에서 포도가 높이 달려 있어 먹을 수 없게 된 여우가 돌아서면서 다음과 같이 말했다는 데에서 유래한 말이다. "Well, they're sour anyway(어차피 시어서 먹을 수도 없는 데 뭘)."[48]

이처럼 사람들이 자신의 처지를 좀더 견디기 쉽도록 상황

을 재해석하는 것을 adaptive preference(적응된 선호)라고
한다. 이와 관련, 장하준은 "억압을 받거나 착취나 차별을 당
하는 사람들 중 많은 수가 자신이 행복하다고 답한다. 그들 가
운데 많은 사람들이 자신의 상황을 향상시킬 수 있는 변화에
반대하기도 한다"며 다음과 같이 말한다.

"예를 들어 20세기 초 유럽의 많은 여성들이 여성에게 투
표권을 허용하는 것에 반대했다. 또 그들 중 어떤 사람들은 부
당한 상황을 지속시키고 잔혹한 행위를 하는 데 직접 가담하
기도 한다.……이들은 억압자/차별자의 가치관을 받아들였기
때문에 자신이 행복하다고 생각한다. 마르크스주의자들은 이
를 '허위의식false consciousness'이라 부른다."[49]

preference reversal(선호 역전)은 자신이 내린 선택을 일
관되게 고수하는 것이 아니라, 주어진 상황과 여러 가지 대안
을 기술하는 방식 등에 따라 이전 결론과 상반되는 결정을 내
리는 것을 말한다. 이에 대해 이남석은 다음과 같이 말한다.

"현실 정치에서 도덕성을 논할 때는 최하위로 놓았던 후
보를, 그가 경제적 이익을 가져다줄 수 있다는 생각에 압도적
으로 선택하는 것도 선호 역전으로 설명할 수 있다. 자동차를
처음 구매할 때는 출고 가격을 가장 중시했지만, 이후 중고차
매매 시의 가격 경쟁력이 낮다는 사실을 깨닫거나, 자동차의
안전성 및 승차감에 비중을 더 두게 되면서 선호도가 반전되
는 것도 하나의 사례가 될 수 있다."[50]

Put your money where your mouth is(네 말이 맞으면
돈을 걸어라)! 자기 말이 맞다고 바득바득 주장하다가도 "그렇
게 자신 있으면 내기를 해보자"라고 하면 꽁무니를 빼는 사람
들에게 하는 말이다. 말이 아니라 행동으로 증명하라는 것이

145

다. 사람들은 말로는 전통시장과 동네 슈퍼를 살려야 한다면서 자신이 쇼핑을 할 때는 한사코 대형마트만을 찾는 경향이 있다. 경제학자들은 이런 현상에 'theory of revealed preference(현시 선호 이론)'라는 이름을 붙였다. 하노 벡Hanno Beck은 『경제학자의 생각법』(2009)에서 이 이론을 다음과 같이 설명한다.

"한마디로 진심은 오로지 행동을 통해서만 드러난다고 주장하는 이론이다. 미국인으로서는 처음으로 노벨경제학상을 받은 폴 새뮤얼슨이 소비자의 선택을 분석하기 위해 만들었다. 전통적인 경제학에서는 소비자들이 자신에게 가장 큰 만족을 주는 것을 소비한다고 가정했다. 소비자가 얻는 만족을 효용utility이라고 하는데, 이런 효용은 매우 주관적이기 때문에 객관적으로 측정하기가 불가능하다는 문제가 있었다. 콜라를 마셨을 때의 효용과 사이다를 마셨을 때의 효용을 객관적으로 측정하기란 불가능하다. 그래서 실제로 드러난 사실만으로 판단하자고 주장한 것이 '현시 선호 이론'이다."[51]

왜 '긴축 발작'이
세계경제를 위협하는가?

●
taper tantrum

tantrum은 "(특히 아이가 발끈) 성질을 부림(짜증을 냄)", have(throw) a tantrum은 "짜증을 부리다, 떼를 쓰다.", a temper tantrum은 "짜증, 분노 발작", fly into a tantrum은 "갑자기 떼를 쓰다", go(fly, get) into one's throw a tantrum은 "불끈 화를 내다", be in one's tantrums는 "기분이 언짢다"는 뜻이다. Children often have temper tantrums at the age of two or thereabouts (아이들이 2세 무렵이 되면 자주 짜증을 내며 성질을 부린다). They were in their tantrums(그들은 기분이 언짢았다). Throwing a tantrum in summer is my specialty(여름에 짜증 내는 게 내 특기지).[52]

미국 럿거스대학의 진화생물학자 로버트 트리버스**Robert Trivers**는 『우리는 왜 자신을 속이도록 진화했을까?: 진화생물학의 눈으로 본 속임수와 자기기만의 메커니즘』(2011)에서 "인간은 몇 살 때부터 기만을 펼칠 수 있을까? 우리는 아이들이 순진하다고 말하지만, 속셈을 속이고 거짓말을 하는 행동은 아주 이른 나이부터 나타난다. 그것은 과학적 연구에서뿐 아니라 일상적인 관찰에서도 드러난다"며 다음과 같이 말한다.

"아이는 만 2~3세가 되면 다양한 기만을 보여주고, 기만의 명확한 징후는 생후 약 6개월째에 처음 나타난다. 가짜로 우는 척하고 웃는 척하는 것은 최초의 기만행위에 속한다. 가짜로 우는 척하는지 여부는 아기가 누가 듣고 있는지 알아보기 위해 울다가 이따금 멈추고는 하기 때문에 구분할 수 있다. 이것은 아기가 희생자의 행동에 따라 기만을 조절할 수 있음을 보여준다.……분노발작temper tantrum, 즉 아이가 마구 화를 내면서 때로 자학할 지경까지 위협하며 생떼를 부리는 행위는 사람에게서 잘 알려져 있지만, 침팬지뿐 아니라 펠리컨에게서도 나타난다."[53]

tantrum은 '선진국의 돈줄 조이기 등으로 세계 금융시장이 요동치는 현상'을 가리키는 경제 용어로도 쓰인다. 노동 시장에서 발생하는 '마찰적 실업' 이론을 확립한 공로로 2010년 노벨 경제학상을 받은 피터 다이아몬드Peter A. Diamond, 1940~ MIT 경제학과 교수는 2015년 12월 "이번 미국 금리 인상으로 신흥국 자금이 급격히 유출되면서 '탠트럼tantrum'이 올 수도 있다. 브라질과 멕시코 등 신흥국은 아직 대외 변수에 대한 준비력이 약하고, 원자재 가격 약세로 경제 상황이 나쁘기 때문에, 어떤 파장이 일지 모른다"고 말했다.[54]

tantrum의 강한 의미로 taper tantrum이란 말도 쓴다. taper tantrum을 '긴축 발작', 즉 금리를 인상하는 등의 긴축 정책을 펼 때 나타날 수 있는 예상치 못한 발작적 현상으로, 직역하자면 '축소 저항 짜증'이란 뜻이다. 김대호는 "이 말은 원래 의학 용어에서 왔다. 큰 대회를 눈앞에 두고 운동선수들이 컨디션 조절용으로 일부러 쉬면서 운동량을 줄여야 할 때가 있다. 그럴 경우 종종 안절부절못한 채 발작하는 현상이 생길 수 있다. 이를 운동의학에서 'taper tantrum'으로 불러왔다"며 다음과 같이 말한다.

"경제학에서 이 말을 쓰기 시작한 것은 2013년 5월부터다. 당시 미국 연준 즉 FED는 양적완화의 규모를 축소하는 긴축정책을 폈다. 경기과열을 막고 물가를 안정시킨다는 차원에서 채권 매입량을 줄인 것이다. 이 조치가 나온 후 전 세계 금융시장에서 큰 소동이 일었다. 양적완화를 축소한 이후 유동성 부족으로 미국의 금리가 올라갈 것으로 판단한 수많은 국제투자자들이 전 세계 각국에 나가 있던 자금을 일거에 미국쪽으로 돌린 것이다. 그 바람에 미국을 제외한 글로벌 증시에 패닉 현상이 벌어졌다. 특히 신흥국에서는 자금이 한꺼번에 빠져나가 대혼란이 야기됐다. 모습이 마치 운동량을 줄인 선수들의 발작과 유사하다고 하여 이때부터 양적완화 축소나 금리인상과 같은 긴축정책 후의 후유증을 긴축 발작이라고 부르게 됐다. 체중감량을 의미하는 'taper'라는 단어는 금융정책에서 통화량을 줄이는 긴축정책과 너무도 흡사하다."[55]

영국 저널리스트 마틴 울프Martin Wolf는 taper tantrum 이론의 저작권자는 2013년 12월 샌프란시스코에서 열린 한 콘퍼런스에서 관련 논문을 발표한 프린스턴대학 교수 신현송 Hyun Song Shin이라고 했다. 2006년부터 프린스턴대학에 재직한 신현송은 2009년 12월 한국을 방문해 이명박 대통령의 국제경제 자문을 하기도 했다.[56]

제5장

conversation
Coursera
education
MomsRising
alloparent
father's daughter
frienddy
nature and nurture
peer pressure
obsoledge

교육 · 대학 · 가족

왜 '영어 회화의 이데올로기'에 대해 생각해봐야 할까?

●
conversation

conversation(대화)은 '돌아서서 마주 본다'는 뜻을 가진 라틴어 conversatio에서 나온 말로 프랑스어 converser를 거쳐 16세기에 영어로 편입된 말이지만 처음엔 '성관계'의 은유적 표현으로 쓰였다. 같은 계열의 단어로는 conversant(~을 아는, ~에 친숙한), tergiversation(핑계, 변절, 속임) 등이 있다.[1]

임귀열은 "conversation은 사실 con-(together)과 -verse(=turn)만 보아도 서로 turn-taking하며 나누는 것이 기본이고 거기엔 공통분모를 찾아가는 쌍방의 노력이 있어야 원만해진다"며 "대화에는 상황situational context과 영어식 화법 pragmatics이 있고 문화적 배경cultural background도 중요한 변수가 된다"고 말한다.[2]

Conversation should be pleasant without scurrility, witty without affection, free without indecency, learned without conceitedness, novel without falsehood(대화는 상스럽지 않게 즐거워야 하고 감정 없이 재치가 있어야 하며 추잡하지 않게 자유로워야 하고 교만하지 않게 교양이 있어야 하며 거짓 없

이 신선해야 한다). 윌리엄 셰익스피어William Shakespeare, 1564~1616의 말이다.

Conversation should touch everything, but should concentrate itself on nothing(대화는 모든 주제를 말하되 어느 것 하나에 집중하지 않는 게 좋다). 영국 작가 오스카 와일드Oscar Wilde, 1854~1900가 주제는 자유롭게 하되 깊게 이야기하지는 말라는 뜻으로 한 말이다.

Conversation would be vastly improved by the constant use of four simple words: I do not know("모르겠는데요"라는 말만 계속 반복해도 대화는 엄청나게 향상될 것이다). 프랑스 작가 앙드레 모루아André Maurois, 1885~1967의 말이다.[3]

한국이나 일본에선 English conversation(영어회화)이란 말이 많이 쓰인다. 그런데 C. 더글러스 러미스C. Douglas Lummis는 「영어회화의 이데올로기」란 글에서 "일본에 와보기 전에는 '영어회화English Conversation'라는 말을 그 어디서도 들은 적이 없었다. 물론 이 두 낱말이 어떻게 해서 복합명사화하게 되었는지, 그것을 이해하지 못할 바는 아니다"며 다음과 같이 말한다.

"그러나 일본인들이 쓰는 영어회화라는 표현은 그것이 영어로 대화를 나눈다는 것 이상의 의미를 내포하고 있다는 점에서 모종의 슬로건적 느낌을 풍긴다는 것 또한 사실이다. '영어로 말하는 법을 배우고 싶다'는 것이 아니라 '영어회화를 하는 법을 배우고 싶다'라는 문장은, 많은 영어 선생들의 순진한 생각과는 달리 결코 중복적인 표현이 아니다. 영어회화라는 표현에는 단순히 언어 훈련이라는 뜻만 아니라 어떤 세계관까지도 담겨져 있기 때문이다.……영어회화의 전형적 특징은 추종적 태도와 판에 박은 어투, 지독히 무미건조하고 지루한 단조로움 그리고 화자話者의 정체나 개성이 전혀 드러나지 않는다는 점이다."[4]

왜 "미국 대학 절반 이상이 파산할 것" 이라는 전망이 나오는가?

● Coursera

'플립 러닝Flipped Learning(거꾸로 학습)'은 온·오프라인 강의를 결합한 것으로, 미국 교육자 에런 샘Aaron Sams이 2000년대 후반에 시도해 유행시켰다. 비슷한 용어로 "blended learning," "hybrid learning", "technology-mediated instruction", "web-enhanced instruction", "mixed-mode instruction" 등도 쓰인다. 언뜻 보면 강의를 동영상으로 제공하는 학원가의 '인강(인터넷 강의)'과 유사하지만, 지식만을 전달하는 인강과 달리 플립 러닝 등은 오프라인 토론을 강조한다. KAIST 권길헌(수리과학과 교수) 교육원장은 "교수의 일방적인 강의는 동영상으로 해결하고 진짜 수업은 학생 중심의 토론으로 진행하는 게 핵심"이라고 설명했다.[5]

'flipping the classroom(교실 뒤집기)'이란 말도 쓰이는데, 이 역시 학생이 집에서 강의를 시청한 후에 학교에서 선생님과 함께 문제를 푸는 방법을 말한다.[6] 이런 발상의 전환은 'MOOC(무크)', 즉 인터넷을 활용한 대규모 공개 온라인 강좌 Massive Open Online Courses의 성황으로 이어졌다. 무크는 인터넷이 되는 곳이면 국가나 지역에 상관없이 언제 어디서나 들을 수 있는데, 무크의 핵심은 쌍방향성이다. 교수와 학생 간, 학생과 학생 간의 온라인 커뮤니케이션이 가능해 온라인상의 협력적 과제 수행이나 상호 평가가 가능하며 수강생들끼리 그룹을 구성해 공부할 수도 있다.[7]

2008년 캐나다에서 처음 시작되었지만 2012년 미국에서 코세라Coursera, 유다시티Udacity, 에드엑스edEX 등 3대 주요 서비스가 등장한 후 널리 알려졌다. 『뉴욕타임스』는 2012년을 '무크의 해'로 불렀는데, 미국에서는 2013년 현재 강의뿐 아니라 관련 학술자료 · 교과서 · 시험 · 토론 등 수업 전체를 전 세계 학생들에게 무료로 제공하는 대학이 빠른 속도로 확산하고 있다. 2015년 현재 유럽에선 독일과 프랑스, 아시아에서는 인도 · 중국 · 일본이 무크 서비스를 제공하고 있다.[8] 하버드 경영대학원 교수 클레이턴 크리스텐슨Clayton M. Christensen은 2013년 "무크가 다수의 비효율적 대학들을 사장시킬 것"이라며 "향후 15년 안에 미국 대학 절반 이상이 파산할 것"이라는 전망을 내놓았다.[9]

특히 세계 명문 대학 강의를 무료로 제공하는 코세라 coursera.org는 프리미엄freemium 모델의 성공 사례로 꼽힌다.[10] 스탠퍼드대학 앤드루 응Andrew Ng 교수가 2012년에 창업한 코세라는 스탠퍼드대학 · 예일대학 · 미시간대학 등 119개 대학 강의를 공짜로 제공하면서 세계 각지에서 회원 1,300만 명을 모았다(2015년 5월 기준). 이어 수료증 발급이라는 인센티브를 활용해 수백만 명의 지갑을 여는 데 성공했고, 수료증을 학점으로 인정하는 대학과 기업이 늘어나면서 코세라의 수익도 상승세를 타고 있다.

수료증 발급이라는 인센티브는 어떻게 작동할까? 코세라에서 미시간대학 교수 찰스 세버런스Charles Severance의 '인터넷 역사, 기술, 보안'이라는 과목을 듣고 있던 우병현은 "강의에 한창 재미를 붙일 무렵 코세라에 접속할 때마다 광고 하나가 시선을 끌었다. 39달러를 내고 시험을 통과하면 수료증을 준다는 광고였다. 처음엔 내겐 필요 없는 광고라고 여기고 강의 코너로 곧장 달려갔다"며 다음과 같이 말한다.

"그러다가 세버런스 교수가 세계 각지를 다니면서 이 수업을 수료한 학생을 커피숍에서 만나 대화하는 동영상을 보면서 광고를 의식하기 시작했다. 동영상 속 학생은 모두 수료증을 흔들면서 온라인 과정을 끝까지 통과한 것에 자부심을 표현했다. 결국 4주 차 강의를 듣고 나서 39달러를 결제했다. 그 순간 최고의 콘텐츠를 공짜로 제공하는 코세라가 무엇을 통해 먹고사는지, 앞으로 어떻게 비즈니스를 전개할지에 대한 의문이 풀렸다. 2014년 코세라 강의에 2만 599명이 등록해 최종 2,964명이 수강 중이다. 아마도 3주 이상 수업을 들은 학생은 대부분 39달러짜리 수료증 트랙을 신청했을 것이다. 공짜 콘텐츠라는 점에 끌려 강의를 신청했지만 자신이 투자한 시간에 대한 보상으로서 수료증을 생각하지 않을 수 없다."[11]

왜 교육의 이상은
지켜지기 어려운가?

●
education

" '교육education'이란 단어의 해
석에는 오랜 기간 부적절한 정의가 유포되고 있었다. 사전 또
한 이러한 오해의 여지를 제거하는 데 하등 도움이 되지 못했
는데, 사전은 교육을 '지식을 전하는 행위'로 규정하고 있기
때문이다. '교육하다'라는 단어의 어원은 라틴어인 'educo'
에 있다. 그 의미는 '내부로부터 개발해낸다'는 뜻이다. 따라
서 끌어내다, 이끌어내다, 추출하다, 자라다 등의 의미를 지닌
다.……소위 '배웠다'는 사람들은 사실상 그들이 '교육된' 사
람의 축에 끼지도 못한다는 사실이 다소 충격적일 수 있다. 또
한 자신은 '배운' 것이 없다고 생각하는데 누구보다 잘 '교육
된' 사람이라는 것을 알게 되면 그 사람 역시 놀라게 될 것이
다." 12

미국의 성공학 전도사 나폴레온 힐Napoleon Hill, 1883~1970
이 1928년에 한 말이다. 마틴 메이어Martin Mayer도 『교육전쟁:
마틴 메이어, 한국 교육을 말하다』(2009)에서 education의 어
원이 '끌어내다'는 뜻의 라틴어에서 나온 것임을 밝히면서 다
음과 같이 말한다.

"이 단어는 서양 교육에서 전통적으로 강조해온 주체성을 설명한다. 학생들은 자신의 선천적인 능력과 재능을 개발하고, 시야를 넓혀야 한다. 좋은 교육 프로그램은 모든 학생들이 고유의 인간 잠재력을 깨닫고 발휘할 수 있도록 도와야 한다. 교육은 자아 발견과 자기 수양의 통로가 되어야 하며, 획일적인 커리큘럼에 따라 학생들을 강요해서는 안 된다." [13]

서울대학교 종교학과 교수 배철현도 "교육은 이 세계라는 알을 깨는 행위다. 자신이 알고 있는 세계가 편협하다는 것을 깨닫고 그것으로부터 탈출하여 다른 다양한 세계를 경험하는 것이야말로 교육의 핵심이다. 그래서 '교육하다'라는 영어 단어 educate를 보면 교육의 목적을 감지할 수 있다. 그것은 자신이 처한 운명에서 자신을 용감하게 '밖으로e 이끄는 duction' 행위다"며 다음과 같이 말한다.

"그러나 우리는 남들이 만들어놓은 획일화된 도그마와 지식을 강제로 암기하는 것이 교육이라고 착각한다. 이런 교육은 자신의 편견을 더욱더 견고하게 만들 뿐이다. 우리는 이 껍데기를 깨고 자신의 편견을 제3의 눈을 통해 객관적이면서도 동시에 주관적으로 관찰해야 한다. 우리에게 익숙하지 않고 불편해 진입하고 싶지 않은 시공간으로 애써 진입하여 그 안에서 견디는 노력이 교육이다. 이것이 바로 스스로 자기답게 만드는 여정의 첫 발걸음이다." [14]

다 아름다운 말씀이지만, 문제는 먹고사는 문제가 아닐까? 최근엔 특히 '교육과 일자리의 격차'가 심각한 문제로 떠오르고 있다. 사회학자 데이비드 W. 리빙스턴David W. Livingstone은 『교육과 일자리의 격차The Education-Jobs Gap』에서 5가지 불완전 고용의 유형으로 재능과 활용의 격차talent-use gap, 반실업sub-employment, 자격 불완전 고용credential underemployment, 역량 불완전 고용performance underemployment, 주관적 불완전 고용subjective underemployment을 제시한다.

재능과 활용의 격차는 부유층과 빈곤층 사이에 존재하는 대학 학위 취득 기회의 격차를 뜻한다. 반실업은 파트타임으로 일하지만 풀타임으로 일하고 싶어 하는 상태, 빈곤선 이하의 급여를 받으며 풀타임으로 일하는 상태 등 다양하고 비자발적인 수준 이하의 고용 상태를 일컫는다. 자격 불완전 고용은 근로자의 학력이 일자리가 요구하는 자격보다 높은 경우를 뜻한다. 역량 불완전 고용은 근로자의 역량과 실제로 업무를 하는 데 필요한 역량 간의 격차를 뜻한다. 주관적 불완전 고용은 실질적인 자신의 능력보다 수준이 낮은 일을 하고 있다는 근로자의 인식을 뜻한다.[15]

왜 '엄마 권리선언'이
나오게 되었는가?
●
MomsRising

MomsRising(맘스라이징)은 미국 최대의 진보 성향 정치 사이트인 무브온MoveOn의 공동 설립자 조앤 블레이즈Joan Blades가 만든 mom 단체로 회원이 100만 명에 달한다. 맘스라이징은 '엄마 권리선언The Motherhood Manifesto'을 발표했는데, 그 목표는 정책을 변화시키는 것, 그리고 엄마들만이 아니라 모두를 위해 '이상적인 노동자' 위주의 직장 문화를 재구성하는 것이다. 이와 관련, 블레이즈는 다음과 같이 말한다.

"최근에 임명된 대법관 4명 중에 남자가 2명, 여자가 2명이었는데 남자 2명은 아이가 있었고 여자 2명은 아이가 없었습니다. 이건 우연이 아닙니다. 여성의 80퍼센트는 45세 이전에 엄마가 됩니다. 그러므로 엄마들에 대한 뿌리 깊은 편견은 모든 여성에 대한 편견이나 마찬가지입니다. 그리고 아이를 낳아 기르는 것은 인류의 가장 '핵심적인 경험'이라 할 수 있습니다. 우리가 계속 사회를 이루고 살아가려면 아이를 낳아서 길러야 합니다."[16]

mom과 관련된 여러 신조어가 쏟아져나오는 것은 언론

의 상업주의 때문이기도 하겠지만, 그만큼 mom의 활약이 눈부시다는 것을 말해주는 것이기도 하다. 몇 가지 신조어를 살펴보자.

soccer mom(사커 맘)은 교외에 거주하는 중산층 주부로 사커 등 아이들의 체육활동과 교육을 위해 정신없이 바쁘게 움직이는 엄마를 가리킨다. '사커 맘'은 1996년 미국 대통령 선거 때 큰 화제가 되었다. '사커 맘'의 활동에 공감하는 여성 유권자가 많다는 게 확인되면서 정치인들의 구애 공세가 퍼부어졌는데, 빌 클린턴은 교외 거주 여성 표의 53퍼센트(공화당 후보 밥 돌은 39퍼센트)를 얻어 큰 재미를 보았다.[17]

사커 맘과는 달리 대학 교육을 받지 못한 노동자 계급의 엄마들은 waitress mom으로 불렸다. 웨이트리스로 일해야만 생계유지가 가능한 엄마들이란 뜻에서 붙은 이름이다. 이들의 수는 사커 맘의 2배로 추산되었다.[18]

미국의 북부 지역과 캐나다에서는 아이스하키가 인기가 있어 '사커 맘' 대신 '하키 맘Hockey mom'이라는 용어가 널리 쓰였다. 2008년 공화당 부통령 후보였던 알래스카 주지사 세라 페일린Sarah Palin, 1964~은 자신을 '하키 맘'으로 묘사해 유권자들의 공감을 얻었다.[19]

security mom(시큐어리티 맘)은 선거 시 자녀들의 안전을 가장 중요하게 생각해 유권자로서 이 문제를 투표의 주요 근거로 삼는 엄마다. 2001년 9·11 테러 이후 생겨난 현상인데, 이들은 전 유권자의 14퍼센트를 점하는 것으로 조사되었다.[20]

tiger mom(타이거 맘)은 중국계 미국인인 에이미 추아Amy Chua, 1962~ 예일대학 로스쿨 교수가 2011년 출간한 『타이거 마더Battle Hymn of the Tiger Mom』에서 제시한 개념으로, 자녀를 엄격하게 훈육하는 엄마를 이르는 말이다. 엄격한 중국식 통제와 규율로 두 딸을 '조련'한 경험을 담은 이 책에서 추아는 자율성을 살려주는 서구식 교육법은 "아이들에겐 벌"이라고 단언했다.[21] 추아의 주장은 뜨거운 찬사와 격렬한 비난을 동시에 받았다.[22]

아기를 돌보는 사람이
꼭 부모여야 하는가?

●
alloparent

우리말에 "자식을 낳아 봐야 부모 맘을 안다"는 말이 있다. 영어에선 이 말을 이렇게 표현한다. To understand your parents' love you must raise children yourself=Without child, without true filial gratitude. 그런가 하면 "A child, like your stomach, doesn't need all you can afford to give it(자녀는 위胃와 같아서 줄 수 있는 모든 것을 필요로 하지 않는다)"이라는 말도 있다.[23] 부모-자식 간의 관계에 대한 명언을 3개만 감상해보자.

(1) Children today are tyrants. They contradict their parents, gobble their food, and tyrannize their teachers(요즘 애들은 폭군이다. 부모에게 대들고 밥이나 축내며 스승을 학대한다). 그리스 철학자 소크라테스Socrates, B.C.469~B.C.399의 말이다.[24]

(2) We never know the love of the parent till we become parents ourselves(우리는 부모가 될 때까지는 부모의 사랑을 모른다). 미국의 목사이자 노예폐지 운동가였던 헨리 워드 비처Henry Ward Beecher, 1813~1887의 말이다.

(3) I think being a parent is the most important job any of us will ever have(부모가 되는 것은 우리가 할 수 있는 가장 중요한 일이라고 생각합니다). 미국 제43대 대통령 조지 W. 부시George W. Bush, 1946~의 부인인 로라 부시Laura Bush, 1946~의 말이다.[25]

그러나 날이 갈수록 부모 노릇이 어려워지면서 'cooperative breeding(협력적 육아)', 'alloparent(대행부모)', allomother(대행엄마) 등의 개념이 주목을 받고 있다. 왜 그 힘든 육아를 각 가정별로 독자적으로 해야 하느냐는 문제의식에서 비롯된 것이다. 미국 진화인류학자 세라 블래퍼 허디Sarah Blaffer Hrdy는 『꼭 엄마여야 하는가Mothers and Others: The Evolutionary Origins of Mutual Understanding』(2011)에서 다음과 같이 말한다.

"여자들이 갓 태어난 아기의 안전과 행복을 걱정하는 마음은 다른 유인원들의 암컷과 똑같다. 하지만 수렵과 채집으로 살아가는 부족의 엄마들은 출산 후에 다른 사람이 아기 곁에 오거나 아기를 안아줘도 개의치 않는다. 이것은 중요한 차이점이다.……아기들은 잠시도 혼자 남겨지지 않고 항상 누군가에게 안겨 있다. 하지만 그 누군가가 반드시 엄마여야 한다는 법은 없다."[26]

허디는 인간에게 어떤 본능이 있다면 그것은 서로를 신뢰하고 돌봐주는 능력이라고 말한다. "아기들은 본능적으로 세상을 둘러보면서 자기가 의지하고, 호소하고, 돌봄을 받을 사람들을 찾도록 진화했습니다. 그게 꼭 부모여야 하는 건 아닙니다. 대행부모라도 상관없어요."[27]

'아버지의 딸'은
어떤 문제를 안고 있는가?

father's daughter

Like father, like son(부전자전 父傳子傳). Such father, such son(그 아버지에 그 아들)이라고도 한다. 모계 쪽으로는 Like mother, like daughter(모전여전母傳女傳)가 있다.

When a father gives to his son, both laugh; when a son gives to his father, both cry(아버지는 아들에게 웃음을 주지만 아들은 아버지에게 울음을 준다). 윌리엄 셰익스피어 William Shakespeare, 1564~1616의 말이다.[28]

The fundamental defect of fathers is that they want their children to be a credit to them(아버지들의 근본적인 결함은 자식들이 그들에게 자랑거리가 되기를 원한다는 것이다). 영국 철학자 버트런드 러셀Bertrand Russell, 1872~1970의 말이다.

미국 제35대 대통령 존 F. 케네디John F. Kennedy, 1917~1963는 아버지 조지프 케네디Joseph Kennedy, 1888~1969가 손녀 캐럴라인Caroline이 노는 것을 보고 "Caroline's very bright, Jack. Smarter than you were at that age(캐럴라인이 참 영리하구나. 그 나이 때의 너보다 똑똑해 보인다)"라고 말하자 이렇게 받아

쳤다고 한다. "Yes, she is. But look who she has for a father(네, 그렇지요. 아버지가 누군데요)!" [29]

미국에는 '아버지의 날Father's Day'이 있다. 1966년 린든 존슨Lyndon Johnson 1908~1973 대통령이 6월 3번째 일요일을 아버지의 날로 선포한 이후 지금까지 지켜지고 있다.[30] 이 날엔 전자기기나 공구 등의 아버지용 선물, 외식 등에 127억 달러 (약 14조 원)가 쓰인다고 한다.[31]

미국에서 어느 꼬마는 '아버지 날'은 어떻게 다르냐는 질문에 'It's just like Mother's Day only you don't spend so much(어머니날보다 돈이 적게 드는 날)'라고 대답했다고 한다. 이에 대해 임귀열은 이렇게 말한다. "미국 아이들도 가끔은 FATHER라는 여섯 글자로 6행시를 지어 카드를 보내는 경우도 있지만 어느 문화에서나 공통된 점 하나는 'A father is a banker provided by nature(아빠는 돈 버는 기계)'라는 정서인 것 같다." [32]

엄마와 아들의 관계를 가리켜 '마마보이momma's boy'라는 말도 있지만, 그 반대의 경우도 있다. 미국 심리학자 모린 머독Maureen Murdock은 『여성 영웅의 탄생The Heroine's Journey』 (1990)이란 책에서 아버지의 사랑과 인정, 보호를 받으려 노력하다 '유사 남성'의 함정에 빠지는 여성들을 가리켜 "아버지의 딸father's daughter"이라고 했다. 머독은 분석심리학의 창시자 카를 구스타프 융Carl Gustav Jung, 1875~1961의 이론에 근거해 "아버지의 딸"이 갖는 딜레마를 파헤쳤다. '아버지의 딸'들은 대체로 여성성을 열등한 특성으로 간주하고, 남성인 아버지를 닮는 데서 삶의 지표를 찾지만, 그러다 어느 날 질병, 이혼, 사고 등에 맞닥뜨리면 비로소 회의하기 시작한다고 한다.[33]

왜 〈아빠! 어디가?〉는
판타지이자 로망인가?

frienddy

지난 2000년 이후 유럽에서 생
겨난 일자리 800여 만 개 가운데 여성용 일자리가 600여 만
개를 차지하는 등 미국이나 유럽에선 지난 10년간 여성의 사
회 진출이 남성을 압도했다. 경제 전문지 『이코노미스트』는
지난 2010년 신년호에 「우리는 해냈다」는 제목으로 미국의
산업 현장에서 여성 근로자 숫자가 남성을 넘어선 현상을 커
버스토리로 다루기도 했다. 2011년 기준으로 미국의 여대생
은 남자 대학생보다 260만 명 많았다. 『이코노미스트』는 이런
현상을 '남성의 후퇴mancession'라고 표현했다.[34]

이런 '남성의 후퇴'와 관련해서 자주 거론되는 신조어 중
의 하나가 바로 frienddy다. frienddy(프렌디)는 friend와
daddy의 합성어로 '친구 같은 아빠'를 뜻하는 말이며, 프렌디
마케팅frienddy marketing은 육아와 자녀 교육에 관심이 많은 아
빠를 대상으로 하는 마케팅을 지칭한다. 맞벌이로 여성들의
육아시간이 줄어든 탓도 있지만, 아빠와의 놀이나 상호작용이
이성적인 좌뇌를 발달시킨다는 아빠 효과father effect에 대한
기대가 커지면서 육아와 자녀 교육에 적극적으로 참여하는 프

렌디족이 늘고 있다.[35]

최근 국내에서 인기를 끈 TV 프로그램 〈아빠! 어디가?〉도 이런 추세를 반영한 것으로 볼 수 있다. 이와 관련, 김헌식은 "얼마 전 한 시민단체의 국제 조사 결과에 따르면, 한중일 3국 가운데 가장 친구 같은 아빠를 지향하는 곳은 한국이었다. 하지만 실제로 그렇게 실천하는가라는 질문에서는 3국 가운데 한국의 아빠들이 꼴찌였다. 왜 이 같은 일들이 벌어졌을까. 이 조사의 분석대로 한국 아빠들은 말 따로 행동 따로인 때문일까? 물론 그런 측면도 있겠지만, 모든 것을 개인의 판단이나 습성에 원인을 돌리는 것도 오류일 수 있다"며 다음과 같이 말했다.

"일반 노동자 아빠들이 행복한 가정을 꿈꾸는 것은 당연하다. 그래서 텔레비전 흉내라도 내야 한다. 힘들게 번 돈이거나 정규직보다 적은 임금으로 번 돈으로 캠핑 장비를 사야겠지만, 슬프게도 그것이 만능은 아닌 것이다. 무엇보다 삼포세대처럼 아예 결혼은 물론 아이를 포기할 수밖에 없는 현실에서 〈아빠 어디가〉는 하나의 판타지이자 로망인지 모른다. 결혼해서 아이 낳고 아이와 캠핑 가는 것이 꿈이 된다. MBC 〈나혼자 산다〉는 삼포세대의 현실이요, 〈아빠 어디가〉는 로망이다. 어쩌면 요즘 유행하는 '프렌디'라는 아빠의 현실은 미디어가 만들어낸 허구다."[36]

김윤덕은 "서울가정법원이 집계해보니 부모가 이혼하면 '아빠와 살고 싶다'는 자녀가 뜻밖에 많았다고 한다. 특히 중학생 이상 열에 셋은 아빠를 양육자로 선택했다. 이런 통계도 있다. 지난해 한 디지털 콘텐츠 업체가 SNS에서 가족 관련 언급 횟수를 들여다봤더니 '아빠'가 '엄마'보다 25퍼센트나 많았다. 반면 '무섭다'는 말은 아빠보다 엄마와 관련한 문장에서 열 배 넘게 등장했다"며 다음과 같이 말했다.

"눈만 뜨면 공부하라, 학원 가라 잔소리하는 엄마들이 지겹기도 할 것이다. 그 사이 영리한 아빠들은 생존 전략을 터득했다. 친구처럼 다정한 '프렌디', '스칸디 대디'로 변신해 시들어가던 가장의 위상을 새로이 세운 셈이다. 부성애가 모성애보다 못할 리도 없다. 가시고기 수컷은 암컷이 알 낳고 떠나면 먹지도 자지도 않고 가시를 세워 천적으로부터 알을 보호한다. 그러다 새끼가 부화하면 제 몸까지 먹이로 내주고 세상을 떠난다고 하지 않던가. 바라건대 아빠와 살고 싶은 아들딸이 더 많아졌으면 좋겠다. 이혼율도 뚝 떨어질 테니까."[37]

왜 "인간은 태어나는가, 만들어지는가"라는 질문은 어리석은가?

●
nature and nurture

'nature and nurture(본성과 양육, 또는 선천성과 후천성)'란 표현은 영국 유전학자 프랜시스 골턴Francis Galton, 1822~1911이 1874년에 출간한 『영국의 과학자: 그들의 본성과 양육』에서 처음 사용했다. 물론 그 이전에도 윌리엄 셰익스피어William Shakespeare, 1564~1616 등을 비롯해 두 단어를 병치해 쓴 사람들이 있었지만, 그걸 본격적인 연구 대상으로 삼은 최초의 인물은 골턴이었다. 골턴은 이 책에서 과학적 천재란 만들어지는 것이 아니라 태어나는 것이란 자신의 지론을 되풀이하면서, 이렇게 말했다. "'본성과 양육'은 편리한 어구다. 성격을 구성하는 수많은 요소들을 정확히 양분해주기 때문이다."[38]

'본성 대 양육nature vs. nurture', 즉 "인간은 태어나는가, 만들어지는가"라는 의문은 뜨거운 논쟁을 불러일으켰는데, 맷 리들리Matt Ridley는 『본성과 양육Nature Via Nurture: Genes, Experience, and What Makes Us Human』(2003)에서 그런 대립 구도를 폐기하고 그 대안으로 '양육을 통한 본성nature via nurture'이란 틀을 제시했다.[39]

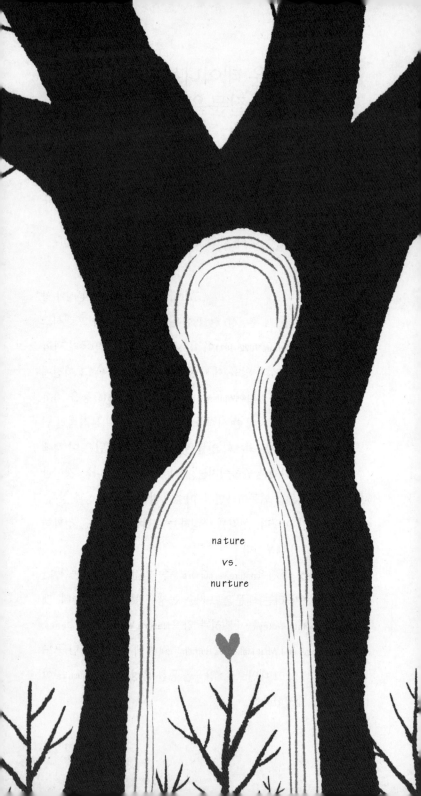

nature

vs.

nurture

스티븐 맥나미Stephen J. McNamee와 로버트 밀러 주니어 Robert K. Miller Jr.는『능력주의는 허구다: 21세기에 능력주의는 어떻게 오작동되고 있는가』(2015)에서 "이제 대부분의 사회학자와 신경과학자들은 다양한 삶의 결과를 예측할 때 본성과 양육의 영향을 구분 지으려는 노력은 부질없다고 결론 내린다. 중요한 것은 본성이나 양육 중 어느 한 가지가 아니라 본성과 양육이 어떻게 결합되는지, 그들이 어떤 방식으로 서로에게 영향을 미치는지이다"며 다음과 같이 말한다.

"우리가 인간으로서 타고난 생물학적인 능력은 컴퓨터의 하드웨어와 유사하다. 방대한 양의 데이터를 저장하는 메모리와 놀라운 처리 속도에서도 알 수 있듯 컴퓨터가 정보를 처리하고 분석하는 능력은 실로 엄청나다. 반면에 양육이나 학습은 컴퓨터의 소프트웨어나 프로그램과 유사하다. 처리를 필요로 하는 정보가 입력되지 않거나 주어진 정보로 무엇을 해야할지 지시하는 프로그램이 설치되지 않으면 제아무리 뛰어난 컴퓨터라 하더라도 그 어떤 일도 해낼 수 없다."[40]

연구 결과가 점점 더 쌓여갈수록 많은 학자는 유전적 요소보다는 양육 방식이 중요하다는 결론에 도달했으며, 이에 따라 부모의 양육 방식이 인성을 결정하는 가장 중요한 요인이라는 '양육가설nurture assumption'이 힘을 얻게 되었다. 그러나 주디스 리치 해리스Judith Rich Harris, 1938~는 1998년에 출간한 『양육가설The Nurture Assumption: Why Children Turn Out the Way They Do』에서 양육가설을 전면 비판했다.[41]

이와 관련, 김주환은 『그릿』(2013)에서 "해리스는 '유전이냐 양육이냐'는 질문은 '유전이냐 환경이냐'로 바뀌어야 한다고 주장한다. 양육은 아이가 경험하는 수많은 환경 중 일부

일 뿐이지, 결코 가장 중요하고 영향력 있는 환경이 아니라는 것이다. 어느 누구도 의문을 제기하지 않았고 모두 상식처럼 받아들였던 '양육가설nurture assumption'에 의문을 제기하고 그것이 잘못되었음을 입증하는 것은 쉽지 않은 일이었다"며 다음과 같이 말한다.

"해리스에 따르면 양육가설은 하나의 잘못된 신화다. 아이가 어떠한 사람으로 자라날 것인지는, 집 안에서 행해지는 부모의 양육 방식보다는 집 밖에서 경험하는 또래집단과의 관계에 의해 더 많이 결정된다는 것이다. 즉 부모의 양육 자체보다는 아이가 일상생활에서 늘 경험하는 '환경'이 중요하고, 부모는 여러 환경 중 하나일 뿐이다."[42]

왜 10대들은 유행이라는
독재자 앞에 납작 엎드리는가?

peer pressure

teenager(틴에이저)는 thirteen
에서 nineteen, 즉 13~19세를 가리키는 용어다. 틴에이저
teenager라는 말은 소비사회가 본격적으로 정착되고 10대들이
소비대중문화에 미치는 영향력이 커지기 시작한 1940년대에
미국에서 처음으로 만들어진 말이다.[43] 그러나 1920년대에
등장한 말이라는 주장도 있다. 『타임』은 1980~2000년 사이
에 태어난 밀레니얼스Millennials에 관한 기사에서 다음과 같이
말했다.

"틴에이저란 말은 10대라는 생물학적 연령을 뜻하지 않
는다. 틴에이저란 개념은 1920년대에 비로소 시작된 사회학
적인 개념이다. 왜냐하면 이 개념은 또래peer나 동료가 없다
면, 즉 동질성을 형성하는 또래가 없다면 무의미한데 1920년
대 이전까지 중학교 이상을 다니는 10대는 극히 적었기 때문
이다. 즉, 이전까지의 10대는 실제로 친구가 아닌 가족, 어른
들과의 관계만을 맺어왔다. 특히 스마트폰과 컴퓨터의 영향으
로 현재의 10대와 20대는 역사상 어떤 세대와도 비교할 수 없
을 정도로 압도적으로, 완벽하게 또래의 영향을 받고 또래와

의 관계를 중시한다."[44]

주디스 리치 해리스Judith Rich Harris, 1938~가 또래집단의 중
요성을 역설한 것과 관련(「왜 "인간은 태어나는가, 만들어지는가"
라는 질문은 어리석은가? nature and nurture」 참고), 맷 리들리
Matt Ridley는 『본성과 양육』(2003)에서 "아이들은 아이들 수준
에서 잘 살아가려고 노력하는데, 이것은 또래집단 내에서 적절
한 지위를 찾는다는 것을 의미한다. 이를 위해 아이들은 순응
하면서 차별화하고, 경쟁하면서 협력한다. 아이들은 주로 또
래들에게서 언어와 억양을 습득한다"며 다음과 같이 말한다.

"대부분의 사람들은 또래집단의 압력이 아이들의 순응성
을 높여주는 작용을 한다고 생각한다. 중년의 발코니에서 내
려다보면 10대들은 획일적인 따라하기에 집착하는 것처럼 보
인다. 그것이 헐렁헐렁한 바지건, 주머니가 많이 달린 바지건,
커다란 작업복이건, 배꼽이 훤히 드러나 보이는 티셔츠건, 야
구모자를 뒤로 쓰는 것이건, 10대들은 비굴하기 짝이 없는 자
세로 유행이라는 독재자 앞에 납작 엎드린다. 괴짜는 조롱감
이고 독불장군은 추방감이다. 무조건 코드에 복종해야 한
다."[45]

아이들만 그러는가? 아니다. 성인들도 크게 다르지 않다.
peer pressure(동료 압력)는 참전 군인들을 움직이는 동력이
다. 데이브 그로스먼Dave Grossman은 『살인의 심리학On Killing:
The Psychological Cost of Learning to Kill in War and Society』(2009)에서
"수없이 많은 연구 결과에 따르면, 온전한 인간이라면 하고 싶
지 않아야 할 일, 즉 전투에서 죽고 죽이는 일을 하도록 군인을
동기화하는 주요 요인은 자기 보존의 힘이 아니라 전장의 동
료들에 대해 느끼는 강한 책임감이다"며 다음과 같이 말한다.

"서로 강력하게 결속되어 있는 병사들 사이에서, 동료들에 대한 염려와 동료들의 눈에 비친 자신의 평판에 대한 깊은 염려는 동료를 배신하느니 차라리 죽음을 선택하게 되는 동료 압력으로 작용한다.……그윈 다이어는 이를 '섹스나 이상주의와는 아무런 상관이 없는 특별한 유형의 사랑'이라고 지칭하고, 아르당 뒤피크는 '상호 감시'라고 부르며 전장에서 지배적인 영향력을 미치는 심리적 요인으로 생각했다."[46]

왜 낡은 지식은
위험할 수 있는가?

●
obsoledge

obsolete는 "쇠퇴한, 쓸모없어진, 한물 간, 구식의", obsolete idea는 "시대에 뒤진 사상", obsolete word는 "폐어, 사어死語", obsolete warship은 "구식 군함"이란 뜻이다. obsolescence는 "스러져 감, 없어져 가고 있음, 기관器官 따위의 폐퇴나 위축", planned obsolescence는 "고의적 진부화built-in obsolescence"를 뜻한다.

고의적 진부화는 기업이 특정 제품의 시장 포화상태를 미리 타개하기 위해 기능이나 스타일 등 제품의 일부만을 변형시켜 공격적인 마케팅 정책을 전개하면서 시장에 내놓음으로써 이전의 제품을 일부러 진부하게 만드는 전략을 말한다. 자동차 회사들은 고의적 진부화의 선구자일 뿐만 아니라 가장 열성적인 실천자였다. planned obsolescence라는 말은 뉴욕의 부동산업자인 버나드 런던Bernard London이 1932년에 만든 20쪽짜리 팸플릿 「고의적 진부화로 불황 끝내기Ending the Depression Through Planned Obsolescence」를 통해 최초로 쓴 걸로 알려졌다.[47]

obsoledge는 obsolete와 knowledge의 합성어로 낡아

서 쓸모가 없어졌을 뿐만 아니라 위험을 낳기도 하는 진부한 지식으로, '무용지식無用知識'으로 번역하면 무난하겠다. 미래학자 앨빈 토플러Alvin Toffler, 1928~가 만든 말이다.『부의 미래』(2006)에서 이 말을 소개한 토플러는 이런 도발적인 질문을 던진다.

"플라톤의『공화국』이나 아리스토텔레스의『시학』이 지식을 담고 있는가? 공자나 칸트의 사상은 어떤가? 물론 이들의 사상은 지혜라고 말할 수 있다. 이들 작가나 철학자들의 지혜는 그들이 아는 사실, 즉 그들이 가진 지식에 근거했다. 그러나 그들이 알고 있던 대부분은 사실상 거짓이었다. 거의 2000년 동안 자신의 사상으로 유럽 전역을 좌지우지했던 아리스토텔레스는 뱀장어가 무성생식 동물이며 강바닥 진흙 속에서 뱀과 짝짓기 하여 나왔다고 믿었다."

토플러는 그런 사례들을 열심히 열거한 뒤 "디지털 데이터베이스건, 두뇌 속이건, 지식이 저장된 곳은 어디나 무용지식으로 가득 차 있다. 흡사 필요 없는 물건으로 가득 차 있는 에밀리 아줌마네 다락방 같다"며 다음과 같이 주장했다.

"변화가 더욱 빨라지면서 지식이 무용지식으로 바뀌는 속도 역시 빨라지고 있다. 끊임없이 지식을 갱신하지 않는 한 직장 생활을 통해 쌓은 경력의 가치도 줄어들고 만다. 어떤 데이터베이스를 완성할 때쯤이면 그것은 이미 시대에 뒤떨어진 것이 되고 만다.……결과적으로 오늘날 기업과 정부, 개인은 알게 모르게 전보다 더 쓸모없어진 지식, 즉 변화로 인해 이미 거짓이 되어버린 생각이나 가정을 근거로 매일 의사결정을 내리고 있는 것이다."[48]

이와 같은 주장에 대해선 "인간 자체에 관한 지식은 수천 년 전이나 지금이나 별 차이가 없는바, 토플러가 과거 지식의 무용성을 과장하고 있다"는 반박이 가능하겠지만, 굳이 그런 반박을 할 필요는 없을 것 같다. 토플러가 그걸 모를 리 없다. 자신의 논점을 강조하고자 하는 토플러의 과장은 수용할 수 있는 수준의 것으로 보는 게 옳을 것이다.

제6장

ageism
apple-polish
comfort food
family edge
unfriend
grace
happiness
thinking
sin
success

인생 · 삶 · 행복

왜 젊은이들은 노인을
다른 종류의 인간으로 볼까?

●
ageism

ageism(연령주의)은 "나이에 대
한 차별"을 뜻하는 신조어로, 1969년 미국의 노인의학geriatric
medicine 전문가, 즉 geriatrician인 로버트 버틀러Robert N.
Butler, 1927~2010가 만들었다. 드물게나마 age-ism이나 agism
으로 쓰기도 한다. 미국에선 1970년대 중반부터, 영국에선
1970년대 말부터 대중화된 단어다. 나이가 어리다는 이유로
차별을 하는 것도 포함하지만, 현실적으론 주로 고연령자에
대한 차별을 가리킨다.[1] 그래서 '노년 차별' 또는 '노인 차별'
로 번역해 쓰기도 한다.

버틀러는 83세로 사망하기 며칠 전까지도 매우 왕성한
활동을 보임으로써 자신이 직접 나이에 대한 편견에 도전했
다. 『타임』은 그의 부고 기사에서 "로버트 버틀러는 겨우 향년
83세였다"고 썼다.[2] 버틀러는 노년 차별이 노화와 노년을 두려
워하는 사회적 공포의 은닉에 기인한다며 다음과 같이 말했다.

"노년 차별ageism이란 마치 인종차별과 성차별이 피부색
과 젠더 때문이듯 나이가 많다는 이유로 나이 든 사람들을 조
직적으로 정형화stereotyping하고 차별하는 과정으로 볼 수 있

다. 나이 든 사람은 망령스러우며, 생각과 태도가 완고하고, 기술과 유행에서 뒤쳐진 것으로 분류된다. 노인 차별은 젊은 세대로 하여금 나이 든 사람들을 자신들과는 다른 인간으로 보게 만들고 나이 든 어른들과의 인간적인 동일시를 거부하게 만든다."[3]

ageism에 저항하는 압력 단체들도 생겨났는데, 미국에서 가장 대표적인 단체는 Gray Panthers다. 65세에 정년퇴직을 당한 매기 쿤Maggie Kuhn, 1905~1995 할머니가 1970년에 조직한 단체로, 1960년대 흑인의 과격 단체인 Black Panthers에 빗대 Gray Panthers라는 별명이 생겼는데, 이 단체는 이 별명을 받아들여 공식 명칭으로 사용했다. Gray Panthers는 정년제 반대 등과 같은 고유의 활동 외에도 반전 단체로 활동하고 있다.[4]

여성학자 정희진은 한국 사회에서 작동하는 연령주의ageism를 ① 젊은이 중심주의(거의 숭배에 가깝다)나 연장자주의처럼 나이가 적거나 많음이 차별의 근거가 되는 경우, ② 결혼·취업 적령기처럼 특정한 나이에 맞는 사회적 역할을 요구하거나 나이가 들어서는 높은 사회적 지위를 가져야 한다는 식의 '생애주기life course' 언설에 의한 차별, ③ 차별의 연령화aged 등 크게 3가지 차원으로 분류했다. 그는 세 번째 '차별의 연령화'에 대해 다음과 같이 말했다.

"이는 서구가 남성으로, 아시아는 여성으로 재현되는 서구 중심주의의 성별화의 원리와 비슷하다. 사회적 약자가 성별에서 약자인 여성의 이미지를 갖는 것처럼, 나이가 차별과 타자화의 은유가 되는 것이다. 실패·비참함·추함·경멸이 노망老妄·노추老醜 등으로 비유되거나, 사회적 약자를 어린 사

람 취급하는 것이다. 미국에서 영어를 못하는 사람이 어린아
이 취급을 받는 경우나, 젊은 검사는 '영감'이라고 부르지만
사회적 지위가 낮은 사람이나 장애인, 여성을 어린 사람 취급
하는 것 등이 일상의 사례들이다."[5]

왜 '빤질빤질 윤이 나는 사과'가
아첨의 상징이 되었나?

apple–polish

옛날 미국에선 어린이들이 선생님에게 빤질빤질 윤이 나는 사과를 가져다 드리는 풍습이 있었다. 그런데 세월이 지나면서 '빤질빤질 윤이 나는 사과'가 좀 부정적인 의미를 갖게 되었다. apple–polish는 "(아첨을 하여) 남의 환심을 사다, 비위를 맞추다, 알랑거리다curry favor with", apple–polisher는 "apple–polish를 하는 사람"이란 뜻을 갖게 된 것이다.[6] 당연히 polish the apple은 '아첨하다'는 뜻이다. curry favor나 seek to flatter와 같은 의미다. The servant polished the apple to please his master(주인을 기쁘게 하려고 그 하인은 아첨했다).[7]

applesauce(사과소스)는 19세기 초반부터 말도 안 되는 소리, 위선적인 아부라는 두 개의 의미를 갖게 되었다. 이 단어는 아부에 대한 완곡한 경멸을 나타낼 때 쓰이기도 한다. 예를 들면, 내가 "당신의 눈은 참 아름다워요"라고 말하면, 당신은 "Applesauce!"라고 대꾸할 수 있다. "그래 됐네, 이 사람Pshaw"과 비슷한 표현이라고 할 수 있다. apple에 up을 붙이면 butter up(아부하다)과 같은 의미를 지니게 된다.[8]

There's small choice in rotten apples(못된 것은 선택할 이유도 없다). 윌리엄 셰익스피어William Shakespeare, 1564~1616의 말이다. The rotten apple spoils his companion(썩은 사과 때문에 전체가 욕을 먹는다). 미국 정치가이자 발명가인 벤저민 프랭클린Benjamin Franklin, 1706~1790의 말이다. 그런가 하면 "One bad apple spoils the bunch(어물전 망신은 꼴뚜기가 시킨다)"라는 속담도 있다. 이렇듯 rotten apple이나 bad apple은 '어물전 꼴뚜기'의 용도로 자주 쓰인다.[9]

사과는 역사를 바꾼 과일이다. 예술평론가 모리스 드니 Maurice Denis, 1870~1943는 인류 3대 사과로 기독교 원죄의 근원이 된 이브의 사과, 만유인력의 법칙을 발견한 뉴턴의 사과, 사물의 질서를 재창조해낸 폴 세잔의 정물화 속 사과를 꼽았다. 최근엔 스마트 혁명의 선두에 선 애플 로고가 인류 네 번째 사과라는 주장도 있다.[10]

애플의 창업자인 스티브 잡스Steve Jobs, 1955~2011는 1981년 기자회견에서 '왜 회사 이름이 애플이냐'는 질문에 "사과를 좋아하기 때문이다. 사과는 사람들에게 단순함을 준다"고 말했다. 애플의 컴퓨터 상표 '매킨토시' 역시 사과의 품종에서 따온 이름이다.

1976년 애플의 첫 로고는 영국의 물리학자 뉴턴이 사과나무 아래에 앉아 책을 읽는 모습이었다. 사과가 떨어지는 것을 보고 만유인력 법칙을 생각해냈다는 이야기를 묘사한 그림이다. 주변에는 작은 글씨로 '뉴턴, 낯선 상념의 바다를 영원히 홀로 떠도는 정신Newton, A mind forever voyaging through strange seas of thought alone'이라는 문구가 새겨져 있다.

사과 모양 로고는 이듬해 애플II가 시판되면서 등장했는데, 한동안 독이 든 사과를 먹고 자살한 '컴퓨터 과학의 아버지' 앨런 튜링Alan M. Turing, 1912~1954을 기리기 위해 한 입 베어 문 사과 모양 로고를 만들었다는 소문이 떠돌았다. 튜링은 제2차 세계대전 당시 컴퓨터의 원조 격인 계산기를 발명해 독일군 암호 체계를 풀어내고 연합군의 승리에 기여했지만, 종전 후 동성애자임이 밝혀져 화학적 거세를 당하는 수모를 겪었으며 결국 청산가리가 든 사과를 베어 먹고 자살했다.

당시 무지개 색 사과 로고를 디자인한 롭 자노프Rob Janoff는 2009년 인터뷰에서 "애플 로고의 무지개 색도 튜링과 같은 동성애자들의 무지개 깃발에서 따왔다는 말도 들었다"며 "하지만 로고 디자인 당시 튜링에 대해서는 알지 못했다"고 밝혔다. 그는 "한 입 베어 문 모양도 사과가 아니라 체리로 오인될까봐 내가 생각해낸 것"이라고 말했다. 지금과 같은 단색 사과 로고는 1998년부터 쓰이고 있다.[11]

어릴 적 엄마나 할머니가 해주던 음식을 뭐라고 할까?

●
comfort food

"구본무 LG 회장은 유난히 '집밥'을 즐긴다. 특별한 약속이 없으면 한남동 자택으로 귀가하는 경우가 많은 것으로 알려졌다. 특별한 비즈니스가 아니면 지인들과의 만남이 있어도 여의도 LG트윈타워 동관 5층의 일식당 '키사라' 등 사옥 내부 식당을 애용하는 편이다. 구 회장은 대구간국을 즐겨 먹는다."[12]

요즘 유행하는 '집밥'은 1인 가구의 증가에 따른 것인지라 예전의 '집밥' 개념과는 다르지만, 예전의 '집밥' 개념을 굳이 영어로 옮긴다면 무어라고 해야 할까? comfort food가 적당하지 않을까 싶다. 임귀열은 "미국에서 Home Style이나 Home Cooking 같은 말이 나온 것은 어릴 적 엄마나 할머니가 해주던 '정든 음식'을 떠올리면서부터다. '몸과 마음을 편안하게 해주는 음식'은 민족과 문화마다 다르겠지만 옛날의 향수와 정감을 되살리는 음식이라는 점에서는 모두 비슷하다"며 다음과 같이 말한다.

"어릴 때 먹고 자라던 음식은 마음도 몸도 편안한 음식이

Home Cooking

라 하여 'comfort food'라고 부른다. 그야말로 home style 이고 전통적인 food therapy다. 어머니가 해주시던 음식은 어떤 것이든 comfort food가 될 수 있다. 한국인에게는 된장찌개나 김치찌개 콩나물국도 정든 음식일 것이다.……(미국인들은) 'What's your favorite comfort food?' 같은 질문에는 한결같이 '마음을 진정시키고 향수와 편안함을 주는 음식 **foods that soothe the psyche and invoke feelings of nostalgia and security**' 이라고 대답한다."[13]

유니 홍Euny Hong은 "한국 학생들이 방과 후에 친구들과 어울리며 자주 먹는 떡볶이는 컴포트 푸드comfort food면서도 정크 푸드에 가깝다"고 했는데,[14] 이는 comfort라는 개념의 주관성을 말해주는 것이라 하겠다. 중요한 것은 몸과 마음을 위로하고 안정을 느끼게 해준다는 것이므로, comfort food는 comfort book과 같은 식으로 응용이 가능하다. 어린 시절에 재미있게 읽었던 책을 나중에 다시 읽으면서 편안한 기분을 느낀다면 그게 바로 comfort book인 셈이다.[15]

contact comfort(접촉 위안)는 우리 인간에겐 타인과의 접촉이 매우 중요하다는 것을 강조하는 개념이다. 제2차 세계대전으로 많은 고아가 발생했을 때, 위생 개념을 중시해 아이들을 격리해 키운 이탈리아의 고아원에서는 그렇지 않은 고아원에 비해 사망률이 훨씬 높았다. 미국 위스콘신대학 심리학자 해리 할로Harry F. Harlow, 1905~1981는 그 원인을 '접촉 위안'의 부재에서 찾았다.[16]

왜 억만장자 2세는 9명 중 1명꼴로 다시 억만장자가 되나?

●
family edge

　　　　　edge는 "끝머리, 가장자리, (칼 따위의) 날, (비평 따위의) 날카로움, 우세, 강점"이란 뜻이다. competitive edge(경쟁상의 우위성)는 1980년대에 주로 기업 용어로 많이 쓰인 말이다. 라이벌과의 경쟁에서 제품이나 서비스에 상대를 능가할 수 있는 능력을 제공하는 특성을 가리킨다. 엣지edge는 오늘날 패션업계에선 '대담한, 도발적인, 유행을 선도하는'의 뜻으로 쓰인다.[17] edgy는 '초조해하는, 불안한, 통렬한, 신랄한'이란 뜻으로, 기업에선 공식적인 콘텐츠로 공표하기 전까지의 창의적인 콘텐츠를 가리킬 때에 쓰기도 한다.[18]

　be on a razor's edge는 "위기에 처해 있다"는 뜻이다. 면도칼의 날 위에 서 있다면 그 어찌 위기라고 하지 않을 수 있으랴. 반면 edge of one's seat는 '흥분된, 스릴 넘치는'이란 뜻이 된다. 스포츠건 그 어떤 구경거리건 손에 땀을 쥐게 할 정도로 흥미로운 장면이라면 의자에 편안하게 앉아 있기는 어려우며 거의 일어설 듯이 의자의 끝에 걸치다시피 앉아 있는 장면을 연상해보면 되겠다.[19]

family edge는 '가족의 이점'이다. 하버드대학 경제학 박사 출신의 데이터 분석 전문가인 세스 스티븐스-데이비도위츠Seth Stephens-Davidowitz는 2015년 3월 22일 『뉴욕타임스』에 게재한 「미국은 얼마나 가문 위주인가Just How Nepotistic Are We?」라는 기고문에서 정치인과 기업인, 스포츠 스타 등 주요 신분별로 '2세'의 '신분 대물림' 확률을 일반인과 비교했다. '가족의 이점family edge'이 가장 두드러진 신분은 '억만장자'였다. 억만장자 2세는 9명 중 1명꼴로 다시 억만장자 반열에 올라, 조사 대상 신분 중 '세습 확률' 1위에 올랐다. 스티븐스-데이비도위츠는 "억만장자 2세들은 자신이 성취하지 않은 막대한 유산을 상속으로 물려받기 때문"이라고 밝혔다.[20]

edge의 긍정적 의미를 염두에 두고 작명한 Edge Foundation은 미국의 출판 에이전트 존 브로크먼John Brockman, 1941~이 1988년에 세운 지식 재단으로, 엣지재단의 홈페이지edge.org에 기고하는 일급 필자는 700명에 육박한다. 브로크먼은 2013년 4월 영국 일간지 『옵서버』(『가디언』 일요판) 인터뷰에서 이렇게 말했다. "엣지가 어떻게 보일지 모르겠지만 배타적인 엘리트 집단이 아니다. 능력을 중시하지만 늘 열려 있다. 스티븐 핑커 · 브라이언 이노 · 리처드 도킨스 같은 친구들이 엣지의 구성원으로 받자고 하면 나는 말없이 그렇게 한다."[21]

과학평론가 주일우는 "엣지는 요즘 학계의 키워드인 통섭이나 융합을 선구적으로 제시했다는 점에서 중요하다. 지금 우리 사회에서 자발적, 혹은 정책적으로 융합을 강조하면서 서로 다른 분야 간의 대화를 꾀하고 있는데 그 결과물은 실망스러울 때가 많다. 억지로 섞으려는 모습이 눈에 띄기 때문이다. 차라리 과학과 인문학, 그리고 예술의 최전선을 대중들에게 그대로 전달하는 엣지의 방법론이 훨씬 나아 보인다"며 다음과 같이 말한다.

"브로크먼은 뉴욕의 아방가르드 예술가와 노벨상 수상자 모두에게 편하게 전화를 걸 수 있는 드문 존재가 됐다. 백악관과 펜타곤에 자문을 하기도 한다. 그가 매년 여는 '엣지 만찬'도 화제다. 에릭 슈밋 구글 회장, 제프 베저스 아마존닷컴 대표, 마크 저커버그 페이스북 CEO 등 정보통신 업계의 거물들이 참석해 이른바 '백만장자들의 저녁'이라 불릴 정도다.……이렇듯 브로크먼은 성공적인 예술 경영자에서 최첨단 지식의 지휘자로 극적으로 변신했다. '사람들이 평소 생각하지 않은 것을 생각하도록 도발하는 게 목표'라던 그의 꿈은 이제 아들 맥스가 이어받고 있다. 그의 작업에서 좁게는 다변화된 매체 환경에서 출판의 미래를, 넓게는 우리 시대의 과학적 성취를 선뜻 끌어안는 문화의 새로운 비전을 본다."[22]

왜 '우정의 상업화' 현상이
일어나는가?

●
unfriend

friend(친구)는 고대 영어 freond
에서 유래한 것으로 '사랑하는 사람'이란 뜻이다. 이것은 라틴
어 amicus와 같은 의미로, 프랑스어 ami, 이탈리아어 amico,
스페인어 amigo로 각각 파생되었다. amicus는 amare(사랑
하다)의 명사형인데 amare는 '사랑하는 사람'이란 의미의
amator로 프랑스에 유입되었다가 다시 영어로 들어와
amateur가 되었다. amateur는 '어떤 것을 순수하게 좋아하
는 사람'이란 뜻이다.[23]

friend는 원래의 의미에서 점점 멀어지고 있다. 이를 잘
보여준 것이 unfriend라는 신조어다. unfriend는 『옥스퍼드
사전』이 2009년의 단어로 선정한 동사로, '친구 목록에서 삭
제한다'는 뜻이다. SNS에 등록되어 있는 친구들 가운데 더는
관계를 맺고 싶지 않은 이들을 지우는 것을 말한다. 삭제당한
사람은 엄청난 충격을 받는 건 물론 우울증에 빠지고 심지어
자살한 사람도 있었는데, 그래서 이젠 친구 목록에서 삭제를
해도 상대방이 알아챌 수 없도록 시스템을 바꾸었다.[24]

리처드 세넷Richard Sennett은 『투게더: 다른 사람들과 함
께 살아가기』(2012)에서 페이스북의 '친구맺기'를 '우정의 상

업화'라고 했다. 그는 " '소셜 네트워킹social networking'이라는 단어는 어느 면으로는 매우 기만적이다. 최근의 몇몇 연구는 아이들이 자신들이 읽는 인쇄물을 믿지 않는 것과 똑같이, 동료들을 모니터상에서 볼 때보다 실제로 만날 때 더 못 믿는다고 주장한다. 우정에 대해서도 기계 의존성이 커진 것이다"며 다음과 같이 말한다.

"왜 그렇게 되었는지에 대해서 아직 제대로 설명된 바 없다. 다만 한 가지 설명은 테크놀로지 자체와 관련된 설명이다. 사람들이 휴대전화 화면을 통해 접하는 자신과 주변 환경의 이미지가 구식의 즉석사진기 사진과 닮았다고 느낄 수 있다는 것이다. 금방 뽑아볼 수 있고 기교가 개입되지 않은 것 같아서 신뢰할 수 있다는 느낌을 준다는 점에서 그렇다. 또 다른 설명은 사회성에 집중된다. 소셜 네트워크 사이트에서 사회적 관계 맺기는, 특별한 요구사항도 없고, 직접 만남보다 피상적으로 이루어진다. 친구들이 어디 있는지, 무얼 하고 있는지를 보고, 그에 대해 한두 마디 코멘트를 보내기는 하겠지만, 무슨 일이 있는지 깊이 개입할 필요는 없다. 예전의 십대들처럼 전화기를 붙들고 끝도 없이 시간을 보내는 것이 아니라, 짧고 암호화된 문자를 보내는 것이 이들의 화법이다."[25]

'우정의 상업화' 시대엔 흘러간 옛 노래를 들어보는 게 작은 위안이라도 되지 않을까? 〈You've Got a Friend(당신은 친구를 갖고 있어요)〉. 미국 여가수 캐럴 킹Carole King, 1942~의 1971년 히트곡 제목이다. 우정인지 애정인지 헷갈리긴 하지만, 이 노래의 가사는 다음과 같다.

When you're down and troubled/and you need a helping hand/and nothing, nothing is going right/Close your eyes and think of me/and soon I will be there/to brighten up even your darkest night//You just call out my name/and you know wherever I am/I'll come running, oh yeah baby/to see you again /Winter, spring, summer, or fall/all you have to do is call/and I'll be there, yeah, yeah, yeah/You've got a friend//If the sky above you/should turn dark and full of clouds/and that old north wind begin to blow/Keep your head together and call my name out loud/and soon I will be knocking upon your door/You just call out my name/and you know where ever I am/I'll come running to see you again/Winter, spring, summer or fall/all you got to do is call/and I'll be there, yeah, yeah, yeah.

당신이 우울하며 고민이 있고/당신이 도움의 손길을 필요로 할 때/그리고 아무것도, 아무것도 제대로 되는 게 없을 때/당신의 눈을 감고 나를 생각해봐요/그러면, 당신의 가장 어두운 밤조차도 밝혀주기 위해서/곧 내가 거기 가 있을 거예요//당신은 그저 내 이름만 불러요/그러면 내가 어디에 있던지/나는 당신을 다시 보기 위해서/달려갈 거예요, 오, 그대여/겨울, 봄, 여름, 또는 가을 언제든지요/당신이 해야 할 모든 일은 날 부르는 거예요/그러면 나는 거기에 갈 거예요, 예, 예, 예/당신은 친구를 갖고 있어요//만일 당신 위에 있는 하늘이/어둡게 변하고 구름으로 가득 차고/그 오랜 북풍이 휘몰아치기 시작하면/당신의 머리를 들어 내 이름을 크게 부르세요/그러면, 곧 내가 당신의 문을 두드릴 거예요/당신은 그저 내 이름만 부르세요/그러면, 내가 어디에 있던지/나는 당신을 다시 보기 위해 달려갈 거예요/겨울, 봄, 여름, 또는 가을 언제 든지요/당신이 해야 할 모든 일은 날 부르는 거예요/그러면, 나는 거기에 갈 거예요, 예, 예, 예.

왜 오늘 살아 있다는 것에
감사해야 하는가?

● grace

grace는 '우아, 품위, 은혜, 은총', the grace of modesty는 '겸손이라는 장점', by the grace of God는 '하나님의 가호로'란 뜻이다. in a person's good grace는 "아무의 총애를 받아서, ~의 마음에 들어서"며, 반대말은 in a person's bad grace(아무의 미움을 받아서, ~의 마음에 안 들어서)다.

fall from grace는 "타락하다, 유력자의 호감(후원)을 잃다"는 뜻이다. 신약성서 「갈라디아서Galatians」 5장 4절에서 유래한 말이다. You who are trying to be justified by law have been alienated from Christ; you have fallen away from grace(율법 안에서 의롭다 함을 얻으려 하는 너희는 그리스도에게서 끊어지고 은혜에서 떨어진 자로다). a fall from grace는 "실추失墜", fall out of grace with a person은 "아무의 호의를 잃다"는 뜻이다.[26]

There, but for the grace of God, go I(하나님의 은혜가 없었더라면 나도 그렇게 되어 있을지 모른다). 영국의 종교개혁가 존 브래드퍼드John Bradford, 1510~1555가 신교를 믿는 이단이라는 이유로 런던탑에 갇혀 있던 1553년 사형을 당하기 위해 끌려 나가는 죄수들을 보면서 한 말로 알려져 있다. 그도 2년 후 형장의 이슬로 사라졌다.[27]

아리아나 허핑턴Ariana Huffington은 『제3의 성공』(2014)에서 "은총grace과 감사하는 마음gratitude은 똑같은 라틴어 gratus(은총, 은혜)에서 파생된 단어들이다"며 이렇게 말한다. "우리는 세상을 멈추고 떠나고 싶은 마음이 들 때마다 은총에 다가갈 수 있는 다른 방법이 있다는 걸 어렵지 않게 기억해낼 수 있다. 오늘 살아 있다는 것에 감사하는 순간, 무엇에든 감사하는 순간 은총은 시작된다."[28]

서강대학교 종교학과 명예교수 길희성은 '무조건 신앙', '무조건 구원'을 영어로 '치프 그레이스Cheap grace(값싼 은총)' 라 부른다고 했다. "거기에는 십자가의 고난이 없다. 자기 십자가를 짊어지는 과정이 빠져 있다. 예수는 '각자 자신의 십자가를 짊어지라'고 했다." 그는 무조건 신앙이 '십자가 없는 그리스도교'를 만들 위험이 크다고 경고했다.[29]

'grace speed'란 무엇일까? 임귀열에 따르면, "흔히 Speed Limit보다 10% 정도 더 빠르게 가는 것은 경찰이 봐주는 것을 두고 'grace speed'라고 말한다. 시속 65마일 zone에서는 '65+6.5' 즉 72마일까지는 걸리지 않는다고 하지만 이것도 지역 따라 경찰 따라 다르기 때문에 항상 믿을 바는 못 된다."[30]

그레그 매커운Greg McKeown은 『에센셜리즘: 본질에 집중하는 힘』(2014)에서 "삶의 우선순위를 정해 놓지 않는다면 다른 사람이 내 삶의 우선순위를 정할 것이다"고 말한다.[31] 그는 『조선일보』 인터뷰에서 "책에서 쓸데없는 요구는 거절하라고 했습니다. 그러나 직장 상사 요청에 '아니오'라고 말하기가 상당히 어렵습니다. 거절의 기술이 있나요?"라는 질문에 다음과 같이 답했다.

"물론 거절하는 게 언뜻 이기주의나 방종으로 비칠 수도 있습니다. 나쁜 사람으로 보일 수도 있고요. 이를 위해 저는 '아니오'라고 말하기보다 새로운 제안을 하는 게 좋다고 생각합니다. '우아한 거절graceful no'법입니다. 예를 들어, 직장 상사가 지나친 업무를 줄 경우 이렇게 말해보면 어떨까요. '지금 5가지 프로젝트를 진행 중인데, 잘good할 수 있지만, 4개의 업무라면 훌륭하게great 할 수 있습니다. 어떤 걸 원하시나요?'라고요. 태도와 말투도 중요합니다. 망설일 필요 없이 간결하게 의사를 전달해야 상대방도 기분 상하지 않고 당신의 의도를 정확히 파악할 수 있습니다."[32]

행복은 의식적인 노력에 의해
성취될 수 있는가?
●
happiness

　　　　　　　　happiness, hapless, perhaps,
happenstance는 각기 다른 뜻을 가진 단어지만, 어원상 모두
다 친척 관계다. 모두 다 'hap(우연)'에서 나온 단어들이기 때
문이다.[33] 행복의 본질은 우연이라는 생각은 우리의 행복에
매우 중요하다. 행복에 관한 명언을 10개만 감상해보자.

　(1) Happiness is a way station between too much
and too little(행복은 과잉도 과소도 아닌 절제에 있다). 미국 작
가 채닝 폴록Channing Pollock, 1880~1946의 말이다.

　(2) When one door of happiness closes, another
opens; but often we look so long at the closed door
that we do not see the one which has been opened for
us(행복의 한 문이 닫히면 다른 문이 열린다. 그러나 우리는 닫힌 문
만을 오랫동안 바라봄으로써 이미 우리에게 열려진 다른 문을 보지
못한다). 미국 사회사업가인 헬렌 켈러Helen Keller, 1880~1968의
말이다.

　(3) Happiness is not so much in having as sharing.
We make a living by what we get, but we make a life

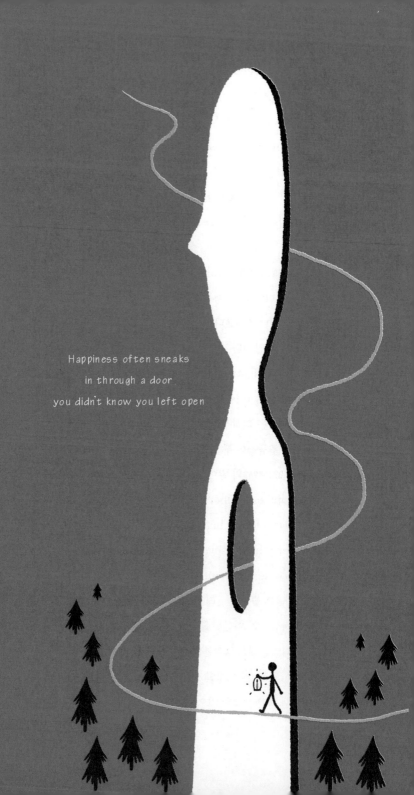

Happiness often sneaks
in through a door
you didn't know you left open

by what we give(행복은 소유보다는 공유에 있다. 생계는 취하는 걸로, 인생은 주는 걸로 이루어진다). 영국 공군 장성 노먼 맥이완Norman MacEwan, 1881~1953의 말이다.

(4) The foolish man seeks happiness in the distance, the wise grows it under his feet(어리석은 사람은 행복을 먼 데서 찾는다. 현명한 사람은 행복을 자신의 발밑에서 키운다). 미국 작가 제임스 오펜하임James Oppenheim, 1882~1932의 말이다.

(5) Happiness often sneaks in through a door you didn't know you left open(행복은 자주 내가 열어놓은지도 몰랐던 문을 통해 슬그머니 찾아온다). 미국 배우 존 배리모어John Barrymore, 1882~1942의 말이다.

(6) Happiness is not achieved by the conscious pursuit of happiness; it is generally the by-product of other activities(행복은 의식적인 노력에 의해 성취되는 게 아니라, 일반적으로 다른 활동들의 부산물이다). 영국 작가 올더스 헉슬리Aldous Huxley, 1894~1963의 말이다.

(7) Our happiness depends on the habit of mind we cultivate. So practice happy thinking every day. Cultivate the merry heart, develop the happiness habit, and life will become a continual feast(우리의 행복은 우리가 만들어가는 마음의 습관에 달려 있습니다. 그러므로 매일 행복한 습관을 갖도록 하십시오. 마음을 즐겁게 가꾸고 행복습관을 계발하도록 하십시오. 그러면 삶은 영원한 축제의 장이 될 것입니다). 미국의 개신교 목사이자 자기계발 전문가인 노먼 빈센트 필Norman Vincent Peale, 1898~1993의 말이다.[34]

(8) No human being can really understand another, and no one can arrange another's happiness(인간은 아무도 다른 인간을 깊이 이해할 수 없고 아무도 다른 인간의 행복을 만들어줄 수 없다). 영국 작가 그레이엄 그린Graham Greene, 1904~1991의 말이다.

(9) To be happy, we must not be too concerned with others(행복하기 위해선 남에게 너무 신경 쓰지 말아야 한다). 프랑스 작가 알베르 카뮈Albert Camus, 1913~1960의 말이다.

(10) Happiness is not a destination. It is a method of life(행복은 목적지가 아니다. 그것은 삶의 한 방법이다). 미국 칼럼니스트 버튼 힐리스Burton Hillis, 1915~1977의 말이다.

사람이 생각하지 않고 살면
어떻게 되는가?
●
thinking

                That is food for thought(그건 생각해볼 일이다). 주로 재미있는 아이디어를 대할 때에 쓰는 말이다. 1800년대 초부터 mind를 mouth로 여기는 비유법이 생겨났는데, 같은 이치의 비슷한 말로 chew over an idea를 들 수 있겠다. 이는 chew(씹다)를 '곰곰이 생각하다'에 비유한 것이다. The sign said, "If all else fails, read the instructions." That was food for thought(표지엔 "모든 방법이 실패하면 안내서를 읽으시오"라고 되어 있는데, 그건 흥미롭게 생각해볼 일이다).[35]

    Great minds think alike(위인은 생각이 같은 법이다). 보통 누군가와 같은 결론에 이르렀을 때 농담조로 인용하는 속담이다. 종종 great minds로 간단히 표현하기도 한다. 이에 대응하는 표현도 있다. Small minds seldom differ(소인은 생각도 같다). Fools seldom differ(바보들은 똑같이 생각한다). Fools rarely differ(바보들의 생각은 거의 일치한다).[36] 생각에 관한 명언을 10개만 감상해보자.

    (1) You are what you think(자신을 소중하게 생각해야

한다).

(2) Clear thinking requires courage rather than intelligence(명쾌한 생각을 하는 데는 지성보다 용기가 필요하다).

(3) Sometimes thinking too much can destroy your momentum(생각을 너무 많이 하면 일을 망친다). 즉, '장고 끝에 악수'와 같은 뜻이다.

(4) Leadership is a way of thinking, a way of acting and, most importantly, a way of communicating(지도자는 고민과 행동이 필요하다. 무엇보다 소통할 줄 알아야 한다).

(5) Thinking: the talking of the soul with itself(생각은 영혼과 영혼이 나누는 대화다). 고대 그리스 철학자 플라톤 Platon, B.C.427~B.C.347의 말이다.

(6) There is nothing either good or bad but thinking makes it so(세상에는 좋고 나쁜 게 따로 있지 않다. 생각이 그렇게 만들 뿐이다). 윌리엄 셰익스피어William Shakespeare, 1564~1616의 말이다. [37]

(7) One must live the way one thinks or end up thinking the way one has lived(사람은 생각하며 살아야 한다. 그렇지 않으면 사는 대로 생각하게 된다). 프랑스 소설가 폴 부르제Paul Bourget, 1852~1935의 말이다. [38]

(8) Thinking isn't agreeing or disagreeing. That's voting(생각은 찬성이나 반대가 아니라 선택이다). 미국 시인 로버트 프로스트Robert Frost, 1874~1963의 말이다.

(9) If you're going to be thinking, you may as well think big(기왕 고민을 할 것이라면 크게 고민하라). 미국 부동산 재벌이자 정치인 도널드 트럼프Donald J. Trump, 1946~의 말이

다.[39]

(10) Thinking is not something that happens to you. It's something that you do(생각은 어쩌다 생기는 것이 아니다. 당신이 하는 것이다). 미국 정신분석과 의사 제임스 보그James Borg가 『마음의 힘Mind Power』(2010)에서 한 말이다.[40]

왜 편리하게 변명하는 수단의 표현으로 '죄 타령'을 써먹는가?

●
sin

cardinal sin은 "큰 죄"를 말한다. cardinal은 "주요한, 기본적인", a matter of cardinal importance는 "극히 중요한 문제(일)"를 뜻한다. 원래는 the seven deadly sins(일곱 가지의 큰 죄)를 말하는데, pride(자만), covetousness(탐욕), lust(욕망), anger(분노), gluttony(식탐), envy(시기), sloth(나태) 등이다. '영국 문학의 아버지'로 불리는 제프리 초서Geoffrey Chaucer, 1343~1400의 『The Persones(Parson's) Tale』에 기록된 것이다.[41]

sin tax는 '죄악세罪惡稅'로 담배·술·도박처럼 반사회적인 상품과 서비스에 과세하는 걸 말한다. 죄악세는 '세금으로 사회악을 줄인다'는 명분을 내세울 수 있기 때문에 경기가 어려울 때 각국이 가장 먼저 증세 카드로 꺼내는 것이다. 정부가 2015년 초 담뱃값을 2,500원에서 4,500원으로 올린 것이 좋은 예다. 이에 대해 방현철은 다음과 같이 말한다.

"죄악세는 주로 서민들이 직격탄으로 받는다는 단점이 있다. 담뱃값을 올리면 흡연율은 웬만큼 떨어져야 한다. 그러나 담뱃값을 어정쩡하게 올리면 결국 세수 구멍을 메우려고

211

서민을 쥐어짰다는 말이 나올 수밖에 없다. 정부만 대박 잡고 흡연자들은 '쪽박' 차는 꼴이다. 정부는 담뱃갑 경고 사진처럼 획기적인 금연 대책을 추가로 꺼내야 한다. 이대로 가면 국민 건강은 팽개치고 세금이나 챙기려고 '꼼수 증세' 했다는 말을 들을 게 뻔하다."[42]

It is no sin to be rich(부유한 게 죄인가). 임귀열은 "가난한 사람들이든 부자든 'Something is no sin'이라는 어구는 편리하게 변명하는 수단의 표현이다. 선거 때가 되면 'Voting is no sin(투표는 해야죠)'이라는 슬로건도 심심찮게 보인다. 돈 들지 않고 해로운 것도 아닌데 왜 투표하지 않느냐는 뜻이다"며 다음과 같이 말한다.

"목사는 'Marry-it is no sin(결혼하라, 그건 죄가 아니다)'이라고 말하고, 초현실주의자들은 'Surrealism Is No Sin(초현실주의는 죄가 아니다)'이라고 스스로의 예술을 정당화한다. 정치가들은 'Practicality is no sin(실용주의는 죄가 아니다)'이라고 말하고, 동성애자들은 'There is no sin of homosexuality(동성연애도 죄가 아니다)'라고 강조한다. 1960년대의 남녀평등 운동에서는 'There Is No Sin Like Being a Woman(여자인 게 죄냐)'이라는 말도 있었다. No sin의 공통 의미는 '…하는 게 어때서'일 수도 있고, 행위의 정당성을 강조하는 말일 수도 있다. 아 참, 크리스마스를 즐겁게 보내는 것은 당연히 죄일 수 없을 것이다There is no sin in enjoying the holidays."[43]

수사학적으로 보자면 'Something is no sin'이라는 어구는 자신의 문제나 약점에 대한 비판 가능성을 극단으로 끌고 감으로써 면죄부를 받으려는 수법이라고 볼 수 있겠다. 좀 얄미운 행동을 하는 사람이 "그게 죄냐"고 치고 나오면 그 누구도 그게 죄라고까진 말 못하는 심리를 이용하는 것이라고나 할까.

Sin plucks on sin(죄는 또 죄를 불러온다). pluck는 "뜯다, 잡아 뽑다, 잡아당기다"는 뜻이다. Who swims in sin shall sink in sorrow(죄의 바다에서 헤엄치는 사람은 슬픔으로 익사한다). Other men's sins are before our eyes; our own are behind our backs(다른 사람의 죄는 우리 눈앞에 있지만 우리의 죄는 우리 등 뒤에 있다). 로마 철학자 세네카Seneca, B.C.4~A.D.65의 말이다.

The wages of sin is death(죄의 삯은 사망이요). 신약성서「로마서Romans」6장 23절에 나오는 말이다. 20세기 들어선 풍자적으로 쓰이는 경향이 있다. 영국의 탐정소설 작가 H. C. 베일리 H. C. Bailey, 1878~1961는 『No Murder: The Apprehensive Dog』(1942)에 이렇게 썼다. The wages of sin is death. Don't trouble whether it's the real sinner who gets the wages(죄의 값은 사망이다. 그 값을 치르는 사람이 진짜 죄인인지는 염려하지 마라).[44]

미국의 로버트 슐러Robert H. Schuller, 1926~ 목사는 1997년 2월 빌 클린턴 대통령의 국정연설 시 퍼스트레이디의 옆에 앉을 정도로 권력과의 친분도 돈독해 구설수에 올랐다. 그는 나중에 이에 대해 이렇게 말했다. Jesus specializes in loving sinners(예수님의 본업은 죄인을 사랑하는 것입니다).[45]

'노력'보다 '성공'이 먼저 나오는 유일한 곳은 어디인가?

●
success

"The only place where success comes before work is a dictionary(노력work보다 성공 success이 먼저 나오는 곳은 사전밖에 없다)"라는 말이 있다. 노력을 해야 성공할 수 있다는 뜻을 재치 있게 표현한 것이다. Success is more attitude than aptitude(성공은 재능보다는 마음가짐의 문제다). Success is never a destination-it is a journey(성공은 종착지가 아니라 여정이다. 성공은 결과가 아니라 과정이다). Act as if it were impossible to fail(반드시 성공한다는 각오로 행동하라). 유명인들이 남긴 성공 명언을 10개만 더 감상해보자.

(1) Success in war, like charity in religion, covers a multitude of sins(전쟁에서의 성공은 종교에서의 자선처럼 많은 죄악을 덮어준다). 영국 전쟁 역사가 윌리엄 네이피어William Napier, 1785~1860의 말이다.

(2) Self-trust is the first secret of success(자신감은 성공의 첫 번째 비결이다). 미국 철학자 랠프 월도 에머슨Ralph Waldo Emerson, 1803~1882의 말이다.

(3) The secret of success is constancy of purpose(성공의 비결은 목적의 항상성이다). 영국 정치가이자 작가인 벤저민 디즈레일리Benjamin Disraeli, 1804~1881의 말이다.

(4) Success is a result, not a goal(성공은 결과이지 목표가 아니다). 프랑스 작가 귀스타브 플로베르Gustave Flaubert, 1821~1880의 말이다.

(5) The secret to success is to do common things uncommonly well(성공의 비밀은 평범한 일을 비범하게 해내는 것이다). 미국 석유 재벌 존 록펠러John D. Rockefeller, 1839~1937의 말이다.

(6) The most successful men in the end are those whose success is the result of steady accretion(꾸준한 발전을 통해 성공할 때에 결국 가장 성공한 사람이 될 수 있다). 1876년 전화를 발명한 미국 발명가 알렉산더 그레이엄 벨Alexander Graham Bell, 1847~1922의 말이다.

(7) Success is the ability to go from failure to failure without losing your enthusiasm(성공은 실패를 거듭해도 열정을 잃지 않는 능력이다). 영국 정치가 윈스턴 처칠Winston Churchill, 1874~1965의 말이다.

(8) Believe you will be successful and you will(성공할 수 있다고 믿으면 성공한다). 미국 처세술 전문가 데일 카네기Dale Carnegie, 1888~1955의 말이다.

(9) Success makes us intolerant of failure, and failure makes us intolerant of success(성공은 실패를 참을 수 없게 만들고, 실패는 성공을 참을 수 없게 만든다). 미국 작가 윌리엄 페더William Feather, 1889~1981의 말이다.

(10) Success contains within it the germs of failure, and the reverse is also true(성공은 그 안에 실패의 씨앗을 담고 있으며, 실패 역시 그 안에 성공의 씨앗을 담고 있다). 프랑스 정치가 샤를 드골Charles de Gaulle, 1890~1970의 말이다.

제7장

mirroring
gender discount
manspreading
kiss up and kick down
love
nothing
microaggression
pencil skirt
picture
smart aleck

사랑·남녀관계·인간관계

왜 "남자는 숨 쉴 때마다 한 번씩 때려야 한다"는 말이 나왔나?

●
mirroring

심리학자 칼 로저스Carl Rogers, 1902~1987는 '말 따라 하기verbal mirroring'가 짧은 시간 내에 상대방과 유대감을 형성할 수 있는 매우 강력한 기법이라는 것을 실험을 통해 입증했다. 물론 '이소프락시스isopraxis', 즉 '신체 모방하기body echoing'도 유대감 형성에 큰 도움이 된다.[1]

네덜란드에서 실시된 어느 연구에서는 고객의 식사 주문을 그대로 따라서 말한 여종업원이 주문을 다른 말로 바꾸어 말한 여종업원보다 70퍼센트나 더 많은 팁을 받았고, 손님들은 종업원이 자신을 따라 했을 때 저녁 식사에 대해 더 만족하는 것으로 나타났다.[2]

브라이언 트레이시Brian Tracy, 1944~는 『전략적 세일즈』(2012)에서 고객이 어떤 몸동작을 하면 5초를 기다려서 같은 몸동작을 따라 하라고 권한다. "최고 세일즈맨들은 이러한 고객 몸동작 따라 하기 기법을 종종 무의식적으로 사용한다. 그들의 판매 상담 모습을 비디오로 녹화해보면 한동안 고객의 동작을 따라 하다가 그다음에는 고객을 리드해가는 듯이 보인다. 상담이 끝난 후에 그렇게 한 이유를 물어보면 거의 예외

없이 자신이 그렇게 했다는 사실 자체를 인식하지 못하고 있었다. 고객의 동작을 따라 했던 것은 고객에 대해 극도로 민감하게 반응하는 그들의 자연스런 모습 중 하나였기 때문이다."[3]

임귀열은 "요즘엔 콜 센터에서 전화를 받을 때 '네, 고객님, 영업부를 말씀하셨습니다. 잠시 기다리시면 연결해 드리겠습니다'처럼 말한다. 이 말 속엔 상대방의 말을 그대로 받아 반복함으로써 오해나 생략을 예방하고 경청하고 있다는 인상을 준다. 일종의 Mirroring이다. 즉 거울에 그대로 비치듯 들은 말을 그대로 반복 재생을 함으로써 쌍방이 그 내용을 재차 확인하는 것이다"며 다음과 같이 말한다.

"군대에서도 상사가 '좌우로 정렬' 하는 명령을 내리면 병사들이 똑같은 말을 반복하면서 동작을 하는데 그 효과가 매우 좋다. 언어에서도 이 방법은 여전히 효과 높은 훈련 중 하나다. 여기 대화를 하나 보자. A: Tom is getting married next month. B: Is that true? Is he getting married! C: I'm glad that he could settle down finally. A가 말한 내용을 B가 유사한 말로 되받아치고 C는 똑같은 내용을 단어 표현을 바꿨을 뿐 '그가 결혼해서 안정을 찾다니'의 의미는 마찬가지다. 이것은 동의어 반복repetition이라기보다는 똑같은 내용을 반복 복창하는 것이다. 'Mirroring' 혹은 'Mimicking', 'mimicry'라고 부르는데 '흉내내기', '모방'의 뜻이 아니라 상대의 말을 되받아 말하는 대화의 기법이다."[4]

'미러링mirroring'은 '거울mirror처럼 반사해서 보여준다'는 뜻으로, 2015년 여름쯤부터 '남성들의 여성 혐오가 얼마나 터무니없고 폭력적인지 비춰준다'는 취지로 온라인에서 쓰이기 시작한 단어이기도 하다. 거울이 좌우를 바꾸어 보여주듯,

'미러링'은 성별의 배치를 뒤집어 보여준다. 예컨대 "연애할 때는 섹시한 여자가 좋지만 결혼할 때는 아무래도 깨끗한 처녀를 찾게 되는 것이 솔직한 늑대의 심정 아니겠습니까"라는 '원본'을 '미러링' 하면 "순수하고 조신한 연하 총각을 바라는 것이 솔직한 여우의 심정이지요. 남자는 그저 문란하지 않고 정숙한 것이 최고 아니겠습니까"가 된다. 미러링은 원본이 얼마나 우스꽝스럽고 차별적인 내용을 담고 있는가 보여주는 '비틀기' 장치다.[5]

미러링은 이른바 '여혐혐女嫌嫌', 즉 '여성 혐오에 대한 혐오'를 실천하는 온라인 연대 '메갈리아'가 즐겨 쓰는 방법이다. 온라인상에서 벌어지는 여성 혐오의 중심에는 보수 성향 사이트 '일베'가 있는데, 일베를 중심으로 각종 여성 혐오 용어들이 퍼져나가는 양상을 메갈리아는 '반사'한다. 이에 대해 곽아람은 다음과 같이 말한다.

"허영심 많은 여성을 일컫는 '김치녀'에 대항해서는 '김치남', '한남충(벌레 같은 한국 남자)' 등의 용어를 만들었다. '여자는 삼일에 한 번 때려야 한다'는 말을 줄인 '삼일한'에 대항해 '숨쉴한'이라는 단어가 탄생했다. '남자는 숨 쉴 때마다 한 번씩 때려야 한다'는 뜻이다.……메갈리아의 '미러링 전략'에 대한 우려도 있다. 혐오를 혐오로 되갚는 방식은 혐오의 재생산에 불과하다는 것이다. 안이환 한국양성평등교육진흥원 교수는 '미러링을 하는 심정은 이해하지만 여성 혐오의 해결책은 될 수 없다. 조롱을 당한 여성 혐오론자들이 반성하기는커녕 오히려 더 심한 욕을 퍼붓는 방식으로 대응할 가능성이 크다'고 말했다."[6]

왜 여성의 도움을 받으면
신세를 졌다는 느낌을 덜 받는가?
●
gender discount

　　　　　　　　discount(할인)라는 단어는 잉글랜드 왕 제임스 1세 시대인 1660년대 초반에 라틴어 discomputare에서 유래되어 만들어진 이래로 소비자들을 열광시키는 마약 같은 것이 되었다. bargain fever(할인 열풍)가 휩쓰는 가운데, 판매자로선 discountphobia(할인 공포증), 즉 할인에 대해 반감을 가지는 현상을 가리키는 신조어마저 나왔다.[7] 심지어 five-finger discount라는 슬랭까지 등장했는데, 이는 미국 10대들이 가게에서 갖고 싶은 물건을 슬쩍 도둑질하는 걸 가리키는 은어다.[8]

　할인이 소비의 세계에서만 일어나는 건 아니다. 세계시장에서 한국 기업의 저평가 현상을 가리켜 코리아 디스카운트 **Korea Discount**라고 한다. 한국 기업들의 값이 지나치게 싸다는 의미로 국제 금융시장에서 쓰는 용어다. 고려대학교 교수 장하성은 그런 저평가의 원인은 기업 지배 구조의 후진성과 노사 관계의 불안정에 있다고 말한다.[9]

　'탈북 디스카운트'라는 말까지 나왔다. 2015년 3월 『조선일보』는 사설에서 이렇게 말했다. "북에서 대학을 졸업한 전문 직종 출신 탈북자들도 막노동이나 허드렛일로 생계를 꾸려 가는 경우가 대부분이다. 통일부 등의 조사에 따르면 탈북 근로자들은 근무시간은 국내 근로자들보다 긴 반면 월급은 3분의 2 수준에 불과한 것으로 나타났다. 그나마 일자리를 찾기도 쉽지 않다. 탈북자라고 밝히면 무조건 채용을 기피하는 노골적 차별도 심각하다고 한다. 명문 대학을 졸업한 학생들까지 취직하지 못해 속을 끓이는 경우가 다반사다. 청년 실업난에 '탈북 디스카운트'까지 겹쳐 있기 때문이다."[10]

'스펙 디스카운트'라는 말도 등장했다. 취업을 위해 애써 쌓은 경력이나 스펙을 과감히 버리거나 감추는 현상을 이르는 말이다. 취업문이 갈수록 좁아지는 상황에서 높은 조건을 내세우기보다 회사가 원하는 조건에 맞춰서라도 일단 취직하고 보자는 사람들이 증가하면서 나타난 현상이다. 2015년 2월 온라인 취업포털사이트 사람인에 따르면, 입사 2년 미만의 직장인 10명 중 8명은 이직을 위해 경력을 포기할 의향이 있는 것으로 나타났다.[11]

gender discount도 있다. 이에 대해 페이스북 최고운영책임자인 셰릴 샌드버그Sheryl Sandberg, 1969~는 이렇게 말한다. "남성의 도움을 받은 동료는 신세를 졌다고 생각해 나중에 호의를 갚는다. 하지만 여성의 도움을 받으면 신세를 졌다는 느낌을 덜 받는다. 여성은 원래 공동체 작업을 좋아하고 남을 돕고 싶어 한다고 생각하기 때문이다. 콜롬비아 경영대학원 프랭크 플린Frank Flynn 교수가 '성 에누리gender discount'라고 이름 붙인 이 현상은 여성이 응당 공동체 작업을 좋아할 것으로 여겨지기 때문에 직장에서 그 대가를 치른다는 뜻이다."[12]

지하철에서 '쩍벌남' 규제는
남성에 대한 성차별적 행위인가?

● manspreading

2015년 세계 여성의 날(3월 8일) 을 전후해 소셜네트워크서비스SNS상에서 '맨스플레인 mansplain'이라는 단어가 한동안 화제에 올랐다. 2010년 『뉴욕 타임스』가 선정한 올해의 단어 리스트에 올랐으며, 2014년 호주에서 '올해의 단어'로 뽑힌 mansplain은 미국 작가 리베카 솔닛Rebecca Solnit이 만든 말이다. [13]

mansplain은 '남자man'와 '설명하다explain'가 결합한 조어로, "남성이 여성을 기본적으로 뭔가 모르는 사람으로 규정하고 자신의 말을 일방적으로 쏟아붓는 태도"를 말한다. 솔닛은 "맨스플레인은 여성의 발언할 공간, 경청될 공간, 권리를 지닐 공간, 참여할 공간, 존중 받을 공간, 온전하고 자유로운 한 인간이 될 공간을 폐쇄한다"며 다음과 같이 말한다.

"아무리 사소한 대화에서도, 남자들은 자기가 이야기하는 내용을 알지만 여자들은 잘 모른다는 소리를 여자들이 자꾸만 듣게 되는 것은 세상의 추악함을 지속시키는 일이자 세상의 빛을 가리는 일이다. 맨스플레인은 길거리 성희롱과 마찬가지로 젊은 여자들에게 이 세상은 당신의 것이 아님을 넌

224

manspreading

지시 암시함으로써 여자들을 침묵으로 몰아넣는다."14

솔닛은 『남자들은 자꾸 나를 가르치려 든다Men Explain Things to Me』(2015)에서 "그동안 많은 여자들은 자꾸 여자를 가르치려 드는 남자들과의 싸움에서 짓밟혔다"며 다음과 같이 말한다. "오늘날은 예전보다 좀 사정이 낫지만, 그래도 이 전쟁은 내 생애에는 끝나지 않을 것이다. 나는 아직도 싸우고 있다. 물론 나 자신을 위해서지만, 할 말이 있는 모든 젊은 여성들을 위해서이기도 하다. 그들이 그 말을 할 수 있기를 바라는 마음으로."15

mansplain과 비슷한 단어로 manspreading(쩍 벌리기)이 있다. man-sitting이라고도 한다. manspreading은 지하철 같은 대중교통에서 다리를 쩍 벌리고 앉아 옆 승객을 불편하게 하는 남자의 행위로, 2013년 소셜 미디어 웹사이트인 텀블러Tumblr에서 페미니스트들이 '반反쩍 벌리기 캠페인anti-manspreading campaign'을 벌이면서 화제가 되었고, 2015년 8월 영국 옥스퍼드 온라인 사전에 등재되었다. manspread는 '쩍 벌리다', manspooreader는 '쩍벌남'이다.16

미국에선 2015년 9월 뉴욕시 맨해튼 지하철에서 다리를 과도하게 쩍 벌렸다는spread their legs excessively wide 혐의로 두 남자가 체포되었다. 쩍벌남 규제의 첫 케이스였지만, 판결은 관대했다. 일정 기간 다시 같은 혐의로 체포되지 않으면 취하되는 걸로 했으며, 향후 위반 행위가 없으면 자동 사면한다는 것이다. 뉴욕시는 '쩍 벌리기' 자제를 호소하는 공공 인식 캠페인을 시작했는데, 그 문구 중 하나는 '쩍 벌리기는 이제 그만, 제발Stop the Spread, Please'이다. 이와 관련, 윤희영은 다음과 같이 말한다.

"'쩍벌남'들은 구시렁 불만을 내뱉는다. 남녀 성과 관련된 것이 아니라 생리적인 문제라고 주장한다. 남성의 생식기 주변 생물학적 구조로 인해 다리를 벌리고 앉을 수밖에 없는데 그걸 사회적 문제로 삼는 것은 남성에 대한 성차별적 행위라고 반박한다. 거기가 커서 그런 걸, 습진 생길까봐 그러는 걸 도대체 뭘 어쩌라는 것이냐고 볼멘소리를 한다. 어찌 됐든 꼴불견인 것은 힘 있는 인간들 앞에선 비굴하게 무릎 꿇고 머리 조아리는 작자들이 꼭 버스 · 지하철에선 쩍벌남 노릇을 한다는 사실이다."[17]

구글은 신입사원 채용 시 주로
어떤 사람을 걸러내는가?

●
kiss up and kick down

kiss up and kick down은 '위로는 핥고 아래로는 차는'이란 뜻으로 위선적이거나 배신하는 행동을 지적하는 표현이다. 이 표현은 네덜란드 다루바우드대학 교수인 로스 봉크Roos Vonk가 1998년에 발표한 논문「친밀성 효과: 상사를 향한 우호적인 행동에 대한 의심과 혐오The Slime Effect: Suspicion and Dislike of Likeable Behavior Toward Superiors」에서 처음 사용했다. 이 표현은 네덜란드의 상용구라고 한다.

라즐로 복Laszlo Bock은『구글의 아침은 자유가 시작된다: 구글 인사책임자가 직접 공개하는 인재등용의 비밀』(2015)에서 kiss up and kick down의 기원을 그렇게 소개하면서 구글의 신입사원 채용 시 '위로는 핥고 아래로는 차는' 사람들을 걸러낼 수 있는 평판 조회 방식에 대해 다음과 같이 말한다.

"지원자의 이력서를 기존 구글 직원의 이력서와 대조하는 것이었다. 이렇게 해서 만일 겹치는 부분이 있으면, 즉 어떤 직원과 같은 해에 대학을 다녔다거나 같은 시기에 같은 회사에 다녔을 경우, 이 직원에게 자동으로 이메일이 발송되어 해당 지원자를 알고 있는지, 이 지원자를 어떻게 생각하는지 물었다. 지원자가 제출하는 이력서는 대개 자화자찬과 과대포장 일색이므로 이런 식의 조회가 한결 정확한 평가를 가능하게 해줄 거라고 믿었기 때문이다."[18]

그러나 kiss up and kick down은 네덜란드의 상용구만은 아닌 것 같다. 러시아엔 이런 속담이 있기 때문이다. Hypocrites kick with their feet and lick with their tongues(위선자는 밑으로는 발로 차고 위로는 혀로 핥는다).[19]

최근 미국인류학회지에 게재된 인디애나대학 연구진 논문를 보면, 세계 168개 문화권에서 입술 키스는 불과 46퍼센트의 문화권에만 존재하는 것으로 밝혀졌다. 아시아 문화권의 73퍼센트, 유럽의 70퍼센트, 북미의 55퍼센트에서 연애 행위로서의 키스가 행해지고 있지만 중미, 아마존 지역, 뉴기니, 사하라 사막 이남 아프리카에서는 연인들이 키스를 하지 않는게 전통이라는 것이다. 중동에서는 조사한 10개 문화 모두에서 히잡으로 늘 얼굴을 가리고 다니는 중동 여성들이 일상적으로 키스를 즐기는 것으로 나타났다.[20]

키스에도 여러 종류가 있다. French kiss는 진한 키스, air-kiss는 키스하는 시늉을 내면서 소리만 내는 키스다. 영국에선 여자들만 에어 키스를 하며, 남자들은 게이, 특히 여성역의 게이가 아니면 이런 키스를 하지 않는다.[21] flying kiss는 자신의 손에 키스를 한 뒤 그걸 상대편을 향해 입으로 날려 보내는 상징적 키스를 말한다.[22] 에스키모 키스Eskimo kiss는 서로 코를 비벼대는 것, butterfly kiss는 윙크를 보내고 눈썹을 깜박여 상대의 얼굴을 간질이는 것이다. 〈Butterfly Kiss〉라는 제목의 영화와 노래도 있다.[23]

왜 "사랑과 이유는 함께하지 않는다"고 하는가?

●
love

not for love or money는 "(보통 부정형으로) 아무리 해도 ~않다"는 뜻이다. You can not get it for love or money(어떤 방법을 다 써도 그것은 입수 못합니다).[24] 사랑 역시 그렇지 않을까? 아무리 의지로 넘어서려고 해도 넘어설 수 없는 게 바로 사랑이 아니겠느냐는 것이다. 그래서 "Love and reason don't go together(사랑과 이유는 함께하지 않는다. 즉, 사랑엔 이유가 없다)"라는 속담도 있는 게 아닐까?

Love don't need a reason, Love's never a crime, And love is all we have for now, What we don't have, What we don't have is time(사랑에도 이유가 필요한가요, 좋아하는 것도 잘못인가요, 지금 가진 것이라고는 사랑뿐인데 이제 시간이 없습니다). 뮤지컬 〈The Boy from Oz〉에 나오는 노래 〈Love don't need a reason〉의 일부다.[25]

존 레넌John Lennon, 1940~1980의 노래 〈Love〉는 대표적인 사랑 예찬가로 손색이 없다 하겠다. 가사는 다음과 같다.

Love is real, real is love/Love is feeling, feeling

love/Love is wanting to be loved/Love is touch, touch is love/Love is reaching, reaching love/Love is asking to be loved/Love is you/You and me/Love is knowing/We can be/Love is free, free is love/Love is living, living love/Love is needing to be loved(사랑은 진실, 진실은 사랑/사랑은 느낌, 느끼는 사랑/사랑은 사랑받기 위해 원하는 것/사랑은 접촉, 접촉은 사랑/사랑은 손을 내미는 것, 손을 내미는 사랑/사랑은 사랑 받기 위해 요구하는 것/사랑은 당신/당신과 나/사랑은 아는 것/우리는 될 수 있어요/사랑은 자유, 자유는 사랑/사랑은 살아가는 것, 살아가는 사랑/사랑은 사랑받기 위해 필요한 것).

존 레넌은 사랑은 진실, 느낌, 접촉, 자유라고 했지만, 모든 건 자유로 귀결된다. 그러나 과연 사랑은 자유일까? 진실을 말하자면, 사랑은 때로 굴레일 뿐만 아니라 원수다. 사랑이 대중문화의 영원한 소재가 되는 이유도 바로 여기에 있다. 환희, 맹세, 음모, 질투, 배신, 절망, 상처, 복수, 죽음, 환생 등등이 사랑에 따라붙는 끼워팔기용 상품이기 때문이다. 굴레이거나 원수인 줄 알면서도 빠져들지 않을 수 없는 것엔 마약, 도박, 사랑 등이 있지만, 이 중에 합법적인 것은 오직 사랑뿐이다. 그래서 사랑은 누구에게나 권할 수 있는 마케팅 수단이 되기도 한다. 존 레넌이 말하는 사랑은 그런 제약에서도 벗어난 자유를 말하는 것이겠지만, 그건 희소하다. 이 노래가 사랑받는 이유도 여기에 있지 않을까?

에리히 프롬Erich Fromm, 1900~1980은 『The Art of Loving』에서 사랑에 관한 명언을 많이 남겼다. 3개만 감상해 보자.

(1) Exclusive love is a contradiction in itself(배타적 사랑은 그 자체로 모순이다).

(2) In love the paradox occurs that two beings become one and yet remain two(둘이 하나가 되면서도 여전히 둘로 머무르는 게 사랑의 역설이다).

(3) If it is a virtue to love my neighbor as a human being, it must be a virtue—and not a vice—to love myself, since I am a human being too(인간으로서 이웃을 사랑하는 게 미덕이라면 나 자신을 사랑하는 것도 악덕이 아닌 미덕이어야 한다. 나 역시 인간이기 때문이다).[26]

아무것도 없는 사람은
사랑을 어떻게 해야 하나?

nothing

nothing doing은 "(요구를 거절하여) 틀렸어, 거절한다, 무슨 말씀, (실망을 나타내어) 아무것도 없다, 시시하다"는 뜻이다. We drove through the town but there seemed to be nothing doing(그 도시를 차로 통과했으나 별로 새로운[재미있는] 것은 없는 듯했다).[27] nothing to write home about은 "특별히 내세울 만한 것이 없는 것, 하찮은 것"을 뜻한다. 해외에 나간 군인이나 선원이 집에 써 보낼 만한 것이 없다는 데서 유래한 말이다.[28] Think nothing of it(별 말씀을). 고맙다는 인사에 대해 하는 답변으로, 1940년 경부터 쓰인 말이다. 오늘날엔 No problem을 더 많이 쓴다.[29]

〈I Who Have Nothing〉은 영국 가수 톰 존스Tom Jones, 1940~의 노래 제목이다. 원래 이 노래는 벤 킹Ben E. King, 1938~2015이 1963년에 발표했지만, 워낙 명곡인지라 여러 가수가 불렀고 그 가운데 1970년에 나온 톰 존스의 노래가 가장 큰 성공을 거두었다.[30] 가사는 다음과 같다.

I, I who have nothing/I, I who have no one/Adore

you and want you so/I'm just a no one with nothing to give you but, oh/I love you//He, he buys you diamonds/Bright, sparkling diamonds/But, believe me, dear, when I say/That he can give you the world but he'll never love the way/I love you//He can take you any place he wants/To fancy clubs and restaurants/But I can only watch you with/My nose pressed up against the window pane//I, I who have nothing/I, I who have no one/Must watch you go dancing by/Wrapped in the arms of somebody else when, darling, it's I/Who loves you/I love you/I love you/I love you.

나, 아무것도 없는 나는/나, 아무도 없는 나는/당신을 사모하고 당신을 그토록 원해요/난 당신에게 줄 게 아무것도 없고 아무것도 아닌 사람이지만/나는 당신을 사랑해요//그, 그는 당신에게 다이아몬드를 사 주지요/눈부시게 빛나는 다이아몬드를/하지만, 나를 믿어요, 그대여, 내가 말할 때/그는 이 세상을 당신에게 줄 수 있지만, 그는 결코/내가 당신을 사랑하는 방식대로 사랑하지 않아요//그는 당신을 그가 원하는 고상한 클럽이나 레스토랑 같은/어떤 장소로든 데려갈 수 있어요/하지만, 나는 단지 유리창에 나의 코를 대고요/당신을 바라만 보아요//나, 아무것도 없는 나는/나, 아무도 없는 나는/당신이 다른 사람의 품에 안겨서 춤추며 지나가는 걸/그저 바라보아야 해요, 그대여/당신을 사랑하는 사람이 바로 나인데요/나는 당신을 사랑해요/나는 당신을 사랑해요/나는 당신을 사랑해요.

빈털터리의 애절한 사랑 노래인가? 그저 톰 존스의 음색 중심으로 감상하자면 그런 것 같은데 가사 내용을 잘 음미해 보면 이만저만 딱한 사내가 아니라는 생각마저 든다. 다이아 몬드와의 대비법을 통해 자신의 가난에 대해 물타기를 하는 것도 영 마음에 안 든다. 그저 유리창에 코 박고 그녀를 바라 만 볼 수 있을 뿐이라는데, 사랑 이전에 우선 경제적 자립을 하 라는 말을 해주고 싶어진다. "돈은 전쟁뿐만 아니라 사랑의 동 력이다Money is the sinews of love as well as of war"는 속담이 말하는 속물적 세태를 긍정할 뜻은 전혀 없지만, 그렇다고 해서 빈털 터리 상태에서 '사랑'이라는 말 한마디로 거저먹겠다는 것에 도 동의하기 어려워진다. 물론 빈털터리 사내가 돈 이외에 다 른 무슨 비장의 카드가 있으리라는 걸 믿고 싶지만 말이다.

왜 우리는 무심코 내뱉은 말로
다른 사람에게 상처를 주는가?
●
microaggression

              micro marketing(마이크로 마케팅)은 '빅데이터Big Data 마케팅', 즉 빅데이터Big data에 의존해 고객의 구매 정보를 분석, 구매할 가능성이 높은 고객을 '콕' 찍어 하는 타깃 마케팅을 말한다. 미국의 온라인 쇼핑몰인 아마존은 가입자의 구매 이력 등을 분석해 앞으로 구입할 가능성이 높은 제품을 추천하고 미리 쿠폰을 제공해 전체 매출을 30퍼센트가량 끌어올렸으며, 넷플릭스 역시 지난 2000년대 초반부터 맞춤형 추천 시스템인 '시네매치cine match'를 도입해 이용자 수를 2,500만여 명까지 급속히 늘렸다.[31]

    그레그 베르디노Greg Verdino는 『마이크로 마케팅』(2010)에서 우리는 "중앙집중식이며 위에서 아래로 내려가는 명령과 통제의 소통 시대를 넘어" 이동했다며, 이렇게 말한다. "대형 미디어와 광고는 죽지 않았지만 규칙이 바뀌었다는 사실을 무시한다면 순진한 것이다.……간단히 말하자면 대중은 예전과 같은 대중이 아니며 우리가 오랫동안 의심 없이 받아들여 왔던 것은 더이상 예전처럼 제구실을 하지 못한다. 그리고 실제 행동은 여러 가지 방법으로 중심에서 주변으로 전환되었다."[32]

micro value marketing(마이크로 밸류 마케팅)은 자사 제품이나 서비스 가운데 평소 고객이 불편함이나 아쉬움을 느꼈을 만한 세밀한 부분까지 찾아내 소비자 중심으로 제품 설계를 바꾸거나 서비스를 개선해 소비자 만족을 극대화하는 마케팅 기법이다. 거액을 투자해 신기술로 무장한 첨단의 제품을 출시하고 매스미디어를 통해 무차별적 광고를 퍼붓던 기존의 '매크로macro'한 마케팅 방식과 구별된다는 의미에서 나온 이름이다.[33]

micro-entrepreneur(마이크로 사업가)는 이른바 '주문형 경제on-demand economy'에서 원하는 시간을 활용해 탄력적 경제활동이 가능한 자유로운 고용을 누리는 '1인 기업'을 하는 사람을 말한다.[34] 『이코노미스트』 2015년 1월호는 "온디맨드 경제는 고용 안전성보다 유연성을 선호하는 노동자들에게 유리하지만 유연성보다 안전성을 선호하는 중산층 노동자그룹에 매우 불리하다"며 "본질적으로 컨베이어벨트 발명 이후 자동화로 인력이 대체된 것처럼 고용 시장에 풀타임 잡을 줄이는 역할로 작용한다"고 평가했다.[35]

microaggression(미세 공격)은 미국 하버드대학 교수이자 정신과 의사인 체스터 피어스Chester M. Pierce가 만든 말로, 흑인에 대한 언어적 차별과 모욕을 묘사하기 위해 만든 말이다. 1973년 MIT 경제학 교수 메리 로Mary Rowe는 이 개념의 적용 대상으로 여성을 포함시켰으며, 이후 장애인이나 빈곤층 등 사회적 약자 전반으로 그 적용 범위가 넓어졌다.[36]

김환영은 "'미세 공격'의 특징은 미묘함·모호함·비의도성非意圖性이다. 차별적 발언인 것 같기도 하고 아닌 것 같기도 하다. '미세 공격'에는 무심코 내뱉은 말이나 혼잣말도 포함될 수 있다. 말을 한 사람이나 들은 사람이나 예민하지 않은 사람들은 포착하지도 못할 말들이다.……우리 사회 상황에서도 적용될 수 있을까. 예컨대 영문과를 졸업한 사원에게 '영어로 e메일 쓸 줄 몰라?'라고 한다면, 전라도 요리사에게 '음식 맛이 그저 그러네'라고 한다면 '미세 공격' 사례에 포함될까" 라면서 다음과 같이 말한다.

"'반말'도 한국식 '미세 공격 이론'의 쟁점으로 떠오를 수 있다. 이런 상상을 해본다. 24세기 우리 후손들은 '반말'이 뭔지 몹시 궁금해할지 모른다. 나이 든 분들 중에는 자신보다 어려 보이면 말부터 놓는 분들이 있다. 우리는 사실 전혀 모르는 사람도 할머니·이모·아저씨라고 부른다. 당연히 나이가 어린 사람들에게 하대下待하는 언어생활을 수백, 수천 년 넘게 했다. 그러다 어느 날 갑자기 '왜 처음 보는 사람에게 반말하시는 거죠'라는 말을 듣게 된다. 초등학생에게도 반말하면 절대 안 되는 시대가 곧 개막할 수 있다."[37]

micro-affirmation(미세한 긍정)은 일상적 삶에서 인간답게 사는 삶을 실천하는 걸 말한다. 브리짓 슐트Brigid Schulte 는 『타임푸어: 항상 시간에 쫓기는 현대인을 위한 일·가사·휴식 균형잡기』(2014)에서 이렇게 권한다. "사람들의 말을 경청하고, 따뜻한 관심을 표시하고, 관대하게 행동하고, 남들에게 소개를 해주고, 공정하면서도 구체적인 피드백을 적시에 해주는 것은 무의식적 편견에 맞서는 작지만 효과적인 방법이다."[38]

왜 남자들은 미니스커트보다 펜슬 스커트에 열광하는가?

pencil skirt

pencil(연필)의 역사는 500년도 되지 않는다. 1560년대 중반 영국 잉글랜드 북부 컴브리아 지역의 작은 마을 주민들이 우연히 흑연plumbago, graphite이 대량으로 매장되어 있는 것을 발견했다. 마을 사람들은 처음에는 소와 양에 표시를 하는 데 흑연을 사용했으며 마침내는 흑연을 나무로 감는 방식을 떠올렸다. 그로부터 200년 후에 지우개가 발명됨으로써 연필이 완성되었다.[39]

lead in one's pencil은 "활력, 열의, 성적인 정력", put lead in a person's pencil은 "(음식물이 남자에게) 정력을 북돋우다"는 뜻이다. 흑연을 사용하기 전의 시대에 납lead이 연필 심이나 필기도구로 쓰였을 때에 만들어진 말이다. 점잖지 못한 이야기지만, 이 표현은 penis가 pencil과 비슷하게 생겼다는 점에 착안한 것이다. 두 단어 모두 'tail(꼬리)'을 뜻하는 라틴어 penis에서 나왔다.[40]

pencil test(연필 테스트)는 남아프리카공화국에서 1994년 apartheid(인종분리) 종료 이전까지 실시되었던 흑인 감별법이다. 즉, 흑인 머리카락을 가졌는지 판별하는 방법으로 머릿

속에 연필을 찔러 넣은 뒤 얼마나 잘 빠져나오는지로 판별하는 식이었다. 매우 악랄한 인종차별 행위로 세계인의 분노를 샀던 관행이었는데, 지금도 남아프리카공화국에서는 인종차별 사건이 벌어지면 "21st century pencil test(21세기 연필 테스트)"라는 식으로 비판한다. [41]

pencil skirt(펜슬 스커트)는 연필 모양의 스커트를 말한다. 무릎 정도 길이에 허리와 히프 라인이 강조되고 치마 끝이 날씬하게 내려간 모양이 연필과 같다고 해서 펜슬 스커트라 불린다. 프랑스 디자이너 크리스티앙 디오르Christian Dior, 1905~1957가 1954년에 선을 보인 이후 유행했다. [42]

정준화는 2015년 「내겐 너무 섹시한 펜슬 스커트」라는 칼럼에서 "1986년 작인 〈나인 하프 위크〉는 올해 초 개봉된 〈그레이의 50가지 그림자〉와 마찬가지로 선남선녀의 위험한 일탈을 다룬 로맨스다. 여주인공 엘리자베스(킴 베이신저)가 존(미키 루크)을 위해 조 코커의 〈유 캔 리브 유어 햇 온You Can Leave Your Hat On〉에 맞춰 스트립댄스를 추는 유명한 장면은 펜슬 스커트가 얼마나 섹시한 아이템인지를 증명한다"며 다음과 같이 말했다.

"일단 재킷부터 벗어던진 여자는 어스름한 조명을 받으며 벽에 비스듬히 기댄다. 그리고 그 순간, 스커트의 길고 날씬한 실루엣이 선명하게 강조된다.……오래전 〈나인 하프 위크〉를 보고 난 뒤로 펜슬 스커트는 내게 강력한 페티시가 됐다. 몇 차례의 새로운 시즌이 거듭되고 디자이너들이 온통 찢어지고 여기저기 구멍 뚫린 옷들을 내놓는다고 해도 유행에 둔한 내 취향은 변함이 없을 것이다." [43]

어느 네티즌은 남자들이 '미니스커트보다 펜슬 스커트에

열광하는 이유'로 3가지를 들었다. 첫째, 지적인 우아함이다. 남자들이 제복을 입은 여자들을 좋아하는 이유가 단정해 보이고 지적으로 보이기 때문에 끌린다고 한다. 펜슬 스커트는 길이가 짧지는 않지만 클래식하면서 요염한 느낌을 함께 보여줄 수 있다. 둘째, 아찔한 실루엣이다. 원래 짧거나 노출이 많이 된 의상이 더 섹시할 것이라고 생각하는데 보일 듯 말 듯 머릿속으로 상상하게끔 만드는 의상이 더 이성에게 자극적으로 다가간다. 펜슬 스커트는 노출 없이도 허리와 히프의 실루엣이 강조되어 섹시하게 보인다. 셋째, 아찔한 하이힐이다. 펜슬 스커트를 멋있게 마무리하기 위해서는 하이힐이 필수다. 펜슬 스커트에다 하이힐을 신으며 발등이 시원하게 드러나게 되어 아름다운 각선미를 보여줄 수 있기 때문이다."

'사진만 남기고 떠나간
얄미운 사람'을 어찌할 것인가?

●
picture

최근 그럴듯한 전망을 자랑하는
커피숍이나 카페엔 밖을 내다볼 수 있는 큰 통유리 창이 있는
걸 볼 수 있다. 바깥 풍경이 마치 한 폭의 그림 같다. 그렇다면
이거야말로 유리로 만든 액자가 아니고 무엇이랴. 그래서 나
온 말이 picture window다. 대형 유리 한 장으로 된 큰 전망
창을 가리키는 말로, 미국에서 1930년대부터 사용되었다.[45]

put(keep) someone in the picture는 "~에 정보를 제공
하다, 알리다, 적극적인 참가자가 되게 하다"는 뜻이다. 그 어
떤 사건이나 사고의 상황을 picture로 비유한 데서 유래한 말
이다. the picture는 "상황, 사태, 정세", Do you get the
picture?는 "사정을 아시겠습니까?"란 뜻이다.[46] 안정효의
『오역사전』에 따르면, 〈벤지〉라는 영화의 자막에서 "You got
the picture?"라는 대사가 "사진이라도 있어?"로 오역되었다.
물론 "내 얘기가 무슨 뜻인지 알아듣겠어?"가 옳은 번역이
다.[47]

You'll furnish the pictures and I'll furnish the
war(그림만 그려 보내면 전쟁은 내가 만들어내마). 미국 신문인

윌리엄 랜돌프 허스트William Randolph Hearst, 1863~1951의 말이다. 1896년 쿠바에 파견된 허스트 신문의 삽화插畵 기자 프레더릭 레밍턴Frederic Remington, 1861~1909이 쿠바에 전쟁이라고 할 만한 사건은 없으므로 귀국하겠다고 했을 때에 허스트는 이와 같은 내용의 전보를 보냈다. 허스트 신문은 1898년 미국-스페인 전쟁의 발발에 큰 영향을 미쳤다. 스페인 전쟁이 '허스트의 전쟁Hearst's war'이라는 말이 나오게 된 배경이다.[48]

One picture is worth a thousand words(사진 한 장이 천 마디 말보다 낫다). 프레드 바너드Fred R. Barnard가 출판·광고 전문지인 『Printers' Ink』 1927년 3월 10일자에서 한 말이다. 그는 6년 전인 1921년 12월 8일자에선 "One look is worth a thousand words"라고 했다.[49] 그 이전 신문들엔 비슷한 말이 사용된 기록이 있다. 1911년엔 "Use a picture. It's worth a thousand words." 1913년엔 "One Look Is Worth A Thousand Words"라는 카피가 신문에 등장했다.[50]

요즘이야 사랑하는 연인의 사진은 스마트폰 안에 있겠지만, 그 이전 시대엔 실물 사진을 소중히 간직했다. 그런데 서로 헤어지게 되면 어떡해야 하나? 스마트폰에선 간단히 지울 수 있지만, 실물 사진은 찢거나 태워야만 한다. 사진만 남기고 떠나간 얄미운 사람. 미국 가수 돈 매클린Don McLean, 1945~이 부른 〈He's Got You(그 남자가 당신의 사랑을 차지했어요)〉는 그런 씁쓸한 모습을 잘 그려내고 있어 듣는 이의 마음을 짠하게 만든다.

I've got your picture/that you gave to me/And it's still looks the same/as when you gave it, dear/Only thing different/the only thing new/I've got your picture/He's got you//I've got your letters/that you sent to me/And they still signed with the love/just like they used to be/Only thing different/the only thing new/I've got these letters/He's got you.

나는 당신의 사진을 갖고 있어요/당신이 내게 준 것이죠 /그 사진은 아직도 똑같이 보여요/당신이 내게 그걸 주었을 때처럼/그러나 단 하나 다른 것은/단 하나 새로운 것은/나는 당신의 사진을 갖고 있고/그 남자가 당신의 사랑을 차지했어 요//나는 당신의 편지들을 갖고 있어요/당신이 내게 보냈던 것들이죠/아직도 사랑한다는 사인을 갖고 있어요/언제나 그 랬던 것처럼 말이죠/그러나 단 하나 다른 것은/단 하나 새로 운 것은/나는 이 편지들을 갖고 있고/그 남자가 당신의 사랑 을 차지했어요.

참으로 가슴 아픈 이야기다. 사랑하는 여자의 현재와 미 래는 다른 남자에게 넘겨주고 그녀의 과거만 갖고 있는 남자. 그에게 "지난 일은 잊어버려요Let bygones be bygones"라고 말해 줘야 할 것인가? 우리가 이별 후 연인의 사진과 편지를 찢거나 불태우는 건 바로 그런 이유 때문이리라. 그러나 현재 시점으 로 말해보자면 돈 매클린이 그녀의 사진과 편지를 없애긴 어 려울 것 같다는 예감이 든다.

테슬라 CEO인 일론 머스크는
고교시절 어떤 학생이었나?

●
smart aleck

smart set은 '유행의 첨단을 걷는 이들, 최상류계급'이란 뜻이다. 여기서 set은 "한 패거리, 동아리, 사람들, 사회"란 뜻이다. street smarts는 "어떤 처지에서도 살아나갈 수 있는 요령이나 지혜"를 뜻한다. 빈민가 등에서의 생활로 익힌 요령에서 유래한 말로, 20세기 후반부터 쓰였다. [51]

smart aleck은 "건방진 놈, 잘난 체하는 놈, 똑똑한 체하는 놈"이다. 1840년대 미국 뉴욕시에서 자신의 아내를 매춘부로 위장시켜 아내를 찾는 고객들의 돈을 턴 범죄로 악명을 떨친 앨릭 호그Aleck Hoag라는 사내의 이름에서 유래한 말이다. 이 부부는 몇 차례 경찰에 체포되었지만 그때마다 경찰을 뇌물로 매수해 빠져나왔다. 그러다가 결국엔 감옥에 가게 되었기에, 뉴욕 경찰들 사이에선 자신의 운을 너무 믿는 범죄자들을 가리켜 smart aleck이라 부르게 되었다. [52]

테슬라모터스 CEO인 일론 머스크Elon Musk, 1971~는 고교를 마칠 때까지 남아프리카공화국에서 자랐다. 그런데 머스크는 남아공에서 보낸 18년이 썩 좋은 기억은 아니라고 말한다.

컴퓨터 프로그래밍을 독학으로 익힌 머스크는 12세에 비디오 게임을 만들어 판 천재였다. 하지만 남아공의 초중고는 그의 잠재력을 끌어올릴 수준이 되지 못했다. 학사 관리가 엉망인 남아공에는 월급만 챙기고 출근조차 하지 않는 교사가 많다. 머스크는 급우들에게 툭하면 얻어맞고 입원을 반복한 학교 폭력 피해자였다. 하지만 학교와 교사들은 그를 보호하지 못했다. 그는 언론 인터뷰에서 "나는 잘난 체하는 놈smart aleck으로 통했고 흠씬 두들겨 맞았다. 외로움을 이기려고 공상과학 소설을 읽었다"고 했다.[53]

smart라는 단어가 유행하기 이전에 존재했던 smart 관련 표현들을 몇 개 소개한 것이다. 오늘날엔 smart는 무엇에건 갖다 붙이는 만능의 접두어가 되고 말았다. 아무래도 그 대표 주자는 smart phone인 것 같다. 여기서 이른바 '스마트 아일랜드Smart Island족族'이 나왔다. 『매일경제』(2011년 4월 1일)는 다음과 같이 말한다.

"대화가 사라지고 있다. 지인들과 만난 자리에서도 대화보다는 소셜네트워크서비스SNS와 문자 대화를 더 많이 하는 사람들이 늘고 있다. SNS로는 얼굴 한 번 본 적 없는 사람들과 시시콜콜한 이야기까지 주고받지만 사람들을 직접 대하는 자리에선 어색한 침묵이 흐른다.……스마트 기기를 들고 소통하고자 하지만 사실은 '고립된 섬'처럼 되는 사람들이다. 스마트폰 이용자 1,000만 명 시대가 만들어낸 새로운 암職인 셈이다."[54]

smart mob은 미국의 하워드 라인골드Howard Rheingold가 2002년 10월에 출간한 『스마트 몹』에서 처음 소개한 것으로, 라인골드는 스마트 몹을 PDA · 휴대전화 · 메신저 · 인터넷·이메일 등 첨단 정보통신 기술로 무장한 군중으로 정의하면서, 이들이 미래를 바꾸는 핵심 세력으로 등장할 것으로 전망했다.[55]

smart board는 학교의 교실에서 사용하던 칠판(미국 chalkboard, 영국 blackboard)을 대체한 것으로, 쌍방소통이 가능한 interactive whiteboard를 말한다. 학생들의 노트북과 연결되어 있어 이제 과거처럼 칠판에 적힌 내용을 베껴 쓸 필요가 없게 되었다. 스마트보드의 찬성론자들은 이제 학생들이 즉흥성과 창의성을 위한 많은 시간을 갖게 되었다며 신기술을 찬양하지만, 독일의 뇌 전문가 만프레드 슈피처Manfred Spitzer는 『디지털 치매: 머리를 쓰지 않는 똑똑한 바보들』(2012)에서 "학생들의 정신적 활동을 감소시키기 때문에 필연적으로 학습에 부정적인 효과를 주게 되어 있다"고 주장한다.[56]

smart city는 "정보기술 인프라가 구석구석에까지 깔린 도시", smarter city는 거대한 양의 데이터, 즉 '빅데이터'를 활용해 도시 문제를 해결하는 것으로 smart city보다 발전한 개념이다. 치안, 전력, 수자원, 교통, 기후 예측, 재난 관리 등 여러 분야에 적용된다.[57]

smart work는 영상 회의 등 ICTInformation and Communications Technologies를 활용해 시간과 장소의 제약 없이 업무를 수행하는 유연한 근무 형태를 말한다. 이는 우리나라의 IT 강점을 스마트워크에 접목시켜 저출산·고령화라는 국가적 문제를 해결하기 위해 제안된 것이다. 유형은 재택근무, 이동근무, 유연근무, 스마트워크센터 근무 등 크게 4가지로 나뉜다.[58]

smart aging은 '똑똑하게 늙는다'는 뜻으로, 한국에서 노인(65세 이상) 인구가 전체의 20퍼센트를 넘어서는 2026년 초

고령사회를 앞두고 육체·정신적으로 건강한 노년을 보낼 수 있도록 도와줄 기술들을 꼽은 것이다. 2013년 2월 21일 한국과학기술기획평가원KISTEP은 '스마트 에이징을 선도할 10대 미래 유망 기술'을 발표했다.[59]

언론·대중문화·마케팅

연예인 가십 뉴스에서 공익성을 따지는 것은 난센스인가?

●
paparazzi

           paparazzi(파파라치)는 (유명 인사를 쫓아다니는) 프리랜서 사진가를 말한다. paparazzi는 복수이며, 단수는 paparazzo다. 이탈리아 영화감독 페데리코 펠리니Federico Fellini, 1920~1993의 1960년 영화 〈La Dolce Vita (The Sweet Life: 달콤한 인생)〉에 등장하는 사진가 Signor Paparazzo 때문에 널리 쓰이게 된 말이다.

    펠리니는 훗날 자신이 '파파라초'라는 이름을 만들어낸 이유를 자신의 어린 시절을 회상하면서 장황하게 설명했지만, 펠리니가 이 영화의 제작 기간 동안 이탈리아로 번역·출간된 영국 소설가 조지 기싱George Gissing, 1857~1903의 여행기 『이오니아해에서By the Ionian Sea』에서 가져온 것이 틀림없다고 주장하는 사람들도 있다. 이 여행기엔 파파라치 성향이 농후한 여인숙 주인이 등장하는데, 그의 이름은 Coriolano Paparazzo다.[1] 파파라치는 이탈리아어로 '파리처럼 윙윙거리는 벌레'를 뜻한다.[2]

    파파라치는 1960년대에 주로 로마 등 이탈리아 도시들에서 활약했지만, 오늘날 파파라치가 가장 극성을 부리는 나라

paparazzi

는 타블로이드 황색지가 발달한 영국이다. 1992년 영국 『데일리미러』는 앤드루 왕자와 별거 중인 왕자비 세라 퍼거슨Sarah Ferguson이 토플리스 차림으로 그의 재정 고문인 미국인과 포옹하고 있는 장면을 게재했는데 이는 파파라치에게서 8,000만 원에 사들인 것이었다. 이탈리아엔 권력과 언론 사이의 유서 깊은 '신사협정' 때문에 정치인과 상류 사회 인사들의 진한 사랑 행각이나 스캔들을 담은 폭로성 기사는 거의 없으며, 따라서 파파라치가 별 재미를 보지 못하는 곳이 되고 말았다.[3]

미국의 대표적인 파파라치 전문 회사는 세계에 1,000명이 넘는 사진기자들을 운용하고 있는 '스플래시 뉴스'다. 이 회사를 운영하고 있는 케빈 스미스Kevin Smith는 각 나라에 수백 명의 유료 정보원, 연예인들이 집결해 있는 로스앤젤레스의 호텔·레스토랑·극장·병원·공항 등에 100명이 넘는 정보원을 두고 있다. 스플래시 뉴스는 지난 5년 동안 500번이 넘는 잡지의 '표지' 모델을 제공했으며 세계 70여 개 국가에 사진을 수출했다.

"영화배우 톰 크루즈의 딸 '수리'가 태어나기 3개월 전부터 이 회사 소속 대런 뱅크스는 그의 집 앞에서 말 그대로 살다시피 했다. 오전 5시에 그의 집 앞으로 출근해 저녁 11시에 퇴근했다. 그의 집 앞 차 안에서 계속 대기를 하고 있는 것이다. 차 안에서 잠깐 나오는 것을 제외하고는 하루 종일 그의 현관문만 바라보고 있어야 했다. 그는 이 생활을 '뻗치기 doorstepping'라고 불렀다. 수개월 동안 톰 크루즈의 집 앞에는 그 말고도 8명의 다른 파파라치들이 숨어서 경쟁을 하고 있었다. 누가 더 좋은 사진을 찍느냐는 운과 노력이 함께 있어야 한다고 그는 말했다."[4]

doorstepping은 원래 '호별 방문'인데 기자 등이 남의 집 문 앞에서 대기하는 걸 가리키기도 한다. 한국에서 '뻗치기'를 잘하는 파파라치식 보도 매체들 중 세간의 주목을 받고 있는 매체는 스포츠서울닷컴 연예팀 출신 기자들이 중심이 되어 2011년 3월 30일 창간한 온라인매체인 『디스패치』다. 김태희 · 비, 이병헌 · 이민정, 김혜수 · 유해진, 구하라(카라) · 용준형(비스트), 소희(원더걸스) · 임슬옹(2AM), 신세경 · 종현(샤이니), 신민아 · 탑(빅뱅) 등은 모두 『디스패치』 소속 기자들이 단독 보도했던 커플이다. 특종이 나올 때마다 『디스패치』의 파파라치식 보도는 논란의 대상이 되었지만, 『디스패치』는 언론 보도의 공익적 측면과 관련, "연예인의 가십을 다루는 뉴스에서 공익성을 따지는 것은 난센스"라고 당당하게 밝혔다.[5]

어떻게 '슈퍼주니어'의
78가지 짝짓기가 가능한가?

slash fiction

slash는 "(날카로운 것으로 길게, 특히 폭력적으로) 긋다(베다), (흔히 수동태로) 대폭 줄이다(낮추다)"는 뜻이다. Someone had slashed the tyres on my car(누군가가 내 차 타이어를 그어놓은 상태였다). She tried to kill herself by slashing her wrists(그녀는 손목을 그어 자살을 하려고 했다). We had to slash our way through the undergrowth with sticks(우리는 막대기로 덤불을 헤쳐가며 길을 나아가야 했다). The workforce has been slashed by half(노동력이 절반으로 대폭 줄었다).[6]

fake bunt & slash(페이크 번트 앤드 슬래시)는 야구에서 타자가 번트 동작을 취했다가 타격 동작으로 바꾸어 타격하는 방법을 말한다. 번트 자세로 상대 내야수들이 홈 플레이트 쪽으로 뛰어들어 오게 하거나, 2루수가 1루로 스타트하게 만들어 내야에 공간을 넓게 해서 주자를 진루시키기 위한 전술이다. 무사 주자 1루나 1, 2루일 때 자주 나온다.[7]

slash fiction(슬래시 픽션)은 일반적으로 남성 주인공들 간의 호모 에로틱한 관계를 소재로 한 팬픽fan fiction의 하위 장르를 말한다. 1970년대 미국 TV 시리즈물〈스타트랙Star Trek〉의 두 남성 주인공인 커크Kirk와 스팍Spock을 주인공으로 한 동성 팬픽에서 유래한 것인데, 당시 '커크/스팍Kirk/Spock'으로 명명된 팬픽에서 슬래시(/) 기호를 차용하여 붙인 이름이다. 슬래시 픽션을 줄여서 슬래시라고도 한다.[8]

홍종윤은 『팬덤문화』(2014)에서 "슬래시는 중심이 되는 두 남성 주인공의 짝짓기를 의미하는 커플링pairing, 능동적 역할과 수동적 역할을 부여하는 공수active/passive 선정으로 시작된다. 해외 슬래시들이 주로 TV 드라마 시리즈나 영화 주인공을 차용하는 장르형 팬픽이 중심인 반면, 한국의 슬래시는 아이돌 그룹의 구성원을 중심으로 하는 스타형 팬픽이 주류를 이룬다"며 다음과 같이 말한다.

"남성 아이돌 팬픽은 구성원들 사이의 수많은 커플링이 가능하다. 예를 들어, '슈퍼주니어'는 13명의 구성원으로 인해 78가지 짝짓기가 가능하고, 공수 전환까지 고려하면 원칙적으로 156쌍의 커플링이 가능하다. 아이돌 중심의 스타형 팬픽은 준거로 삼을 원작이 존재하지 않는다. 따라서 모든 배경과 설정을 창작하거나(가상물), 그룹 활동을 현실 세계의 이야기인 것처럼 쓰는 방식(리얼물)으로 작성된다."[9]

Slashdot(슬래시닷)은 독자가 수집하는 기술 뉴스 사이트의 원조 격인데, 이에 대해 돈 탭스콧Don Tapscott은 『위키노믹스: 웹2.0의 경제학』(2006)에서 이렇게 말한 바 있다. "25만 명의 사람들이 관심 있는 뉴스를 올리는 이곳에서는 전 세계 기술 전문가 및 프로그래머들이 뉴스를 읽는다. 모든 뉴스의 가치는 독자들과 사이트 조정자들이 매기는 등급에 의해 결정된다. 사이트의 통행량이 어찌나 많은지, 어떤 사이트가 슬래시닷에 한 번 언급되면 엄청난 양의 조회수를 얻게 된다는 의미로 '슬래시닷 당하다to be slashdotted'란 표현이 생기기도 했다."[10]

왜 당파주의자들은 중립적 뉴스를 왜곡되었다고 주장하나?

●

hostile media effect

Three hostile newspapers are more to be feared than a thousand bayonets(3개의 적대적인 신문이 1,000명의 군대보다 무섭다). 나폴레옹 보나파르트Napoleon Bonaparte, 1769~1821의 말이다. 적대적인 미디어의 무서운 힘을 어찌 부정할 수 있으랴. 이는 나폴레옹의 시대나 오늘이나 다를 게 전혀 없다. 그런데 어떤 미디어가 적대적이냐 아니냐 하는 건 주관적인 판단이기에 미디어의 적대성을 둘러싸고 논란이 벌어진다. 우리는 자기에게 의미 있는 정보만을 선택적으로 받아들이는 선택적 지각selective perception의 포로가 되기 때문에 더욱 그렇다.

이를 잘 보여주는 것이 바로 '적대적 미디어 효과hostile media effect'다. 특정 이슈에 상반된 입장인 두 집단이 미디어의 중립적 보도를 두고 서로 자기 집단에 적대적이라고 왜곡해 지각하는 것을 말한다. 같은 정보를 각자 입장에 따라 선택적 지각, 즉 주관적으로 왜곡하되 부정적으로 처리하기 때문에 일어나는 현상이다.

이 현상은 초기의 '제3자 효과the third-person effect 이론',

즉 어떤 메시지에 접한 사람은 그 메시지의 효과가 자신이나 2인칭의 '너'에게보다는 전혀 다른 '제3자'에게 강하게 작용할 것이라고 보는 경향이 있다는 효과 연구의 결과를 재분석하면서 도출해낸 개념이다.[11]

적대적 미디어 효과는 1982년 미국 스탠퍼드대학 로버트 발론Robert Vallone, 리 로스Lee Ross, 마크 레퍼Mark R. Lepper 등의 연구 실험으로 세상에 알려졌다. 이들은 실험 참가자를 친親이스라엘파와 친親팔레스타인파로 나누고 당시 일어난 팔레스타인 관련 텔레비전 뉴스를 똑같이 보게 했는데, 전자는 이스라엘에 적대적인 내용이 더 많이 나왔다고 평가했고 후자는 팔레스타인에 적대적인 내용이 더 많이 나왔다고 평가했다. 이후 여러 연구에서도 갈등 관련 뉴스를 본 사람들은 한결같이 자신이 어떤 쪽을 지지하느냐에 따라 자기 쪽이 미디어에 의해 적대적으로 다루어졌다고 평가하는 것으로 나타났다.[12]

이 실험은 객관적으로 중립에 가까운 뉴스를 가지고 한 실험이었다. 중립적인 학생들의 반응이 이를 보여준다. 이와 관련, 대니얼 J. 레비틴Daniel J. Levitin은 이렇게 말한다. "당파주의자가 자신의 신념에 맞게 왜곡된 뉴스를 볼 때는 오히려 그것을 중립적이라 판단하리라고 쉽게 생각할 수 있다. 이는 앤 콜터Ann Coulter, 레이철 매도Rachel Maddow 등이 진행하는 소위 이데올로기적으로 편향된 뉴스 해설이 두각을 나타내는 이유다."[13]

'상대적인 적대적 매체 지각relative hostile media perception'이란 것도 있는데, 이는 어떤 갈등적 이슈에 찬성 또는 반대하는 사람들이 어느 한쪽으로 확실하게 편향된 이슈 관련 기사를 읽고 똑같이 편파적 기사임을 인정하면서도 그 기사가 자

신에게 더 불리하게 쓰였다고 인식하는 것을 말한다.[14]

언론학자들은 이 현상이 한국에서 두드러지게 나타난다고 말한다. 오택섭과 박성희는 2005년에 발표한 「적대적 매체지각: 메시지인가 메신저인가」라는 논문에서 "현재 우리 사회 언론을 향한 논쟁과 비판에는 다른 나라에서 찾아보기 힘든 득이한 양상이 존재한다" 며 다음과 같이 말한다.

"즉 보도의 내용인 '메시지'를 비판의 대상으로 삼기보다는 보도의 주체인 특정 언론사, 즉 '메신저'를 겨냥하는 경향을 종종 띤다는 점이 그것이다. 최근 일고 있는 언론 개혁 논의가 언론인의 전문성이나 직업윤리, 언론 자유 등 모든 언론을 관통하는 공통분모에서 이루어지지 않고 특정 언론사의 역사적 정당성이나 메이저 대 마이너의 시장 지분, 혹은 친정부 대 반정부, 진보와 수구 등 언론사 간 양자 대립 구조로 일관하는 것은 이러한 한국의 독특한 매체 환경에서 비롯된 특성이다."[15]

홍인기와 이상우도 2015년에 발표한 「트위터의 뉴스 재매개가 이용자의 뉴스 지각에 미치는 영향」이라는 논문에서 "다수의 미디어 효과 중에서도 적대적 미디어 지각에 주목하는 이유는, 이것이 현재 한국 사회에서 극명하게 나타나는 현상으로 판단되기 때문이다" 고 말한다.[16]

최근 적대적 미디어 효과가 가장 두드러지게 나타나는 곳은 『한겨레』의 인터넷 댓글 공간이다. 야당 분열과 관련, 중립적인 기사인데도 자신이 지지하는 쪽의 관점에서만 바라보면서 편파적이라고 비난하는 건 물론 『한겨레』에 온갖 욕설을 퍼붓는 댓글이 무수히 많다.

왜 드라마를 즐겨보는 사람일수록
"세상은 정의롭다"고 믿는가?

just-world fallacy

교통사고를 당한 행인은 어딘가 부주의한 데가 있었으며, 강간을 당한 여자는 당할 만한 소지가 있었다고 여기며, 가난한 사람들은 게으르며 노력을 충분히 하지 않는 구석이 있다고 여기며, 이승에서 불공평한 대접을 받았으면 저승에 가서 복을 받거나 다음 생에 부귀를 누릴 것이라고 생각한다.

이런 생각이나 믿음을 가리켜 '공평한 세상 오류just-world fallacy' 또는 '공평한 세상 가설just-world hypothesis'이라고 한다. 1960년대부터 관련 실험을 해온 사회심리학자 멜빈 러너Melvin J. Lerner가 1980년 「공평한 세상에 대한 믿음: 근본적 착각The Belief in a Just World: A Fundamental Delusion」에서 제시한 가설이다. 사실상의 '피해자 탓하기victim blaming'로, "뿌린 대로 거둔다You reap what you sow"는 말이 그 슬로건이라고 할 수 있다. '자업자득自業自得', '인과응보因果應報', '업보業報'라는 말을 즐겨 쓰다 보면 그런 오류에 빠질 가능성이 높아진다.[17]

엘리엇 애런슨Elliot Aronson은 "모든 잘못을 희생자의 성격이나 장애 때문이라고 뒤집어씌우면서 피해를 입은 피해자를 비난하는 경향은 아이러니컬하게도 이 세상은 아주 공정한 곳이라고 보려는 욕구를 나타낸다"며 다음과 같이 말한다.

"똑같이 한 일에 대해 동등한 보수를 받는 문제, 살아가는 데 기본이 되는 생활필수품을 제공받는 문제, 나아가서 아무런 잘못이 없는데도 불구하고 마땅히 받아야 할 것 또는 꼭 필요한 것을 받지 못하는 세상에 살고 있다는 것은 상상만 해도 끔찍하다. 따라서 만약 6백만의 유대인들이 뚜렷한 이유 없이 학살당했다면, 유대인들이 학살당할 짓을 했음에 틀림없다고 믿어야만 사람들은 다소 마음이 편안해지는 것이다."[18]

박진영은 "사람들은 희망적인 삶을 만들기 위해 공정성을 요구하는 동시에, 일단 세상은 모두에게 공평하기 때문에 다 각자 노력한 만큼 얻게 되어 있다는 '믿음'을 가지고 싶어 한다. 현실은 시궁창일지언정 이렇게 믿기라도 해야 마음이 편해지기 때문이다"며 다음과 같이 말한다.

"그래서 때로 희망이 절박한 사람들, 사회적 계층이 낮은 사람들이 유독 세상이 공정하다는 믿음을 잃지 않으려 애쓰는 모습을 보인다. 시스템에는 문제가 없고 나만 노력하면 된다고 믿음으로써 희망과 통제감을 어떻게든 가져보려고 발버둥치는 것이라고나 할까? 가혹한 현실을 있는 그대로 받아들이는 순간 모든 의지가 꺾일 수도 있으니 말이다. 그래서 가난한 사람들이 오히려 '가난은 게으름과 무능력의 결과'라는 식의, 사회보다 개인(자신)을 비난하는 메시지에 더 잘 수긍하기도 한다. 그리고 '다 자기가 하기 나름이지'라고 생각하며 희망을 가지려고 한다."[19]

'세상이 공정하다는 믿음belief in a just-world'은 미디어, 특히 텔레비전 드라마에 의해 강화되기도 한다. 미국 심리학자 마커스 아펠Markus Appel의 2008년 연구에선 드라마와 코미디를 즐겨보는 사람들은 뉴스와 다큐멘터리를 즐겨보는 사람에 비해 '세상은 정의롭다'고 믿는 비율이 높은 것으로 나타났다. 아펠은 픽션이 '시적 정의poetic justice'라는 주제를 끊임없이 우리 뇌에 주입함으로써 세상이 전반적으로 정의롭다는 과도한 낙관을 심는 데 일말의 책임이 있을지도 모른다고 결론 내렸다.[20]

'시적 정의poetic justice'는 시나 소설 속에 나오는 권선징악勸善懲惡과 인과응보因果應報의 사상으로, 17세기 후반 영국의 문학 비평가 토머스 라이머Thomas Rymer, 1643~1713가 만든 말이다. 그는 극의 행위가 개연성과 합리성을 갖고 도덕적 훈계와 예증으로 교훈을 주어야 하며 인물들은 이상형이거나 그들 계층의 일반적인 대변자로 행동해야 한다고 주장했다.[21]

왜 애완견 사료업체 부사장은
개 사료를 먹을까?
●
dogfooding

He's just a dogface(그는 개 같은 놈이야). 〈젊은 사자들〉이라는 미국 영화의 자막에 나오는 번역이다. 안정효는 『오역사전』에서 이 번역을 이렇게 바로잡는다. "dogface는 '개 같은 놈'이 아니라, 속어로 '인기 없는 녀석'이고 군대에서는 '졸병'이라는 뜻이라고 말한다. dogfight(개싸움)도 군대에서는 하늘에서 전투기들끼리 싸우는 '공중전'이라는 뜻이 된다." [22]

dog와 관련된 속어가 많다. 영국에서 널리 유행한 dogging(도깅)은 뭘까? 이는 원래 공공장소에서 섹스하는 커플을 몰래 훔쳐보는 행위를 가리켰으나, 최근에는 사전에 약속을 정해 만나서 서로 훔쳐보거나 여러 명이 함께 섹스하는 것을 가리킨다. 수지 오바크Susie Orbach는 '도깅 웹사이트들'에 대해 다음과 같이 말한다.

"사람들은 성적인 만남을 약속하기 전에 서로 정보를 교환하는데, 그들이 서로에게 요구하고 보여주는 신체적 조건들이 어쩌나 상세한지 놀라울 따름이다. 남성들은 자신의 빨래판 복근 사진을 올린다. 사진에는 머리도 얼굴도 팔도 다리도 없고, 그저 몸통만 있을 뿐이다. 동성애자들의 사이트에 가입하려면 자신의 육체적 조건들에 대한 문항을 작성해야 하는데, 가령 가슴털이 보통 정도임, 가슴털이 매우 많음, 가슴털을 제모 했음 중에서 하나를 고르는 식이다."[23]

mad dog는 미국의 속어로 '광포한(미친 것 같은) 사람'이지만, mad-dog는 '(위협하듯이) 노려보다'는 뜻을 가진 속어다. 노린 드레서Norine Dresser는 mad-dogging에 대해 이렇게 말한다. "시선 접촉은 지금의 젊은 신세대들에게 있어서는 또 다른 새로운 의미가 있다. 특히 도심지에서 십대 아이가 상대방을 똑바로 쳐다보는 것은 가끔씩 '매드도깅'이라고 불리는 일종의 도전 행위로 간주되어 물리적 충돌을 일으키는 원인이 되기도 한다. 매드도깅은 많은 학교에서 폭력의 근원이 되고 있다."[24]

dogfooding(개밥 먹기)은 미국 실리콘밸리에서 많이 쓰이는 속어로 자기가 만든 소프트웨어를 직접 사용해본다는 뜻이다. 이 표현은 1988년에 마이크로소프트의 폴 마리츠Paul Maritz, 1955~가 내부 이메일 망을 통해 직원들에게 자사의 서버 제품 사용을 강요한 뒤로 대중화되었다. 애완견 사료 칼칸Kalkan 제조업체인 마스mars의 경영진은 실제로 이미 오래 전부터 자기들이 생산하는 개 사료를 먹었다고 한다. 영국 일간지 『인디펜던트The Independent』는 1992년 7월 26일 「마스에서 살아간다는 것Life on Mars」이라는 기사에서 다음과 같이 말했다.

"우리는 캘리포니아 버논에 있는 마스의 애완견 사료 사업부의 이른바 '편집실'에 서 있다. 판매 담당 부사장인 존 머리는 아무런 망설임도 없이 깨끗한 자기 두 손으로 개 밥그릇에 담긴 축축한 개 사료를 움켜쥐었다. 그리고는 자기 입 안에 털어넣으면서 이렇게 말했다. '동물의 입맛에 아주 딱 맞고 또 먹기도 좋습니다.'"[25]

이용자를 묶어두는 게 좋은가,
자유롭게 해주는 게 좋은가?

●
lock-in

lock in은 '가두다, 감금하다',
lock-in은 클럽에서 마감 시간이 지난 뒤에 문을 닫고도 손님
이 계속 있게 하는 것인데, 마케팅 분야에선 소비자들이 그동
안 사용해왔던 상품이나 서비스에서 다른 것으로 전환하려고
할 때 회사가 이를 저지하는 것을 말한다. 마일리지, 포인트
등으로 전환 비용switching cost을 높이는 식이다. '락인 효과'
또는 '자물쇠 효과'라고 부르기도 한다. 또한 lock-in은 기존
시스템 대체 비용이 어마어마해 기술 전환을 하지 못하는 상
태를 가리키는 말로도 쓰인다.[26]

장정빈은 『고객의 마음을 훔쳐라: 행동경제학을 활용한
매혹의 마케팅 & 서비스』(2013)에서 "싸이월드에서 주로 활
동하고 있던 허 대리가 이를 쉽게 그만두지 못하게 되는 이유
는 클럽, 일촌 맺기, 그리고 그동안 자신이 올리거나 스크랩해
두었던 글, 사진 등을 포기하는 데서 오는 노력과 비용의 손실
때문이다. 또 싸이월드를 탈퇴하면 수백만 명에 이르는 회원
간의 연결 가능성을 단절하게 된다"며 다음과 같이 말한다.

"다른 곳으로 옮겼을 때 비슷한 수준의 가치를 얻기 어렵

다면 '구관이 명관'이라는 심리가 작동하게 된다. 나도 기존에 이용하던 인터넷서점을 바꿔보려는 생각을 해본 적이 있었다. 하지만 이미 익숙해진 화면 구조나 그간 축적된 마일리지를 포기한다는 것은 그리 쉬운 일이 아니었다. 기업은 이렇게 락인된 고객 간의 네트워크 연결성network connectivity을 강화함으로써 그 가치를 더욱 증대시키게 된다."[27]

lock in profits는 남을 유인해 이득을 보는 것을 말한다. 임귀열은 「Click−bait whoring is a sin(제목 낚시질은 죄악)」이라는 글에서 이렇게 말한다. "Lock in은 강제로 가두는 것이지만 속칭 삐끼들이 손님을 유인하여 돈을 뜯거나 바가지를 씌우는 행위를 의미한다. 적어도 영어에서는 제목 낚시질은 매춘부가 길거리에서 손님을 유인하는 행위와 다를 바 없다고 보고 있다. 기사가 많이 읽히게 해 방문자 수를 늘리고 인기나 올리려는 꼼수로 보는 것이다."[28]

에릭 슈밋Eric Schmidt은 『구글은 어떻게 일하는가』(2014)에서 이용자의 자유를 위해 초기 설정을 '개방'에 두어야 한다고 역설한다. "고객 락인과는 반대로 이용자가 쉽게 나갈 수 있도록 운영하는 것이다. 구글에서는 전담부서를 운영해 이용자가 가능하면 구글에서 쉽게 나갈 수 있게 해준다. 우리가 원하는 것은 동등한 입장에서 경쟁하며 제품의 장점에 따라 이용자의 충성을 얻는 것이다. 이용자는 출구 장벽이 낮을 때 오히려 더 오래 머무를 것이다."[29]

그러나 구글이 늘 개방을 하는 건 아니다. 예외적인 조치를 취하기도 해 종종 위선적이라는 비난을 받는다. 이에 대해 슈밋은 이렇게 말한다. "이것은 위선적인 것이 아니라 그저 실용적인 태도에서 그랬던 것이다. 우리는 보통 개방이 최선의 전략이라고 믿지만 특정 상황에서는 폐쇄적인 작업이 나을 때도 있다. 여러분이 명백하게 우수한 (보통 강력한 기술혁신을 기반으로 하기 때문에) 제품을 가지고 급속하게 확대되는 새로운 시장에서 경쟁한다면 플랫폼을 개방하지 않을 때 빠르게 성장할 수 있다."[30]

왜 잭 웰치는 사일로를
증오해야 한다고 외치는가?
●
silo

silo(사일로)는 "큰 탑 모양의 곡식 저장고, 가축 사료silage 지하 저장고, 핵무기 등 위험 물질의 지하 저장고"를 말한다. silo organization(사일로 조직)은 곡식을 저장하는 굴뚝 모양 창고인 사일로처럼 CEO를 정점으로 해서 굴뚝 모양으로 늘어선 부서들이 다른 부서와 담을 쌓고 내부 이익만 추구하는 조직을 일컫는 말이다. 줄여서 그냥 silo라고도 한다.[31]

애플에는 '궁극적으로 꼭 알아야 할 것만 공유하는 문화 the ultimate need-to-know culture'가 존재한다. 애플의 하드웨어 담당 임원이었던 존 루빈스타인Jon Rubinstein은 2000년 『비즈니스위크』에 "우리는 테러단체 같은 점조직을 갖고 있다. 꼭 알아야 할 것 이외의 정보는 절대 공유하지 않는다"고 말했다. 애플에선 사일로 안에도 사일로가 존재한다. "입을 열었다가는 큰일 난다"는 애플 직원들의 강박관념은 일반인도 물건을 살 수 있는 사내 매점에서 판매하는 티셔츠에도 유머러스하게 드러나 있다. 이 티셔츠에는 "난 애플 캠퍼스를 방문했다. 하지만 내가 말할 수 있는 건 그게 전부다I visited the Apple campus.

But that's all I'm allowed to say"라고 쓰여 있다.[32]

그렇게 하면서도 잘나가니 애플은 특별한 조직인가 보다. 일반적으로 사일로는 기업의 적으로 비난받는다. 마크 골스톤 Mark Goulston은 『뱀의 뇌에게 말을 걸지 마라: 이제껏 밝혀지지 않았던 설득의 논리』(2009)에서 "팀원들이 사일로 안에 머물러 있는 한, 일이 잘될 턱이 없다"며 다음과 같이 말한다.

"결국 정보를 공유하지 못해 실수를 저지르거나 누군가가 공든 탑을 무너뜨리기 십상이다. 전문지식을 나누길 거부하고 서로의 일을 더 어렵게 만든다. 일이 꼬이면 서로 비난하거나 노골적으로 방해하는 지경에까지 이를 수도 있다. 따라서 당신이 처음 해야 할 일은 이 사일로를 허무는 일이다. 그러기 위해서는 모든 사일로가 공유하고 있는 것을 건드려야 한다. 즉 하늘(비전)과 땅(가치) 말이다."[33]

잭 웰치Jack Welch는 『잭 웰치의 마지막 강의』(2015)에서 "사일로는 악취를 풍긴다. 나는 사일로를 증오한다. 자신의 회사가 번창하고 성장하기를 원하는 조직원이라면 당연히 사일로를 증오해야 한다"며 다음과 같이 열변을 토한다.

"배타성은 비즈니스에서 독약이다. 당연히 마케팅에서도 배타성은 독약이다. 이 말은 과거에도 진리였지만, 지금처럼 테크놀로지 역할이 커지고 모든 것을 신속하게 처리해야 하는 디지털 마케팅 시대에는 더더욱 거역할 수 없는 진리다. 사일로는 속도를 죽인다. 사일로는 아이디어를 죽인다. 사일로는 강력한 효과를 죽인다.……당신만의 사일로에서 벗어나려는 용기와 자제력이 필요하다. 대화의 형식을 띠든 질문의 형식을 띠든 조직 내의 모든 부서를 당신 부서에 초대할 수 있어야 한다. 요즘에는 마케팅이 모두의 비즈니스이기 때문이다."[34]

왜 4달러 커피를 마시면서 팁으로 2달러를 내는 사람이 많은가?

tip

tip은 "팁, 행하行下(품삯 이외에 더 주는 돈), 사례금"이다. 옛날 영국의 여관들엔 고객들이 종업원들에게 주기 위해 동전을 넣을 수 있는 통이 마련되어 있었다. 그 통엔 이런 글이 쓰여 있었다. "To insure promptness(신속한 서비스를 위하여)." 나중엔 이 단어들의 첫 글자만 따서 "T.I.P."라고 써 붙였는데, 이게 오늘날의 tip이 되었다는 이야기다.[35]

팁 문화는 미국에선 당연하게 여겨지지만, 세계 보편적인 건 아니다. CNN에서 전 세계 7,000명을 대상으로 실시한 조사를 보면, tip을 주는 사람들의 국적은 태국(89퍼센트), 필리핀(75퍼센트), 홍콩(71퍼센트), 인도(61퍼센트), 호주(55퍼센트), 말레이시아(40퍼센트), 인도네시아(40퍼센트), 싱가포르(33퍼센트), 베트남(30퍼센트), 중국(28퍼센트), 뉴질랜드(20퍼센트), 대만(17퍼센트), 한국(13퍼센트), 일본(3퍼센트) 순으로 나타났다.[36]

하지만 미국에서도 팁이 처음부터 문화적 규범으로 받아들여진 건 아니었다. 비비에나 첼리저Viviana A. Zelizer는 『돈의 사회적 의미The Social Meaning of Money』(1994)에서 "1900년대 초 팁이 점점 대중화되어 가자 그것은 커다란 도덕적, 사회적 논쟁을 야기하였다. 실제로 팁을 주는 행위를 근절하려는 노력이 전국적으로 확산되었다. 주 의회들은 그러한 행위를 처벌 가능한 행위로 규정하면서 팁의 관행을 근절시키려고 하였고, 이들 중 일부는 성공적이었다"며 다음과 같이 말한다.

"에티켓 서적에서, 그리고 법정에서조차 팁은 호기심, 즐거움, 동요 때로는 공공연한 적개심 등이 혼합되어 상세하게 조사되었다. 1907년 정부는 미 해군의 위촉 공무원과 미 해군 명부에 등록된 사람들이 그들의 여행 경비 영수증 항목에 팁을 포함시킬 수 있도록 승인함으로써 공식적으로 팁을 허용하였다. 당시 그 결정은 불법적인 부당이득을 승인하는 것이라는 비난을 받았다. 주기적으로 팁반대연맹을 구성하자는 요구들이 있었다."[37]

디지털 시대에 이르러 미국의 팁 문화가 큰 변화를 겪고 있다. 팁을 요구하는 쪽이 뻔뻔해지고 있다고나 할까? 이른바 '디폴트 세팅default setting(초기 설정)' 때문이다. IT 기업들은 대부분의 사용자가 기기나 서비스의 구입 또는 설치 당시의 '디폴트 세팅default setting(초기 설정)'대로 사용한다는 점을 알고, 이를 자사의 이익을 위해 최대한 활용, 아니 악용하는 경향이 있다. 이와 관련, 구본권은 "디폴트 세팅 경쟁은 스마트폰 등장 이후 PC에서 모바일 환경으로 옮겨갔다. 스마트폰은 화면이 작아 PC에 비해 사용자가 수시로 설정을 바꾸기가 쉽지 않다"며 다음과 같이 경고한다.

"업체 위주의 디폴트 세팅은 공정한 경쟁을 방해하고 결국 사용자 편의를 저해한다.······디폴트 세팅은 사용자인 당신이 스스로를 위해 맞춤형으로 설정한 것이 아니다. 사업자의 이익을 위해 개발되었거나 설정된 경우가 대부분이다.……기술의 구조를 모르거나 이해하지 못할 경우, 또 알더라도 게을러서 수정하지 않는 경우 사용자들은 사업자들이 만들어놓은 디폴트 세팅의 덫에 걸려든 먹잇감이 될 수 있다."[38]

심지어 커피전문점, 택시, 미용실까지 그런 '디폴트 상술'에 뛰어들고 있다. 미국 뉴욕의 커피전문점 '카페 그럼피 Cafe Grumpy'에서 커피를 주문하면 마지막에 커피값은 4달러인데 팁을 1, 2, 3달러 중 얼마나 주겠느냐고 강요당한다. 물론 '노 팁'과 '직접 기재'도 적혀 있기는 하지만, 커다란 아이패드 모니터에 터치스크린 방식으로 누르게 되어 있어 점원과 뒷사람이 다 지켜보고 있다. 그런 시선 때문에 가운데 있는 2달러를 누르는 사람이 많은데, 4달러 커피에 2달러면, 팁이 무려 50퍼센트다. 뉴욕에서 택시를 타도 신용카드로 결제하면 팁을 20퍼센트, 25퍼센트, 30퍼센트 중 얼마 줄 거냐고 묻는 창이 결제 화면에 뜬다.

『뉴욕타임스』는 "모바일 장치와 기술이 발전하면서 덩달아 팁까지 올라가고 있다"고 꼬집었고, 『포브스』는 팁이 커지는 이유 중 하나를 '초기 설정값default' 때문이라고 분석했다. 종이 영수증과 달리, 모니터상에 어떤 화면을 어떤 크기로, 어떤 위치에 띄울지 각각의 상황마다 쉽게 프로그램을 바꿀 수 있기 때문에 가게에 유리하게 할 수 있다는 것이다. 『포브스』는 "디지털 기술이 팁을 계산하거나 직접 기재하는 불편함을 덜어주는 대신 더 많은 팁을 내게 한다"며 "요구하는 대로 따라 하기보다는 창피함을 무릅쓰고라도 본인의 의지대로 팁을 주는 게 현명한 소비자"라고 말했다.[39]

왜 "하느냐 마느냐만 있지, 해볼까는 없다"고 하는가?

●
knowing—doing gap

knowing—doing gap은 "아는 것—하는 것의 간극, 지행격차知行隔差"로, 우리가 해야 한다고 알고만 있는 것과 실제로 하는 것 사이의 틈을 말한다. 미국 스탠퍼드대학의 경영학자인 제프리 페퍼Jeffrey Pfeffer와 로버트 서튼Robert I. Sutton은 『생각의 속도로 실행하라The Knowing-Doing Gap: How Smart Firms Turn Knowledge Into Action』(2000)에서 기업 경영진들이 "성과를 내는 현명한 방법에 대해 말로 떠들어대며 굉장히 열심히 일하지만 결국 그들도 성과를 저해하는 조직의 틀에 갇히고 만다"고 지적했다.[40]

페퍼와 서튼은 사람들은 늘 "무슨 일을 해야 하는지 알지만 실행하지 않았고" 이러한 지행격차가 "조직의 성과를 가로막는 가장 골치 아픈 커다란 장벽"이었다고 지적하면서 '지식 실천을 위한 8가지 지침'을 다음과 같이 제시했다.

첫째, '어떻게'보다 '왜'가 먼저다. 즉, 철학이 중요하다. 둘째, 실행하고 가르치면서 지식을 얻는다. 셋째, 계획과 개념보다 행동이 중요하다. 넷째, 실수가 없는 실행은 없다. 즉, 실수를 인정하고 용납해야 한다. 다섯째, 두려움은 지행격차를

278

벌린다. 두려움을 몰아내라. 여섯째, 끼리끼리 싸우지 말고 경쟁사와 싸우라. 일곱째, 지식 실천에 도움이 되는 것을 측정하라. 여덟째, 리더가 어떻게 시간과 자원을 쓰는지가 중요하다.[41]

페퍼와 서튼은 자신들의 논지를 뒷받침하기 위해 독일 건축가 발터 그로피우스Walter Gropius, 1883~1969의 '행동 예찬론'을 이렇게 인용한다. "말과 경험으로 시험되지 않은 이론들은 행위보다 훨씬 더 해로울 수 있다는 것을 나는 내 평생에 걸쳐 배웠다. 1937년 내가 미국에 왔을 때 새로운 아이디어가 생기면 바로 가서 직접 시험해보는 미국인들의 성향이 나는 즐거웠다. 그들은 새로운 아이디어가 가질 수 있는 가치에 대해 때이른 논쟁을 많이 하며 모든 싹을 잘라버리지 않았다."[42]

지행격차를 극복하지 못해 실패한 대표적 기업으론 코닥Kodak이 꼽힌다.[43] 미국의 혁신 전문가 톰 켈리Tom Kelley와 데이비드 켈리David Kelley는 『유쾌한 크리에이티브: 어떻게 창조적 자신감을 이끌어낼 것인가』(2013)에서 코닥을 대표적 사례로 들면서 "말이 행동을 대체하면 기업은 불구가 된다"며 다음과 같이 말한다.

"출발선상에 선 자에게 전통이란 것은 방해가 된다. 코닥의 영광스런 과거는 지나치게 매혹적이었던 것이다.……디지털 시장에서 세계적으로 강력한 경쟁자들을 만나면서 코닥은 그게 엄청난 투쟁임을 알게 됐다. 그리고 실패의 공포가 임원진을 꽁꽁 얼어붙게 했다. 아는 것-하는 것의 간극에 빠진 코닥은 화학 기반 비즈니스에 필사적으로 매달렸다. 이는 20세기였다면 성공의 보증수표였겠지만 21세기엔 디지털 저투자로 나타났을 뿐이다. 우리가 코닥에서 본 것은 정보의 부족이 아니라 통찰을 효과적으로 행동으로 전환시키는 노력의 결핍이었다. 그 결과 미국의 가장 강력한 브랜드가 길을 잃었다."[44]

영화 〈스타워즈〉에서 요다Yoda가 루크 스카이워커Luke Skywalker에게 말한 것처럼 "하느냐 마느냐만 있지, 해볼까는 없다". 이 말을 소개한 그들은 "궁극적으로 창조적 도약에 이르기 위해선 나중에 이런저런 실패가 나타날 수도 있지만 우선 출발해야 한다는 것이다. 어떤 일을 시도해 한번에 성공할 가능성은 많지 않다. 그렇더라도 괜찮다"며 다음과 같이 말한다.

"당장 '최선의 것'을 얻기는 어려우므로 신속하고 지속적으로 개선을 해나가겠다는 생각으로 임해야 한다. 그런 뒤얽힌 시행착오들이 처음에는 견디기 힘들 수 있겠지만, 행동을 하면 우리들 대부분은 점점 더 배우는 속도가 빨라진다. 그것이 성공에 이르는 전제 조건의 전부라고 해도 과언이 아니다. 이렇게 하지 않으면 '최선'이 되겠다는 욕망은 '개선'으로 가는 길의 장애물이 될 뿐이다."[45]

왜 포지셔닝의 원조는
마키아벨리인가?

●
positioning

　　　　　　　　　　　어떤 기업의 브랜드가 소비자의
마음속에 어떤 자리를 차지하고 있는가? 이 물음을 던지기 위
해 미국 마케팅 전문가 잭 트라우트Jack Trout는 1969년 『인더
스트리얼 마케팅Industrial Marketing』에 「포지셔닝은 유사제품
들이 난무하는 오늘날의 시장에서 하는 게임이다"Positioning" is
a game people play in today's me-too market place」라는 글을 기고했
다. 이어 다른 마케팅 전문가인 알 리스Al Ries는 『애드버타이
징 에이지』 1972년 4월 24일자에 「포지셔닝의 시대가 도래한
다」라는 기사를 기고했다. '포지셔닝'은 엄청난 호응을 얻어
하루아침에 광고와 마케팅 담당자들 사이에서 유행어가 되었
다.[46]

　　트라우트는 리스와 더불어 전 세계 21개국에서 광고 단
체들을 대상으로 한 포지셔닝 강의를 1,000회 이상 했다. 그
러고 나서 두 사람은 1981년 『포지셔닝Positioning: The Battle for
Your Mind』이란 책을 출간했다. 이들이 내린 포지셔닝의 정의
는 이렇다.

　　"포지셔닝의 출발점은 상품이다. 하나의 상품이나 하나

의 서비스, 하나의 회사, 하나의 단체 또는 한 개인에서부터 시
작되는 것이다. 어쩌면 여러분 자신에서부터 시작될 수도 있
다. 그러나 포지셔닝은 상품에 대해 어떤 행동을 취하는 것이
아니라, 잠재 고객의 마인드에 어떤 행동을 가하는 것이다. 즉
잠재 고객의 마인드에 해당 상품의 위치를 잡아주는 것이
다.……존 린지는 이렇게 말한 바 있다. '정치에서는 인식이
현실이다.' 광고에서도 그렇고, 비즈니스에서도 그러하며, 인
생에서도 마찬가지다."[47]

정치에서는 인식이 현실이다? 그렇다면 포지셔닝의 원조
는 이탈리아 정치가이자 사상가인 마키아벨리Niccolò
Machiavelli, 1469~1527다. 마키아벨리는 군주를 향해 "모든 사람
들이 당신이 나타나는 바 what you appear to be(당신의 외
양)를 보지만 당신이 정말로 무엇인지 what you are(당신의
본질)를 인지하는 자는 소수에 불과하다"고 했다.[48]

그렇다면 본질과 진실은 어찌 되는가?

"진실은 무의미하다. 중요한 것은 마인드에 존재하는 인
식이다. 포지셔닝 사고방식의 핵심은 인식을 현실로 받아들이
고 그러한 인식을 재구성해 원하는 포지션을 창출하는 것이
다.…… '고객이 언제나 옳다'라는 말을 신봉하라는 것이다.
이 말을 확대해보면 상품을 팔려는 사람 또는 커뮤니케이션을
전달하려는 쪽이 언제나 옳지 않다는 말이 된다. 발신자가 옳
지 않고 수신자가 옳다는 전제를 인정하라는 것이 어쩌면 냉
소적으로 들릴지도 모르겠다. 하지만 다른 대안은 없다. 타인
의 마인드에 당신의 메시지를 심으려 한다면 말이다."[49]

"우리 제품은 미국에서 세 번째로 잘 팔리는 커피입니
다."(생커의 라디오 광고) "아비스는 렌터카업계서 2위에 불과

합니다. 그런데 고객은 어째서 우리를 이용할까요? 그것은 우리가 더 열심히 일하기 때문입니다." "하니웰, 또 다른 컴퓨터 회사." "세븐업: 절대 콜라가 아닙니다."

트라우트와 리스는 이와 같은 카피들을 '포지셔닝 슬로건'이라 부른다며, 광고라는 게임의 방식이 바뀌었다고 주장했다. '최초', '최고', '제일'에 연연하던 옛 시절 카피는 사라졌고 오늘날엔 포지션 혹은 틈새를 찾기 위해 최상급이 아니라 비교급이 쓰인다는 것이다.[50]

광고계의 거물 데이비드 오글비David Ogilvy, 1911~1999는 포지셔닝을 "제품이 무엇을 할 수 있는가. 그리고 누구를 위한 것인가"라는 물음을 던지는 것으로 정의했다. 그는 도브Dove 비누를 더러운 손을 씻기 위한 남성용 세정제라고 포지셔닝할 수도 있었으나, 그 대신 피부가 건조한 여성을 위한 화장비누로 포지셔닝을 해서 성공을 거두었다고 말했다. 또 사브SAAB는 노르웨이에서 뚜렷한 특징이 없는 자동차였으나 '겨울을 위한 자동차'로 포지셔닝해 성공을 거두었다는 것이다.[51]

포지셔닝에 대한 오해가 만만치 않았나 보다. 잭 트라우트는 "최근에 나는 『포지셔닝』의 후속편인 『새로운 포지셔닝』이라는 책을 썼습니다. 많은 사람들이 '포지셔닝'이란 말을 쓰고 있기는 하지만 그것의 정확한 의미는 모르기 때문입니다. 즉 '인식이 우리를 만들고 우리를 부수는 실체'라는 것입니다. 우리의 승리나 패배는 고객의 마음속에 있다는 것입니다. 그리고 그 마음속에 들어가는 것은 아주 까다로운 작업이라는 것입니다"라고 역설했다.[52]

포지셔닝이 있는데, 리포지셔닝repositioning이 없으란 법 없다. 서지오 지면Sergio Zyman은 마돈나처럼 자신을 잘 포지셔닝하는 동시에 자주 자신을 리포지셔닝하는 가수도 없을 것이라고 했다. "처음 시작은 그저 춤만 잘 추는 거칠고 미친 듯한 이미지의 가수였다. 그러나 자신을 다시 창조하여 항상 유행보다 약간 앞서 있었다. 그녀는 관능적인 여자에서 매춘부, 에비타 페론 그리고 젊은 어머니의 모습까지도 보여주었다. 마이클 잭슨이 사타구니를 한 손으로 잡고 걷는 이상한 춤을 선보이자 마돈나는 '나도 그런 것쯤은 할 수 있다'는 듯이 같은 춤을 추기도 했다. 마돈나에게는 연예계의 그 누구도 흉내낼 수 없는 본능적인 매력이 있다. 이 능력은 변화와 엉뚱함을 잃지 않으면서 브랜드를 슬쩍 바꾸어 항상 시대에 뒤떨어지지 않게 하는 마돈나라는 브랜드의 핵심이다."[53]

오늘날 포지셔닝은 제품 특징 포지셔닝, 소비자 편익 포지셔닝, 가격과 품질 포지셔닝, 사용자 포지셔닝(제품을 특정 계층의 사용자 집단에 연결시키는 것), 제품 범주 포지셔닝(해당 제품 범주의 선도자라고 주장함으로써 소비자에게 어필하는 것) 등 5개로 나뉜다.[54]

engineer

mashup

blogism

microblog

minefield

platform

singularity

tablet

design thinking

multi-tasker

과학기술 · 디지털화 · 소통

왜 미국에서 1920년대는
엔지니어의 전성시대였나?

●
engineer

engineer(엔지니어)는 지방 영주들 간의 전쟁이 잦아 전쟁 기술이 날로 발전했던 중세기 유럽에서 탄생한 개념이다. 조승연은 "11세기부터 영주들은 거대한 성을 쌓고, 이웃 영주가 군대를 몰고 쳐들어오면 성 안에 숨었다. 쳐들어오는 군대는 성 밖에서 진을 치고 있다가 먼저 식량이나 물자가 떨어지는 측이 항복을 하면 전쟁이 끝났다. 하지만 12세기에 들어서면서 프랑스에서 성벽을 무너뜨릴 수 있는 여러 가지 기술이 등장했다. 소의 힘줄이 가진 탄력을 이용해 거대한 바위를 던져 성벽을 부술 수 있는 투석기, 굴러다니는 목조건물인 공성탑 등등이 그것이다"며 다음과 같이 말한다.

"기술자들은 군대를 따라다니면서 적군이 성 안에 숨으면 즉석에서 이런 기계를 만들어냈는데, 사람들은 이 기술자들을 천재적인 사람이라고 해서 ingenium한 사람들, 즉 ingenieur라고 부르기 시작했다. 또 이들이 발명한 기계는 ingenieur가 만들었다고 해서 engine이라고 불렸다. 이웃 나라 영국으로 기술자보다 공성탑 같은 전쟁 기술이 먼저 수출되었다. 그래서 영어로는 군사 기술자들을 engine을 만드는 사람이라는 의미의 engineer라고 부르게 되었다."[1]

엔지니어는 프레더릭 테일러Frederick Winslow Taylor, 1856~1915가 1911년에 출간한 『과학적 관리법Principles of Scientific Management』 이후 미국에서 전성시대를 맞게 되었다. 효율성을 숭배하는 '테일러 혁명'이 지속되면서 엔지니어는 사회적 존경의 대상이 되었다. 1922년 미국 고교 졸업반 학생 6,000여 명을 대상으로 한 조사에서 3명 중 거의 1명꼴로 엔지니어를 가장 선호하는 직업으로 꼽았다.

이런 흐름은 1930년대까지 지속되어 헨리 루이 멩켄Henry Louis Mencken, 1880~1956은 『미국 언어The American Language』(1936년 제4판)에서 미국 국민 전체가 엔지니어가 되어버렸다고 개탄할 정도였다. 매트리스 제조자는 '수면 엔지니어sleep engineer', 미용사는 '외모 엔지니어appearance engineer', 쓰레기 수거인은 '공중위생 엔지니어sanitation engineer'가 되고 있다는 것이다.[2]

badge engineering은 GM이 똑같은 자동차를 모델명만 바꾸어 팔기 위해 도입한 제작 형태를 말한다. 완전히 새로운 모델을 개발해 자동차의 제품군을 갖추는 대신, 같은 생산 라인에서 같은 부품들로 제작한 기존의 다른 모델들에 추가 작업을 거쳐 로고를 비롯한 바퀴, 안전망, 색깔을 바꾸는 공정이었는데, 페인트칠만 벗겨내면 거의 똑같은 자동차들이었다.[3]

value engineering은 제품 생산 비용을 낮추기 위해서 제품에 약간의 수정을 가하는 작업을 말한다. 제너럴 푸드와 크래프트 등 식품 회사가 즐겨 쓰는 수법이다. 제임스 하킨James Harkin에 따르면, "만약 어린 시절부터 자주 사 먹었던 애정 어린 제품들이 당신이 성장함에 따라 양이 줄어든 것 같다면, 그들이 밸류 엔지니어링을 적용했을 공산이 크다. 때때로 밸류 엔지니어링은 단지 아무도 몰래 제품의 중량을 약간 낮춘 것에 지나지 않는다는 뜻이다."[4]

엔지니어는 진화를 거듭해 신조어들을 계속 만들어내고 있다. 예컨대, consuneer는 consumer(소비자)와 engineer(엔지니어)의 합성어로, 소비자들이 단순히 제품을 구매하고 사용하는 구매자와 사용자의 역할을 뛰어넘어 제품에 대한 지식 수준과 이해도가 엔지니어에 버금갈 정도로 높다는 의미로 쓰이는 신조어다.[5]

engineering(공학)은 사회를 향해서도 적용되었는데, 이를 social engineering(사회공학)이라고 했다. 인간의 한계나 본성을 중요하게 여기지 않는 진보주의자들은 사회공학을 통해 빈곤, 범죄, 무지 등을 종식시킬 수 있다는 열망에 사로잡히기도 했다.[6]

어떻게 한 장소에서 여러 시간대를 경험할 수 있게 되었나?
●
mashup

mash up은 '(감자 등을) 충분히 으깨다'는 뜻이다. Mash the fruit up with a fork(그 과일을 포크로 완전히 다 으깨라). 매시업mashup, mash-up, mash up은 다른 음악의 조합으로 만들어진 음악, 웹에서는 다른 웹 기능의 조합으로 만드는 웹 애플리케이션을 말한다.[7] 매시업은 정보 기술 분야에서는 다양한 콘텐츠를 혼합해 새로운 서비스를 만드는 것을 말한다. 영화 〈설국열차〉 속 번역기나 NTT도코모의 실시간 통역 전화가 음성 매시업의 좋은 예다.[8]

Mash up artists use computer software to cut and paste together different parts of the songs to create the most fluid or jarring combinations(매시업 장르의 음악가들은 가장 유려하거나 가장 부자연스러운 음을 조합해내려고 컴퓨터 소프트웨어를 이용해 노래들의 여기저기를 자르거나 서로 이어 붙이는 작업을 한다).[9]

2000년대 중반 매시업은 복수의 유명 스타 노래를 무단 믹스한 음악이나 음반으로 나타나 법적 논란을 불러일으켰다. 로런스 레시그Lawrence Lessig는 "저작권법에 따르면 매시업이

mashup

불법이므로, 매시업 아티스트에 대해 알게 된 음반 회사들은 변호사가 하라는 대로 하는 경우가 많다는 게 문제입니다. 즉 그들은 매시업을 중단시키고 차단합니다"며 다음과 같이 말했다.

"매시업을 생산하는 사람들은 분개합니다. 그리고 더이상 매시업 작업을 통해 아티스트의 작품을 홍보하지 않습니다. 하지만 기존의 저작권 체제는 그것이 절대적으로 자명한 일이며 반드시 그렇게 되어야 하는 일이었다고 주장합니다. 그리고 아티스트들이 주장하는 매시업 권리는 그 근거가 매우 취약한 것으로 드러났다고 말합니다."[10]

더글러스 러시코프Douglas Rushkoff는 『현재의 충격: 모든 것이 지금 일어나고 있다』(2013)에서 "원래 매시업은 프로듀서가 악기 녹음 트랙에 목소리 트랙을 입히는 방법을 일컫는 말이었다. 그런데 지금은 이전의 작업을 새로운 것에 덧씌우는 작업을 일컫고 있다. 매시업과 문화의 관계는 유전공학과 생물진화론의 관계와 같은 것이다. 어떻게 장르라는 것이 생겨나고 시간이 흐르면서 그것이 어떻게 문화로 기능하는지를 가만히 지켜보는 대신, 예술가들은 거기에 깃든 문화적 요소들을 잘라 붙인다"며 다음과 같이 말한다.

"입체파가 한순간에 여러 시점에서 사물을 바라보는 것이라면, 매시업은 한 시점에서 여러 순간의 사물을 바라보는 것이다. 매시업을 21세기의 입체파라고 보면 이해가 쉬울지 모르겠다. 매시업은 전도된 입체파다. 여러 시점에서 한순간을 공유하는 것이 아니라 여러 순간을 한덩어리로 파악하는 것이기 때문이다. 1920년대의 재즈, 1960년대의 록, 1990년대의 일렉트로니카 등 이 모든 것이 동시에 존재하는 것이다.

입체파가 공간을 압축하는 것이라면, 매시업은 시간을 압축하는 것이다. 입체파로 인해 우리는 동시에 여러 곳에 존재할 수 있게 됐고 매시업으로 인해 우리는 한 장소에서 여러 시간대를 경험할 수 있게 됐다."[11]

김난도의 『트렌드 코리아 2015』는 "대중문화에서는 서로 다른 콘텐츠를 버무려 새로운 장르를 만들어내는 매시업 현상이 활발히 나타났다"며 이렇게 말한다. "대표적으로 2014년 상반기까지 인기몰이를 이어갔던 영화 〈겨울왕국〉은 〈위기탈출 넘버원〉이라는 예능과 만나 새로운 패러디물로 탄생했으며, 가수 비의 '라 송'과 태진아의 '동반자'를 섞어 만든 패러디 동영상은 '비진아'라는 화제의 콘텐츠를 탄생시켰다."[12]

왜 기성 주류 언론은
블로그에 저주를 퍼부었는가?

●
blogism

　　　　　　　　　blog(블로그)는 웹**web**과 로그
log(항해일지)를 합친 웹로그**Weblog**의 줄임말이다. 블로그(미니
홈피, 누리사랑방)란 일반적인 인터넷 창보다 작은 아담한 창
안에 사진첩과 일기 등으로 쉽게 꾸밀 수 있는 개인 홈페이지
를 말한다. 1997년 미국에서 등장한 블로그는 한국엔 2000년
에 상륙했다. 『세계일보』 2004년 11월 29일자는 "영원할 것
같았던 '홈페이지'는 저물고, '블로그'가 뜨고 있다. 2000년
블로그 첫 국내 상륙 4년 만에 개인 홈페이지를 제치고 대중
적 트렌드로 자리 잡았다"고 했다.[13]

　　2004년 11월 30일 미국의 대표적 사전 전문 출판사인 메
리엄 웹스터는 올해의 단어로 '블로그'를 선정했다. 메리엄 웹
스터는 "의견과 논평, 하이퍼링크로 구성된 온라인 개인 저널
을 담은 웹사이트"라는 뜻의 블로그가 올해 자사의 인터넷 사
전 사이트를 통해 가장 많이 검색된 단어라고 말했다.[14]

　　2004년 12월 7일 대한상공회의소는 보고서를 통해 신세
대 라이프스타일의 3대 키워드로 '업로드 문화', '네트워크',
'감성' 등을 지적하면서, '업로드**up load**'를 신세대와 구세대를

대별하는 가장 큰 특징으로 꼽았다. 기존의 다운로드down load 문화는 상명하복과 가부장 문화로 대변되지만, 신세대는 업로드 문화를 갖고 있어 인터넷 게시판의 리플 달기나 시청 앞 월드컵 응원처럼 적극적으로 자기를 표현하는 데 익숙하며, 바로 이 문화가 가입자 1,000만 명이 넘는 미니 홈페이지를 생겨나게 한 원동력이 되었다는 것이다.[15]

이후 '블로그를 활용한 저널리즘' 또는 '블로그로 실현하는 새로운 저널리즘'이라는 의미에서 '블로기즘blogism: blog+journalism'이란 말까지 등장했다. 미국 MIT 교수 헨리 젱킨스Henry Jenkins는 "기존 매체가 어젠다를 정하면 블로그는 확산시킨다"고 말했다. 2004년 미국 대선 후보 TV토론회와 공화-민주당 전당대회에서 블로거 전용 취재석이 마련된 데 이어 2005년 3월 7일 블로거 개럿 그라프가 "언론의 정의를 확장한 사건"이란 평가 속에 백악관 출입 기자단의 벽을 뚫었다. 뉴욕대학 저널리즘 교수 제이 로젠Jay Rosen은 블로그의 성장에 대해 "대중이 매스미디어 도구를 손에 쥔 것"이라며 "언론 권력 지도에도 변화 조짐이 보인다"고 평가했다.

그러나 기성 주류 언론은 블로그 저널리즘에 대해 불편한 심기를 드러냈다. 좌파 성향 논평가 빌 프레스는 "신원도 모르는 사람들이 취재원이나 보도 규칙도 없이 무책임하게 글을 쓴다"고 비난했으며, BBC 방송은 "폭도들의 집단 린치만 횡행할 뿐"이라고 보도했다. 『워싱턴포스트』는 블로그의 실제 이용자는 소수라는 여론조사를 인용하면서 "미국인 대부분은 뭔지도 모른다"고 지적했으며, "블로그는 허탕"이라며 '과잉 대표'의 문제도 거론했다.[16]

2011년 임귀열은 "blog가 구체적으로 뭘 의미하는지 원어민 작가들도 의견이 일치하지 않는다. 미국 영국 캐나다 언론 출판 종사자 200명에게 물어보니 blog는 전체 사이트 게재물이라는 견해(73%)가 많았다. 나머지는 한두 개의 개인적 게재글이라고 답했다"며 다음과 같이 말했다.

"blog라는 단어는 'I visited a blog', 'I deleted a blog', 'I need your opinion for my blog', 'I'll post two blogs today'처럼 쓰이면서 의미가 혼란스러워졌다. 어떤 작가는 piece, entry를 선호하고 어떤 사람은 다른 용어를 쓰지만 blog가 column은 아니다. 한편 원어민 작가나 편집자들이 이해하는 blog는 한국의 인터넷 공간에서 말하는 것처럼 공동 작업 공간이나 정치 토론장을 의미하지는 않는다."[17]

왜 140자는 한국인의
평등주의와 잘 맞아떨어지는가?

microblog

이젠 'microblog(마이크로블로그)'의 시대다. microblog는 한두 문장 정도의 짧은 메시지를 이용해 여러 사람과 소통할 수 있는 블로그blog의 한 종류로, 미니블로그miniblog라고도 불린다. 웹상에서 지인知人과의 인간관계를 강화시키고 또 새로운 인간관계를 형성할 수 있도록 해주는 서비스인 '소셜네트워크서비스Social Network Service, SNS'의 일종이다. 대표적인 마이크로블로그로 트위터twitter를 들 수 있다.

트위터의 글자 수는 최대 140자인데, 이런 글자 수 제한은 트위터의 약점이 아니라 오히려 강점이 되었다. 쓸데없는 말을 지껄이지 않게 되고 창의력을 발동해야 하는 구조라고나 할까.[18] 이게 재미를 더해준 셈이다. 이와 관련, 이지선·김지수는 "누구나 자신의 생각과 감정을 쉽게 올릴 수 있었던 블로그가 어느새 전문가의 정보 사이트쯤으로 변질되면서 사람들은 다른 이들과 좀더 손쉽게 소통할 수 있는 도구가 필요했다. 그래서 140자로 제한된 '마이크로블로그'인 트위터가 새로운 대안으로 떠오르게 되었다"며 다음과 같이 말한다.

"140자 이내의 메시지에서는 제아무리 전문가라도 자신의 전문 지식을 뽐내기(?) 어려웠고, 결국 보통 사람들도 남의 눈치 보지 않고 손쉽게 자신의 생각과 근황을 올릴 수 있기 때문이었다. 그러다 보니 트위터에서는 레스토랑에서 맛있는 음식을 먹고 있다거나, 유명한 곳에 구경 왔다 등의 신변잡기적 소식에서부터 언제 어디서 모인다는 번개 모임 공지 성격의 글까지 모든 종류의 짧은 메시지들이 통용된다.……소소한 정보들의 짧은 폭발, 그것이 바로 트위터다." [19]

이택광은 "140자 이내에서 작문해야 한다는 트위터의 속성은 한국 사회의 평등주의와 연동한다"며 이렇게 주장한다. "인터넷 게시판이나 블로그의 속성상 댓글로 논쟁이 벌어지면 그에 대한 반론들을 논리적으로 제시해야 한다는 문제점이 있었다. 말하자면, 냉소와 야유를 던지는 것 이상 어떤 토론의 기술이 필요했던 셈이다. 그러나 트위터에 오면 상황은 달라진다. 트위터는 기본적으로 140자 이내로 의견을 주고받는다는 제한성뿐만 아니라, 자신이 원하는 사람들의 말만 듣고 대화를 나누는 기능을 가지고 있다." [20]

트위터가 개척한 microblogging 접근법은 특히 중국에서 인기를 끌었다. 중국에서 마이크로블로깅 서비스를 운영하는 '웨이보微博'는 '작다micro-'는 뜻의 웨이微와 블로그博客(보커)의 첫 글자를 합친 말로, 영어의 '마이크로블로그'에 해당한다. 140개 글자 이하의 단문을 올릴 수 있고 다른 회원을 팔로할 수 있어 중국판 트위터로 통한다. 중국의 대형 포털사이트인 시나sina.com나 소후sohu.com, 텐센트qq.com 등이 저마다 웨이보 서비스를 운영하고 있다. [21]

왜 지뢰밭을
'우리 아군 지역'으로 통역했을까?
●
minefield

"This is a minefield." 6·25 전쟁 기간 중 유엔군 군사고문단이 한국군 작전참모들 앞에서 작전지역의 상황을 브리핑하면서 한 말이다. 그런데 "이곳은 지뢰밭이다"란 뜻의 이 말은 배석한 통역관에 의해 "이곳은 우리(아군) 지역이다"로 통역되어, 큰 참사를 빚을 뻔한 일이 있었다고 한다.[22]

minefield(지뢰밭)는 비유적인 표현으로 자주 쓰인다. 예컨대, 법의 과잉이 미국의 활력을 죽이고 있다고 주장하는 변호사인 필립 하워드Philip K. Howard, 1948~는 『법률가 없는 삶: 미국인을 법 과잉에서 해방시키기Life Without Lawyers: Liberating Americans form Too Much Law』(2009)에서 미국이 '자유의 땅the land of freedom'에서 '법률 지뢰밭a legal minefield'으로 변한 현실을 고발했다.[23]

mine of information은 '정보의 보고寶庫'다. mine(지뢰, 광산)은 비유적으로 "풍부한 자원, 보고寶庫"라는 뜻으로도 쓰인다. Her book is a mine of valuable information(그녀의 책은 가치 있는 정보의 보고다).[24] mine이 동사로 쓰이면 '지뢰를 설치하다, 채굴하다'는 뜻이다. mine gold는 "금을 채굴하다", mine a castle은 "성 밑을 파다"는 뜻이다. 비유적으로 "(음모·계략 등으로) 멸망시키다, 파괴하다"는 의미로도 쓰인다. Dissipation has mined his health(그는 방탕한 생활로 건강을 잃었다).[25]

최근 유행하는 것은 data mining(데이터 마이닝)이다. 데이터 광산에서 의미 있는 데이터를 건지기 위해 (곡괭이로) 파고 또 파는 모습을 연상하면 되겠다. 데이터 마이닝이 유행하다 보니 부작용도 없지 않다. 하노 벡Hanno Beck은 『경제학자의 생각법』(2009)에서 "나올 때까지 충분히 오래 파다 보면 정말로 어떤 연관성을 발견하게 된다. 통계 기관총을 마구 쏘다 보니 어쩌다 한 발이 들어맞은 것이다"며 다음과 같이 말한다.

"이제 이 연관성을 그럴듯한 이야기로 만든다. 예를 들어 바이에른 뮌헨의 분데스리가 순위가 어째서 주가 지표 구실을 할 수 있는지 논리를 세운다. 그러면 수치와 자료들이 뒷받침되는 흥미진진한 얘기가 탄생한다. 불행히도 뇌는 패턴 중독자다. 그래서 이런 얘기를 기꺼이 받아들인다. 패턴을 보고 싶은 마음에 세상은 온통 우연의 카오스고 그것이 때때로 허위 패턴을 만든다는 사실을 외면한다."[26]

미국 MIT 컴퓨터 과학자 알렉스 펜틀랜드Alex Pentland는 'reality mining(현실 마이닝)' 기술을 개발해 휴대전화뿐 아니라 블루투스 위치 추적기와 가속도계 같은 특수 전자장치 데이터를 토대로 사람들의 행동과 움직임, 대화 양식과 그 밖의 상호작용을 추적 관찰했다. 펜틀랜드는 '현실 마이닝'에 대해 다음과 같이 말한다.

"현실 마이닝은 데이터를 들여다보면서 일정한 양상을

찾아 어떤 일이 벌어지는지 예측하고 이해하는 데이터 마이닝
과 똑같다. 다만 이미 디지털화된 텍스트와 웹페이지가 아니
라 현실에서 일정한 양상을 찾으려 한다. (이런 방법으로) 사람
들에 관한 많은 정보를 알아낼 수 있다. 그 사람이 어디에 가
는지, 누구와 어울리는지, 심지어 좋은 시간을 보내고 있는지
까지 알아낼 수 있다."[27]

opinion mining(오피니언 마이닝)은 웹사이트와 소셜 미
디어에 나타난 여론과 의견을 분석해 유용한 정보로 재가공하
는 기술이다. 텍스트를 분석해 네티즌들의 감성과 의견을 통
계수치화해 객관적인 정보로 바꾼다. 구매후기와 같은 많은
정보 중에서 유용한 정보를 찾아낼 수 있고, 묻고 답하는 방식
을 넘어 이용자들의 생각과 표현의 파편을 모아 일정한 법칙
성을 찾아내 새로운 의견 형성을 발굴하고 탐사하는 방식이
다.[28]

애플, 아마존, 페이스북, 구글의 공통점은 무엇일까?

●
platform

platform shoes(플랫폼 슈즈)는 일명 통굽 신발로 신발의 아웃솔out-sole과 힐heel이 하나로 연결되어 신발 전체를 높게 만든 스타일을 말한다. 옷단이 넓은 플레어드 팬츠를 착용하면 구두가 가려져서 외견상 다리 길이가 강조되는 효과가 있다. 남성용 플랫폼 슈즈도 있다. 1970년대부터 유행하기 시작한 신발인데, 미국 가수 엘턴 존Elton John, 1947~이 자주 착용해 조롱의 대상이 되었다. 작은 키를 커보이게 하려고 지나치게 굽이 높은 건 elevator shoes(엘리베이터 슈즈)라고 한다.[29]

원래 platform은 프랑스어로 '평평하다'인 plat과 '형태'를 뜻하는 영어 form이 합쳐져 평평한 모양의 물건을 뜻했다. 조승연은 "1500년대 프랑스에 새로운 형태의 요새가 등장했다. 군인들이 전쟁에 대포를 사용할 수 있게 되면서, 적군의 대형에 따라 대포 배치를 자유자재로 바꿀 수 있도록 요새 위에 평평한flat 판을 깔았고 이를 platform이라 불렀다. 군인들은 요새의 platform 위에 텐트·사령탑 등의 군사 시설물을 세웠는데, 이후로 여러 가지 활동을 뒷받침하는 기반시설이라는 의미로 확장됐다"며 다음과 같이 말한다.

"옛 영국에서는 시 낭송 경연대회를 열면서 평평한 나무로 무대를 만들어 참가자들이 낭송을 했기 때문에 platform이 '자기 생각을 선보일 수 있는 무대'라는 뜻으로도 쓰였다고 한다. 지금은 여러 사람이 함께 콘텐츠를 제작할 수 있는 콘텐츠 기반, 여러 사람이 금융 거래를 할 수 있는 거래 체제 등을 주로 지칭한다. platform은 원래의 뜻인 기차 들어올 때 승객들이 기다리는 평평한 시설을 뜻하기도 한다. 해저의 석유를 파내기 위한 시추 장비 설치를 위해 바다 표면에 평평한 판을 깔고 드릴과 직원 숙소를 설치하는데, 이것 역시 drilling platform이라고 한다."[30]

오늘날 플랫폼은 미디어 분야에서 가장 많이 쓰이는 단어가 되었다. 유봉석은 미디어 분야에서 사용된 플랫폼에 대해 이렇게 말한다. "전통 미디어인 라디오나 텔레비전의 경우 음성과 동영상을 전파로 내보낼 수 있는 기반 설비, 종이 신문은 신문을 찍어낼 수 있는 윤전기 시설과 신문 종이가 해당된다. 정보기술 업계에서는 컴퓨터 시스템의 기반이 되는 하드웨어 또는 소프트웨어를 일컫는다. 인터넷에서 콘텐츠를 수용하고 발행할 수 있는 웹사이트가 바로 플랫폼이다. 플랫폼 파워를 결정짓는 핵심 요소는 이용자 규모다. 이용자가 많을수록 힘 있는 플랫폼이 된다. 그래서 더 많은 이용자를 확보하기 위해 디지털 공간에서 무한 경쟁이 일어나고 있다."[31]

platform business(플랫폼 비즈니스)는 정보기술IT의 발달로 다양한 모바일·인터넷 플랫폼이 등장하고 있는 가운데, 이를 기반으로 각종 제품·서비스를 중개하고 수수료로 수익을 내는 사업을 가리키는 말이다. 소비자·기업 등이 재화·

platform

서비스를 사고팔거나 상호작용하는 일종의 '장터' 개념으로 보면 되겠다.[32] 이봉현은 "애플, 아마존, 페이스북, 구글 등 잘나가는 기업들의 공통점은 무엇일까? 모두 플랫폼형 비즈니스 모델을 구축한 기업이다. 기차역이 승객과 기차를 연결해주듯이, 플랫폼형 기업들은 사람들과 그들이 원하는 것을 연결하는 매개체 노릇을 한다"며 다음과 같이 말한다.

"플랫폼이 가동되는 시장은 양면시장two-sided market이다. 사실 광고주와 독자를 연결하는 신문이 전형적인 양면시장이란 점에서 플랫폼 비즈니스가 갑자기 등장한 것은 아니다. 다만 지금까지 대부분의 기업은 물건을 만들고 판매하는 단면시장single-sided market에서 활동했기에 이런 시장에서 승리하는 것이 경영의 주류였다. 전자업체라면 소프트웨어보다는 좋은 기기를 만드는 데 목숨을 거는 식이다. 이와 달리 플랫폼은 생태학적으로 접근한다. 유기체들이 서로 영향을 주고받고 환경과도 영향을 주고받는다고 본다. 생태계는 폐쇄적이기보다는 개방적이고 경쟁보다 협력이 중요한 곳이다. 누구나 참여해 플랫폼을 확장하거나 바꿀 수 있다. 그래서 플랫폼에서 강조되는 것은 개방, 공유, 협업 같은 정신이다."[33]

'기술이 인간을 초월하는 순간'은
언제 오는가?

singularity

Something singular must be done with him. 영화 〈쿠오바디스〉에서 베드로의 말을 듣고 기독교도들이 처형장에서 노래를 부르며 죽어가자, 화가 난 네로 황제가 황후에게 한 말이다. 이 말은 어떻게 번역해야 할까? 영화 자막엔 이렇게 번역되었다. "그래, 베드로 그놈 하나만 가지고 한 번 해봐야겠어." 안정효는 『오역사전』(2013)에서 그건 오역이라며 이렇게 말한다. "singular는 '하나만'이 아니라 '독특한', '야릇한', '기이한' 또는 '특이한'이라는 뜻의 형용사다. '베드로에게는 특별한 벌을 내리겠다'고 이렇게 선언한 네로는 그를 십자가에 거꾸로 매달아 처형한다."[34]

물론 singular에는 '단수의, 단일한'이란 뜻이 있으므로, 어떤 의미로 사용되었는지 알기 위해서는 문맥을 살펴야 한다. 철학자 카를 포퍼Karl Popper, 1902~1994가 '열린사회open society'란 개념을 생각해낸 것은 'the singular(단일한 것)'가 자유와 이성에 가하는 대규모의 위협 때문이었다. 이에 대해 로저 실버스톤Roger Silverstone은 다음과 같이 말한다.

"열린사회는 위험을 감수할 준비가 되어 있는 사회다. 논쟁과 비판에 열려 있으며, 유토피아적 전망, 유일 이데올로기, 국가권력의 집중을 특징으로 하는 폭정에 의해 닫히지 않는다.……포퍼의 목표는 분명했고, 여러 가지 면에서 단일성을 경고하는 것으로 수렴된다. 위협은 진정 단일한 것the singular의 위협이며, 단일성singularity이 가진 권력은 정치를 동원하고 권력을 행사하도록 한다는 것이다."[35]

The singular of 'feet' is 'foot'('feet'의 단수형은 'foot'이다). All and singular children should go to bed early(아이들은 모두 일찍 자러 가야 한다). Singular to say, he said he didn't like this team(이상한 이야기지만, 그는 이 팀이 마음에 안 든대). She is a woman of singular beauty and intelligence(그녀는 뛰어난 미모와 지성을 겸비한 여자다). We are talking about a very singular event(우리는 매우 특이한 행사에 대해 이야기를 나누고 있다). The singularity of his appearance attracted our attention(그의 겉모습이 특이해서 눈에 띄었다). Singularity seems in contemporary art to be the very breath of life(특이성이 현대미술의 생명처럼 중요하게 생각된다).[36]

오늘날 '기술이 인간을 초월하는 순간'이란 뜻으로 많이 사용되는 '특이점singularity' 개념의 원조 저작권자는 미국 수학자인 존 폰 노이만John von Neumann, 1903~1957으로까지 거슬러 올라갈 수 있지만, '특이점'이라는 용어는 1983년 미국 수학자이자 과학소설 작가인 버너 빈지Vernor Vinge, 1944~가 1983년에 만든 '기술적 특이점technological singularity'이라는 말에서 유래한 것이다. 빈지는 다음과 같이 예측했다.

"우리는 곧 자신보다 더 뛰어난 지능을 지닌 존재를 창조할 것이다.……그 일이 일어날 때, 인류 역사는 일종의 특이점에 도달해 있을 것이다. 블랙홀의 중심에 있는 뒤얽힌 시공간처럼 불가해한 지적 전이가 일어나는 시점에 도달할 것이며, 세계는 더이상 우리가 이해할 수 없는 곳이 될 것이다."[37]

'특이점' 개념을 대중화시킨 미국의 미래학자이자 발명가인 레이 커즈와일Ray Kurzweil, 1948~은 2005년에 출간한 『특이점이 온다The Singularity Is Near: When Humans Transcend Biology』에서 2045년을 그런 전환의 시점으로 예측했다.[38] 커즈와일은 2019년이 되면 100달러 정도에 인간의 두뇌와 대등한 처리 능력을 가진 상자를 하나 살 수 있을 거라면서 특이점이 오는 것은 피할 수 없으므로 그것을 받아들일 수 있게 우리 스스로 준비해야 한다고 주장한다.[39]

고대 로마 시대의 학생들은
무엇에 글을 썼을까?

●
tablet

　　　　　야구에는 강속구強速球를 가리키
는 '아스피린 태블릿aspirin tablet'이란 재미있는 말이 있다. 투
구가 어찌나 빠르게 날아오는지 아스피린 알약처럼 작은 하얀
반점 같다고 해서 부르는 말이다.

　　tablet(태블릿)은 라틴어로 나무판자인 tabula에서 온 말
이다. 조승연은 "로마 시대에는 종이가 귀해 학생들은 나무판
자에 파라핀을 얇게 녹여 펴 발라 송곳으로 글씨를 쓰는 노트
를 사용했다. 고대 로마 사람들은 판자 위에 음식을 올려놓고
먹다가 차츰 여기에 다리를 달고 식탁으로 진화시켜 '식탁'인
table, 식탁이 놓인 장소들인 '하숙집', 주막 등을 뜻하는
tavern, 기타 등 '현악기의 나무판 모양을 그린 악보의 일종'
tablature 등과 사촌 단어다"며 다음과 같이 말한다.

　　"로마 학생들은 글쓰기 공부를 마치면 나무판 위의 파라
핀에 살짝 열을 가해 썼던 글씨들을 말끔히 지우고 다시 쓸 수
있었다. 이 노트는 물론 학생들 수학 공부에도 쓰였다. 그래서
지금까지도 서류 중에서 행과 열로 정리된 표를 table이라고
부르는 것이다. 미국에서는 나무판 노트에서 아이디어를 빌려

터치스크린 판으로 된 첨단 기기를 개발했다. 그래서 이걸 tablet으로 부르기로 했다."[40]

13세기부터 쓰인 이 단어가 '정제錠劑(둥글넓적한 모양의 약제)'를 가리키게 된 건 1580년대, 한 장씩 떼어 쓰는 편지지 첩을 의미하게 된 건 1880년부터였다. 영국 제약회사 Burroughs, Wellcome & Company가 그들이 팔던 정제錠劑, tablet에 그리스어 접미사 oid를 붙여 tabloid(타블로이드)라는 말을 만들어낸 건 1884년이다. 정제란 분말 또는 결정성의 의약품에 젖당이나 백당白糖, 아라비아고무, 녹말 등을 섞어서 일정한 형상으로 압축해 만든 고형固形의 약제를 말한다.

타블로이드 상표명이 널리 알려지면서 작게 압축한 것은 모두 타블로이드라 부르기 시작했는데, 그 가운데 하나가 바로 신문 판형을 작게 하는 동시에 내용도 압축적으로 싣는 타블로이드 신문이다. 최초의 타블로이드 신문은 1896년 앨프리드 함스워스Alfred Harmsworth, 1865~1922가 런던에서 발행한 『데일리메일Daily Mail』이다. 함스워스 스스로 이 신문을 '타블로이드'라 불렀다. 그런데 이후 계속 나타난 이런 신문들이 선정주의로 치달으면서 타블로이드 신문이라고 하면 선정주의를 연상하게끔 하는 결과를 초래했다.[41]

한국에서 자주 쓰이는 '찌라시'라는 말은 영어로 뭐라고 해야 할까? 임귀열은 "'찌라시'라는 용어는 말만 들어도 자극적이다. '사설 정보지'쯤으로 알려진 이 표현은 본래 '전단 광고지'라는 의미의 일본말이지만 지금은 본래의 뜻과 다른 의미로 쓰이고 있다"며 다음과 같이 말한다.

"현재 유통되는 찌라시 대부분은 시시콜콜한 정보나 시중의 가십gossip거리를 전달하는 수준인데도 파급력을 갖고 대중의 호기심을 자극한다. 그 이유는 누군가 배후에서 매우 작위적이고 의도적으로 시중의 여론을 뒤엎기 위해 고의로 만들어내는 가공의 정보이기 때문이다. 이를 두고 일부에서는 영어 표현 'Tabloid Truth'라고 부르기도 하는데, 이 표현으로는 한국에서 통용되는 찌라시의 성격을 온전히 담아내지 못한다. 일부러 만들어낸 거짓 정보라는 차원에서 'Tabloid Tales'가 더 정확한 표현이다. 비밀스럽게 작위적으로 퍼뜨리는 정보라는 차원에서 'disinformation tales'라고도 불린다."[42]

오늘날 가장 많이 쓰이는 tablet PC(태블릿 PC)는 tablet의 '평판平板'이란 뜻을 가져다 쓴 것이다. 고대 로마 시대의 용도로 복귀한 셈이다. 태블릿은 IT 업계에선 컴퓨터의 그래픽 사용자 인터페이스에 사용되는 도형 입력판을 가리키는 말로 쓰이다가 2001년 마이크로소프트사가 발표한 '태블릿 PCTablet PC'로 인해 오늘날엔 운영체제의 구별 없이 터치스크린을 주 입력장치로 장착한 휴대용 PC를 가리키는 말이 되었다. 삼성의 갤럭시 노트Galaxy Note처럼 스크린 사이즈가 5~7인치에 이르는 스마트폰은 패블릿phablet, phone+tablet이라고 한다.[43]

2015년 7월 시장조사기관 IC인사이츠는 글로벌 시장에서 패블릿의 2015년 출하량을 2억 5,200만 대로 전망했는데, 이는 2014년 1억 5,200만 대보다 66퍼센트나 성장한 수치다. 반면 태블릿PC 출하량은 2014년 2억 3,400만 대에서 2015년 2억 3,800만 대로 고작 2퍼센트 늘어나는 데 그칠 것으로 예상했다. 전자업계 관계자는 "모바일 스트리밍을 통한 TV 시청방식의 변화 등이 패블릿 시장을 지속적으로 키우는 동력"이라며 "반면 태블릿은 정체성이 흐려지면서 수요의 한계에 부딪혀 있다"고 말했다.[44]

3D 프린터는 우리의 사고방식에 어떤 변화를 가져올까?

●
design thinking

design thinking(디자인적 사고)
은 분석과 직관의 조화를 꾀하는 사고방식을 말한다. 로저 마
틴Roger Martin은 『디자인 씽킹』(2009)에서 "분석적 사고와 직
관적 사고는 둘 다 최적의 경영을 위해 필요하지만, 하나만으
로는 충분하지 않다. 생각의 가장 완벽한 방식은 분석적 사고
에 기반을 둔 완벽한 숙련과 직관적 사고에 근거한 창조적 역
동성이 역동적으로 상호작용하면서 균형을 이루는 것이다"며
다음과 같이 말한다.

"디자인적 사고는 지식 생산 필터를 따라 전진할 수 있도
록 만들어주는 사고방식으로서, 이를 마스터한 기업은 거의
영원히 소진되지 않을 장기적인 경영 우위를 누릴 수 있다. 디
자인적 사고에 근거하여 시스템을 창조적으로 디자인하는 작
업에 집중하는 기업이 누리는 이와 같은 경쟁력 우위는 결국
더 넓은 사업 영역에까지 확대될 것이고, 이들 기업으로부터
세계를 한 단계 앞으로 전진시킬 돌파구가 마련될 것이다."[45]

클라이브 톰슨Clive Thompson은 『생각은 죽지 않는다: 인터
넷이 생각을 좀먹는다고 염려하는 이들에게』(2013)에서 3D

프린터가 디자인적 사고를 이끌어낼 것이라고 전망한다. "디자인에 전혀 흥미를 못 느낀다 해도, 3-D 프린터는 다른 사람들이 디자인한 제품을 통해 사람들의 생각을 자극하는 복제품을 유포할 수 있다. 이것은 놀라운 인지적 혜택이다. 예를 들어 수학의 복잡한 개념도 물리적 대상으로 바꿔놓으면 감각적인 '현실'이 될 수 있다."[46]

바로 그런 이유 때문에 3D 프린터는 저작권 개념에도 변화를 가져올 것으로 예측된다. 3D 프린터의 등장으로 3차원에 존재하는 물체가 '정보 상태'로 인터넷 공간을 돌아다니는 상황이 발생하게 되면서 음악과 동영상을 복제하듯이 물체를 복제하는 게 가능해졌기 때문이다.[47]

community design(커뮤니티 디자인)은 공동체적 가치를 중시하는 디자인을 말한다. 『커뮤니티 디자인』(1999)의 저자 아서 머호프Arthur Merhoff는 커뮤니티 디자인을 "자애롭고 따뜻한 눈으로 동네를 바라보고, 지나온 흔적과 자취를 거듭 생각하면서 동네 분위기에 영향을 줄 수 있는 쟁점과 문제들을 주민들이 진지하게 생각하자는 것"으로 정의한다.[48] 또 박철수는 다음과 같이 말한다.

"커뮤니티 디자인이란 매일 얼굴을 마주하는 동네 사람들이 길을 오가다 만나 소소한 대화를 나눔으로써 공동의 관심사와 정보를 주고받고 서로 생각들을 공유하는 모습으로 동네의 풍경을 만들어가는 활동이고, 일상생활의 터전인 동네의 풍경을 만들어가는 활동이고, 일상생활의 터전인 동네에 대해 관심을 갖자는 운동인 것이다."[49]

transgenerational design(초세대적 디자인)은 고령화로 인한 감각 손상이나 퇴화를 염두에 두고 제품이나 환경을 설계하는 디자인을 말한다. 1986년 미국 시러큐스대학의 산업 디자인 교수 제임스 퍼클James J. Pirkl이 만든 말이다. 이는 장애인을 위한 디자인 개념이기도 하다.[50]

왜 멀티태스킹을 하면 기분이 좋아지는 도취 상태에 빠지는가?

multi-tasker

"두 가지 일을 동시에 한다는 것은 둘 다 안 한다는 뜻이다." 푸빌리우스 시루스Pubilius Syrus, B.C.85~B.C.43라는 로마 시대 작가가 한 말이다.[51] 이 말은 오늘날에도 유효한가? 멀티태스킹multi-tasking(다중처리능력)은 그런 고전적 지혜 또는 고정관념에 도전하는 개념이다.

사람이 한번에 두 가지 이상의 일을 할 수 있다는 발상은 1920년대부터 심리학자들의 연구 주제였으나 '멀티태스킹'이라는 용어가 본격적으로 쓰이기 시작한 건 1960년대 이후였다.[52] 멀티태스킹은 원래 컴퓨터에서 다수의 작업이 중앙처리장치CPU와 같은 공용 자원을 나누어 사용하는 것을 뜻했지만, 이용자 관점에서 그 의미가 확대되었다. 처음엔 컴퓨터를 사용할 때, 한 가지 작업에서 다른 작업으로 왔다 갔다 하면서 동시에 여러 가지 일을 할 수 있는 걸 의미했고, 오늘날엔 꼭 컴퓨터가 아니더라도 다른 여러 가지 일을 동시에 하는 걸 가리키는 말로 쓰인다.

긍정적으로 보자면 멀티태스킹을 하는 멀티태스커 multitasker는 새로운 정보를 남보다 먼저 찾아내기 때문에 새로운 생각을 감지하는 데 뛰어나지만, 부정적으로 볼 때 그들은 자신이 하는 일에 집중하지 못하기 때문에 다소 산만하고 혼란스럽다.[53]

미국 시애틀 아동병원의 아동발달센터장인 디미트리 크리스타키스Dimitri Christakis는 이렇게 말한다. "멀티태스킹에 중독된 어리고 민첩한 두뇌는 일을 매우 빨리 처리할 수 있지만 이는 집중력을 쪼개어 사용하고 이리저리 왔다 갔다 하는 것뿐이죠. 제대로 집중한다고 할 수는 없습니다."[54]

미국 UCLA의 신경과학자 러셀 폴드랙Russell Poldrack 연구팀은 멀티태스킹이 학습에 역효과를 낸다는 보고서를 발표했다. "산만한 환경 때문에 자신이 하고 있는 일에 제대로 집중할 수 없으며 완전히 집중했을 때보다 학습 성취도가 떨어진다." 몇몇 조사 결과에 따르면, 멀티태스킹은 아드레날린과 코르티솔 같은 스트레스성 호르몬의 양을 늘려주며, 그로 인해 일명 '생화학적 마찰'을 일으켜 우리를 빨리 늙게 만든다.[55]

데이비드 크렌쇼David Crenshaw는 『멀티태스킹은 없다』(2008)에서 멀티태스킹은 거짓말에 불과하며, 실제로는 스위치 태스킹switch tasking(업무 전환)이나 백그라운드 태스킹 background tasking(배경 실행)에 불과하다고 주장했다.[56]

MIT대학 심리학과 교수 셰리 터클Sherry Turkle은 『외로워지는 사람들: 테크놀로지가 인간관계를 조정한다』(2010)에서 "묘하게도, 한때 해로운 것으로 생각되었던 멀티태스킹은 세월이 흐르면서 미덕으로 재조명되었다. 또 시간이 지나면서 그것의 장점들에 관한 이야기가 자꾸 부풀려졌고, 한번에 여러 가지 일을 할 수 있는 젊은이들은 명사나 다름없는 대접을 받기에 이르렀다. 전문가들은 멀티태스킹이 단순한 기술이 아니라 디지털 문화에서 성공적일 일과 학습에 꼭 필요한 기술이라 선언하는 데까지 나아갔다"며 다음과 같이 말한다.

"한번에 한 가지 일만 할 수 있는 고리타분한 교사는 학생의 학습에 방해가 될 거라는 우려마저 나왔다. 우리가 얼마나 쉽게 매료되고 말았는지, 놀라움을 금할 수 없다. 멀티태스킹을 연구하는 심리학자들은 효율성에 관해 새로운 점을 발견하지 못한다. 오히려 멀티태스커multitasker들은 시도하는 과제들 중 어떤 것도 잘 수행하지 못한다. 그러나 신체가 멀티태스킹을 '도취' 상태로 유도하는 신경화학물질을 분비하여 보상을 하기 때문에 기분은 좋다. 이 도취 상태는 멀티태스커들에게 특별히 생산적으로 일하고 있다는 착각을 불러일으킨다. 도취감에 젖고 싶어 그들은 훨씬 더 많은 일을 하려 든다."[57]

제10장

no pain, no gain
Viagra
smoking
home
mulligan
sleep deficit
sleep on it
sleeper
Sleeping Beauty syndrome

건강 · 수면 · 스포츠

국제비만대책위원회와
체질량 지수를 믿을 수 있는가?

●
obesity paradox

Obesity is a global problem that has risen to epidemic levels in a number of countries around the world(비만은 전 세계 많은 나라에서 전염병 수준의 세계적인 문제다). 누구나 동의할 수 있는 말이지만, 비만에 대해 과도하게 우려하는 '비만 공포증'은 마케팅의 산물일 수도 있다는 점에 주의를 기울여야 할 것 같다.

J. 에릭 올리버J. Eric Oliver는 『비만의 정치학Fat Politics: The Real Story Behind America's Obesity Epidemic』(2005)에서 이른바 '비만 전염병'의 문제를 끊임없이 거론하는 국제비만대책위원회는 비만 치료용 약의 개발과 선전에 관여하는 제약회사들의 자금을 받아 운영하는 단체라고 말한다.[1]

'비만 전염병'을 진단하는 기준으로 자주 사용되는 BMIBody Mass Index, 즉 '체질량 지수'를 믿을 수 있는가? 체질량 지수는 몸무게를 키의 제곱으로 나눈 수치로, 19세기의 플랑드르Flandre 과학자 아돌프 퀘틀렛Adolphe Quetelet, 1796~1874이 고안한 것이다. 1995년에 세계보건기구WHO는 국제비만대책위원회의 압력을 받아들여 체질량 지수 기준을 개정했고,

이 개정 기준에 따르면 BMI 20 미만일 때를 저체중, 20~24일 때를 정상체중, 25~30일 때를 경도비만, 30 이상일 때에는 비만으로 본다. 이에 따라 이전에는 '정상' 몸무게였던 미국인 30만 명이 하룻밤 사이에 정상이 아닌 몸무게를 가진 것으로 재분류되었다. 수지 오바크Susie Orbach는 『몸에 갇힌 사람들: 불안과 강박을 치유하는 몸의 심리학』(2009)에서 "체질량 지수가 건강 문제에 사용되는 것은 믿기 힘든 현실이다"며 다음과 같이 말한다.

"1950년대를 떠올려보면 의심은 더욱 짙어진다. 당시에는 '말랐다고요? 여름의 즐거움을 놓칠지도 몰라요!'라는 광고 문구로 '슈퍼 웨이트온super wate-on'이라는 알약을 팔았다. 그것을 먹으면 여성들이 '건강하게 몸무게와 살집을 늘릴 수 있다'고 했다. 당시의 미적 이상형을 오늘날로 가져와보면, 틀림없이 체질량 지수 27 이상의 과체중에 속할 것이다."[2]

서양인보다 체격이 작은 한국 등 아시아인의 기준은 더 엄격하다. 세계보건기구WHO는 지난 2000년 한국인 등 아시아인들의 비만 기준을 체질량 지수 25 이상(미국인은 BMI 30 이상)으로 정했는데, 이 기준에 따르면 현재 한국인 남자의 38퍼센트는 비만에 해당한다. 세계보건기구가 아시아인의 체중이 늘어나면서 당뇨병 발생 위험이 민감하게 커져 엄격한 기준을 적용한 것인데, 한림대학교 의대 가정의학과 조정진 교수팀은 이것이 너무 엄격한 잣대라면서 한국인 비만 기준은 BMI 27선이 적당하다고 주장했다.[3]

기준은 다르지만 어느 나라에서나 'BMI가 높을수록 병에 잘 걸리고 사망률도 높다'는 게 상식으로 통하는데, 최근 과학계에선 BMI 기준은 부정확하며 약간 통통한 정도의 사람이 정상 체중의 사람보다 오래 산다는 '비만의 역설obesity paradox'을 제시했다.

2013년 초 미국 국가보건통계청NCHS 연구팀은 『미국의학협회저널JAMA』에 288만 명의 비만도와 27만 건의 사망 사례를 비교한 논문을 실었다. 이에 따르면 국제 기준으로 정상 체중BMI 18.5~24.9인 사람보다 과체중BMI 25~29.9인 사람의 사망률이 6퍼센트 낮았다. 가벼운 비만자BMI 30~34.9도 정상체중 사람과 사망률에 별다른 차이가 없었고, 중·고도 비만인 경우에만 사망률이 크게 높았다.[4]

미국 보디빌더들의
좌우명은 무엇인가?

●
no pain, no gain

No pain, no gain(고생 끝에 낙이 온다). 사자성어로 표현하자면, 고진감래苦盡甘來가 되겠다. "No pains, no gains"로 쓰기도 한다. 1577년 영국 시인 니컬러스 브레튼**Nicholas Breton**이 『Works of a Young Wit』에서 한 말이다. 이와 유사한 속담이 많다. No gains without pains(고생 없이 얻는 건 없다). After pain comes joy(고생 끝에 기쁨이 온다). No reward without toil(수고 없이 얻을 순 없다). No sweat, no sweet(땀 없인 달콤함도 없다). Easy come, easy go=Light come, light go(쉽게 얻은 것은 쉽게 잃는다).[5]

"no this, no that"식 표현의 원조는 "no penny, no pardon"이다. 1531년 존 틴들**John Tyndale**이 로마 교황청의 면죄부**indulgence** 판매를 비판하면서 쓴 말이다.[6]

1952년 미국 대선에서 민주당 후보였던 아들라이 스티븐슨**Adlai Stevenson, 1900~1965**은 대통령 후보 수락 연설에서 "There are no gains without pain"이라고 했는데, 오늘날엔 주로 보디빌딩**bodybuilding** 등과 같이 땀을 흘리고 고통을 감내해야만 눈에 보이는 성과를 거둘 수 있는 일을 하는 사람들

의 좌우명으로 많이 사용된다.[7]

　　take pains는 "수고하다, 애쓰다"인데, 여기서 pains는 "노력, 노고, 고심, 수고"란 뜻이다. The couple went to great pains to keep their plans secret(그 부부는 자신들의 계획을 비밀로 하느라고 무진 애를 썼다). He always takes great pains with his lectures(그는 항상 아주 정성 들여 강의를 한다). I can not figure out how many times we should take pains about this problem(나는 이 문제 때문에 얼마나 많이 애써야 하는지 모르겠다).[8]

　　부모가 돌아가시면 땅에 묻고 배우자가 죽으면 하늘에 묻는데, 자식이 죽으면 '부모는 자식을 가슴에 묻는다'는 말이 있다. 자식을 잃은 부모의 심정은 "Parents live with the pain of loss in their broken heart"로 표현할 수 있겠다.[9] 갓난아기가 고통을 호소하는 울음은 pain cry, 기쁨의 울음은 pleasure cry라고 한다.[10]

　　The pain of the mind is worse than the pain of the body(정신의 고통이 육체의 고통보다 심하다). 기원전 1세기 시리아 출신의 로마 작가인 푸빌리우스 시루스Publilius Syrus, B.C.85~B.C.43의 말이다.

　　Jests that give pains are no jests(고통을 주는 농담은 농담이 아니다). 스페인 작가 세르반테스Miguel de Cervantes, 1547~1616의 말이다.

　　Pain and pleasure, like light and darkness, succeed each other(고통과 쾌락은 빛과 어둠처럼 끊임없이 교차한다). 영국 작가 로런스 스턴Laurence Sterne, 1713~1768의 말이다.

왜 협심증 치료제가 발기부전
치료제가 되었는가?

● Viagra

　　　　　　　　　　　Viagra(비아그라)는 1998년 3월
미국의 세계적인 제약회사인 화이자Pfizer가 시판을 시작한
남성용 발기부전 치료제다. 미국인들의 주요 신혼 여행지며
거침없는 폭포수의 힘을 상징하는 나이아가라 폭포Niagara
Falls와의 연상 작용도 노리는 동시에 vitality(활력), vigor(정
력) 등의 단어 같이 힘을 뜻하는 vi에 힘과 적극성을 뜻하는
aggression(공격)을 연상시키는 agra를 붙여 Viagra로 작명
했다.[11] MBC 예능프로그램 〈나 혼자 산다〉에서 배우 김용건
은 2015년 6월 캐나다 여행에서 찾았던 나이아가라 폭포를
회상하며 "나이야, 가라!"라고 했는데,[12] 비아그라의 작명 방
식과 매우 흡사한 게 놀랍다.

　　2011년 6월 임귀열은 "내년이면 세계시장에서 Phizer의
Viagra의 상표권이 만료된다. 영국에서는 2007년 이후 벌써
만료가 되었다. 이제 Viagra는 고유 상표가 아니라 보통명사
가 되어 viagra로 표기하고 누구나 사용할 수 있다. 등록상표
권을 잃게 되는 Phizer에서는 벌써 Mexico에서 ViagraJet라
는 씹는 비아그라를 내놓았고 New Zealand에서는 파생어 상

표명 Avigra를 내놓을 것이라고 한다"며 다음과 같이 말했다.

"Original Brand가 일반 상품이나 유사 상품으로 불리면 generic product가 된다. 알다시피 generic은 '일반 상품'이라는 뜻이지만 또 다른 의미로는 '상품 등록이 되어 있지 않은'의 뜻이기도 하다. 요즘에는 백화점에서도 '자체 유사 기획 상품generic product'을 만들어 팔기도 하고 약국에서는 성분은 비슷하고 이름만 다른 ABC Tylenol 등도 나온다. 그것이 기획 상품이든 자체 브랜드든 모두가 genuine product는 아니기 때문에 통칭으로 generic product라고 불리는 것이다. 따라서 앞으로 한국 제약회사가 한국형 viagra를 제조 판매한다면 'This is a Korean generic viagra'라고 말해야 할 것이다."[13]

비아그라 때문에 뱀탕 같은 정력제 소비가 절반으로 줄면서 뱀탕집들의 폐업이 속출하고 주택가에 뱀이 나타나는 일이 잦아지고 있다. '뱀탕촌'으로 유명했던 경기도 양평군 용문산 일대에서 20년 이상 뱀탕집을 운영했다는 사람은 이렇게 말했다. "뱀탕 먹으러 이 동네에 하루가 멀다 않고 찾아온 아저씨들이 죄다 비아그라에 빠져가지고……. 이 동네가 기가 세 뱀이 그렇게 많다 해서 유명해진 건데, 사람들 발길이 예전만치 못하니 당연히 문 닫는 곳이 생기지. 그럼 자연히 뱀 잡는 수도 줄고, 그럼 저절로 뱀이 늘어나는 거 아니겠어요?"[14]

비아그라는 세렌디피티serendipity의 대표적 사례로 거론된다. 세렌디피티는 "뜻밖의 발견(을 하는 능력), 의도하지 않은 발견, 운 좋게 발견한 것"을 뜻한다. 형용사형은 serendipitous며, '뜻밖에 행운의 발견을 하는 사람'은 serendipper라고 한다. 애초 협심증 치료제로 개발된 비아그라Viagra는 실험 참가

자들이 남은 약을 반납하지 않아 알아보니 발기부전에 효과가 있다는 사실이 밝혀졌다.[15]

　그런데 이젠 비아그라가 다른 병에도 효용이 있다고 알려지면서 비아그라를 오용하는 일이 벌어지고 있다. 비아그라 오용은 2006년 미국 스탠퍼드대학 연구팀이 높은 고도에서 운동을 하는 선수들이 비아그라를 복용하면 지구력을 높여주고 심폐 능력이 좋아진다는 사실을 발표하면서 본격화되기 시작했다. 이후 산악 등반가들은 기침·호흡곤란·현기증·피로 등의 고산병高山病을 예방하기 위해 비아그라를 복용하기 시작했으며, 미국에서는 적잖은 프로 스포츠 선수들이 경기력 향상을 위해 비아그라를 복용한 것으로 알려졌다.[16]

왜 마크 트웨인은 "금연이 가장 쉬운 일이었다"고 했나?

●
smoking

Cancer cures smoking(흡연은 암에 걸려야 멈춘다). 이처럼 흡연의 어리석음을 고발하는 익명의 '명언'은 무수히 많다. Cigarettes are cancer sticks(담배는 암 걸리는 막대다). When you smoke, you're paying to kill yourself(흡연은 돈 내가면서 죽는 길이다). Keep your cancer to yourself(암은 혼자서 걸리세요). Smoking—a stupid habit for stupid people(흡연은 멍청한 사람들의 멍청한 습관). There are cooler ways to die(죽는 데 더 나은 방법도 있습니다). Pain is temporary. Quitting is forever(금연의 고통은 잠시, 그만두면 효과는 영원하다).[17] 흡연에 관한 명언을 몇 개 더 감상해보자.

To cease smoking is the easiest thing I ever did; I ought to know because I've done it a thousand times(금연이 내겐 가장 쉬운 일이었다. 금연을 1,000번이나 했는데 그걸 모르겠는가). 미국 작가 마크 트웨인Mark Twain, 1835~1910의 말이다. 그는 "모든 것에는 '처음'이라는 것은 단 한번밖에는 없는 반면에 담배의 경우는 '마지막'이라는 것이 셀 수 없

이 많다"고도 했다. 트웨인의 말을 원용한 것인지는 알 수 없으나, 브루스 보헬도 "담배를 끊는 것은 내가 여태껏 한 것 중에서 가장 쉬운 것이었다. 왜냐하면 나는 하루에도 수천 번씩이나 끊었기 때문이다"라고 말했다. 또 장 폴 사르트르Jean Paul Sartre, 1905~1980는 자신의 자존심을 세우기 위해서였는지 "담배가 없는 삶은 살 가치가 거의 없는 것이다"라는 주장까지 폈다.

지그문트 프로이트Sigmund Freud, 1856~1939는 자신이 시가를 피우지 않으면 글을 쓸 수 없고 그렇게 된다면 그것만 한 손실이 어디 있겠느냐며 항변했다. 그의 담배 사랑이 어찌나 지독했던지 아예 『프로이트와 담배』라는 책까지 출간되었다. 피터 게이Peter Gay, 1923~2015는 『프로이트의 생애』에서 "프로이트가 담배를 포기하지 못했다는 것은 인간적인, 너무나 인간적인 그의 성향을 잘 말해주는 것이다"고 주장했는데, 담배를 끊은 사람들은 비인간적이라는 것인가?[18]

I believe the industry as a whole is flagrantly deceptive and dishonest. It says one thing and does another, and I think the public needs to know that(저는 [담배] 산업 전체가 터무니없이 기만적이고 부정직하다고 믿습니다. 말과 행동이 달라요. 저는 사람들이 이걸 알아야 한다고 생각해요). 미국 담배회사 브라운앤드윌리엄슨Brown & Williamson의 연구소 부소장으로 일하면서 담배의 중독성을 낮추려는 연구를 하다가 해직된 제프리 위건드Jeffrey Wigand, 1943~가 『타임』 1996년 3월 11일자 인터뷰에서 한 말이다.

당시 담배회사들이 담배엔 중독성이 없다고 주장하자, 위건드는 그건 새빨간 거짓말이며 실제로는 담배회사들이 중독성을 높이기 위해 애를 쓰고 있다고 폭로해 큰 사회적 반향을 불러일으켰다. 이 내부고발로 인해 그는 모진 고통과 시련을 당한 끝에 부인과 이혼하고 혼자 살면서 'Smoke-Free Kids'라는 조직을 만들어 금연 운동을 전개하고 있다.[19]

There's a myth in American culture that smoking is rebellious and defiant, but the truth is that smokers smoke for a manipulative and unbelievably callous industry(미국 문화엔 흡연이 반항적이고 도전적이라는 신화가 있지만, 진실을 말하자면 흡연자들은 교묘하게 조종하고 믿기지 않을 정도로 냉담한 담배 산업에 놀아나고 있는 거예요). 광고 산업 비판으로 유명한 미국의 여성 사회운동가 진 킬번Jean Kilbourne, 1943~이 2003년 유타대학 강연에서 한 말이다.[20]

왜 야구에서 본루本壘를
'홈 플레이트'라고 할까?

●
home

          home이란 단어는 원래 '집'을
의미하지 않았으며, 사람들이 떠나온 고향 마을이나 도시를
의미했다. household(가정) 역시 아내와 아이 같은 혈족들의
모임이 아니라 장인과 제자, 하인들을 포괄하는 일종의 생산
단위였다. 당시 삶의 대부분은 공적으로 이루어졌고, 사생활
이란 존재하지 않았기 때문이다.[21]

    물론 옛날이야기다. 사생활 개념이 생기면서 home은 우
리 인간에게 가장 소중한 곳이 되었다. 프랑스의 문화인류학
자 클로테르 라파이유Clotaire Rapaille는 "미국인의 가정에 대한
감정은 지구상의 어떤 문화보다도 강할 것이다. 미국인은 가
정을 자신이 성장한 집 또는 가족과 함께 살아가는 곳으로 생
각할 뿐만 아니라 나라 전체로 확장해 생각하기도 한다"며 다
음과 같이 말한다.

    "이러한 사고방식은 미국의 국민적 오락인 야구에서도
나타난다. 이 미국적인 스포츠에 세 개의 루와 하나의 본루
home plate가 있는 것은 우연이 아니다. 미국인에게 가정(홈)은
강력한 보편적 이미지이며, 야구가 이를 웅변적으로 보여준

다. 야구에서 점수를 얻는 유일한 방법은 홈으로 들어오는 것이다. 가정이라는 강력한 이미지는 폴저스Folger's 커피 광고와 홀마크Hallmark 축하 카드에서부터 사랑하는 이에게 돌아오겠다는 약속이 담긴 팝송에 이르기까지 미국 대중문화에 널리 퍼져 있다."[22]

한때 우리나라의 많은 가정에 걸려 있던 '가화만사성家和萬事成'이란 표어를 영어로 뭐라고 표현하면 좋을까? "When one's home is happy(harmonious), all goes well"이다. "Home is where the heart is(고향은 마음이 머무는 곳이다)"라는 말도 있다. 이와 관련된 숙어가 'home away from home(제 집과 같은 안식처)'이다. 가정적인 하숙 따위를 가리키는 데에 쓰는 말이다. 19세기 후반엔 home from home으로 쓰였으나, 1920년대부터 home away from home으로 쓰이기 시작했다.[23] close to home은 "(발언이) 정곡을 찔러, 통절히, 마음에 사무치도록"이란 뜻이다. His advice hit(came, was) close to home(그의 충고는 마음에 통절하게 와 닿았다).[24]

독설가였던 영국 작가 조지 버나드 쇼George Bernard Shaw, 1856~1950는 "Home life is no more natural to us than a cage is to a cockatoo(앵무새에게 새장이 자연스럽지 않듯 가정생활은 우리에게 자연스러운 건 아니다)"라고 했지만, 이런 주장보다는 '가정 예찬론'이 훨씬 더 많다. 두 개만 감상해보자.

He is the happiest, be he king or peasant, who finds peace in his home(왕이건 농부건 자신의 가정에서 평화를 발견하는 이가 가장 행복한 사람이다). 독일 시인 요한 볼프강 괴테Johann Wolfgang von Goethe, 1749~1832의 말이다.

Home is the most popular, and will be the most

enduring of all earthly establishments(가정은 이 세상의 모든 제도 가운데 가장 대중적이며, 그래서 가장 오래 지속될 것이다). 미국 작가 채닝 폴록Channing Pollock, 1880~1946의 말이다.

왜 빌 클린턴 전 대통령은
'빌리건'이라는 별명을 얻었는가?

●
mulligan

1920년대 캐나다 몬트리올의 한 골프장에서 데이비드 멀리건David Mulligan이란 골퍼가 티샷을 날렸는데, 공이 떨어진 위치가 마음에 들지 않아 티샷을 한 번 더 날렸다. 그리고 나서 그는 이를 '교정 샷correction shot'이라 우겼지만, 함께 경기를 하던 일행들은 '멀리건'이라 부르는 게 더 좋겠다고 입을 모았다. 그때부터 사람들은 티샷을 잘못 쳤을 때 벌타 없이 다시 치는 행위를 '멀리건'이라 부르기 시작했다. 1890년대 아일랜드의 유명 골퍼였던 퍼커스 오사프네시 멀리건이 이와 같은 행위를 자주해서 붙은 이름이라는 설도 있다.

골프 규칙에 멀리건이라는 용어는 없고 아마추어나 프로 가릴 것 없이 스코어로 시상하는 시합에서는 멀리건의 개념이 존재하지 않는다. 아마추어들의 경기에서는 가끔 멀리건을 주고받지만 원칙적으로 반칙이다. 미국의 빌 클린턴 전前 대통령은 골프장에서 멀리건을 남용해 '빌리건'이라는 별명으로 불리기도 했다.[25]

구연찬 장암칼스 회장은 자신의 골프 철학에 대해 이렇게 말했다. "골프는 자신과의 싸움입니다. 골프를 칠 때 첫 번째 원칙이 룰을 지키는 것입니다. 멀리건(무벌타 티샷)을 하나도 받지 않고 룰대로 쳐서 공을 홀에 넣었을 때 자부심을 느끼죠. 골프에서 룰을 지키는 습관을 배우고 이를 회사 경영에도 적용해왔습니다." "라운드 할 때 멀리건을 절대 안 받습니다. 자신과의 싸움이니 있는 그대로 점수를 다 적습니다. 한 번은 파 3홀에서 OB를 3번 내서 9타로 홀아웃 한 적도 있어요. 스코어는 나쁠지 몰라도 깨끗하게 쳤다는 데 자부심을 느낍니다."[26]

미국 심리학자 댄 애리얼리Dan Ariely는 2009년 수천 명의 골퍼에게 '다른 사람에게 들킬 염려가 없는 상황에서 자신에게 얼마나 멀리건을 허용할 것인지'를 묻는 설문지를 돌렸다. 1번 홀과 9번 홀에서 멀리건 가능성은 크게 차이가 났다. 평균적인 아마추어 골퍼의 40퍼센트가 1번 홀에서 멀리건을 행사하는 데 비해 9번 홀에서는 15퍼센트만이 멀리건을 행사할 것이라고 답했다. 1번 홀에서는 멀리건을 합리화하기 훨씬 쉽다는 이유에서다. 이들은 흔히 1번 홀에서 엉뚱한 곳으로 공이 떨어졌을 때 "지금까지는 연습이었다고 이제부터 진짜 시작하는 거야"라고 말한다.[27] 이 설문조사의 의미는 무엇일까? 애리얼리는 『거짓말하는 착한 사람들: 우리는 왜 부정행위에 끌리는가』(2012)에서 다음과 같이 말한다.

"골프에서의 부정행위는 우리가 실험실에서 진행한 여러 실험을 통해 발견한 부정행위의 특성을 그대로 반영하는 것 같다. 우리의 행동이 부정한 행위와 심리적으로 멀리 떨어져 있을 때, 그 행동이 판정 유보 상태일 때 그리고 우리가 그 행동을 더 쉽게 합리화할 수 있을 때 골퍼들은 (지구상의 모든 사람들과 마찬가지로) 훨씬 더 쉽게 부정한 행동을 한다. 또한 골퍼들은 (모든 사람이 그렇듯) 정직하지 못한 사람이 될 수 있는 능력을 가지고 있는 동시에 스스로를 정직한 사람이라 생각하는 듯하다."[28]

왜 잠은 성공한 기업가들의
새로운 지위적 상징이 되었나?

⦿
sleep deficit

수면의학 권위자인 미국 수면의학자 윌리엄 디멘트William C. Dement는 『수면의 약속The Promise of Sleep: A Pioneer in Sleep Medicine Explores the Vital Connection Between Health, Happiness, and a Good Night's Sleep』(2000)에서 '수면 빚sleep debt'의 위험성을 경고했다. sleep deficit라고도 하는 sleep debt는 수면 부족으로 인해 나타나는 누적적 효과를 뜻하는 개념이다.

디멘트에 따르면 수면 부족의 축적은 반드시 갚아야 한다는 점에서 금전적인 빚과 같아 수면 부족으로 인한 졸음은 많은 대형사고의 원인이 된다. 그는 "졸음에 대한 무지를 '국가 비상사태'로 본다"며 "졸음은 경쟁력을 갉아먹는다. 집중력 저하, 의사 결정의 지연과 오류, 무관심, 동기 상실과 같은 문제가 발생한다"고 했다.[29]

찰스 자이슬러Charles Czeisler 교수는 2006년 『하버드비즈니스리뷰』에 기고한 「수면 부족: 성과의 살인범Sleep Deficit: The Performance Killer」이라는 논문에서 수면 부족을 알코올 과다 섭취에 견주었다. 24시간 동안 수면을 취하지 않거나(하룻밤을 새우거나), 한 주 동안 하루 4~5시간의 수면만을 취하면 혈중 알코올 농도 0.1퍼센트에 해당하는 정도의 무기력함을 나타내 보인다는 것이다.[30]

2013년 미국 질병예방통제센터는 수면 부족을 공중보건 유행병public health epidemic으로 선포했다. 수면 부족엔 문화적인 문제도 있다. 미국인들은 잠을 가치 있는 것으로 여기지 않는다. 좋은 잠을 약물로 대체하는 사람도 많다. 라틴 문화권에는 시에스타siesta라고 하는 낮잠 문화가 있지만 미국, 영국, 캐나다 같은 나라에서는 낮잠이라고 하면 눈살부터 찌푸린다. 이에 대해 수면 전문가 데이비드 랜들David Randall은 다음과 같이 말한다.

"긴장을 푼답시고 호화로운 휴가에 몇 천 달러씩 펑펑 쓰고, 운동을 한다고 몇 시간씩 땀을 뻘뻘 흘리고, 유기농 식품에 돈을 물 쓰듯 쓰면서도 여전히 우리의 문화적 풍토에서 잠이란 그저 미뤄도 되는 것, 약 먹고 버티면 그만인 것, 무시해도 되는 것으로 남아 있다. 우리는 좀처럼 잠을 건강에 대한 투자로 생각하지 않는다. 어쨌거나 그것은 그저 잠에 불과하니까 말이다. 머리를 베개에 처박고 있는 동안 삶을 발전시키기 위한 능동적인 단계를 밟고 있다고 느끼기는 어려운 법이다."[31]

톰 호지킨슨Tom Hodgkinson은 『게으름을 떳떳하게 즐기는 법How to Be Idle』에서 그런 사람들을 향해 잠이야말로 "인생을 살며 누리는 가장 중요한 기쁨 가운데 하나"라고 치켜세우며, "슬픔을 이기게 해주는 좋은 친구"며, 아예 한 발 더 나아가 창의적 생산성의 원천이라고 칭송한다. "푹 자고 나면 다른 사람이 된 것만 같은 기분을 맛본다. 한결 상쾌하고 너그러워지며 남을 돕고 싶어진다. 또 더욱 생산적이 된 것 같다."[32]

그러나 누군들 그걸 몰라서 잠을 줄이려고 들겠는가. 낸시 제프리Nancy Jeffrey가 『월스트리트저널』(1999년 4월 2일)에 쓴 「수면은 성공한 기업가들의 새로운 지위적 상징이다Sleep Is the New Symbol for Successful Entrepreneurs」라는 글처럼, 가진 게 있어야 잠도 마음껏 잘 수 있는 법이다. 제프리는 다음과 같이 말했다.

"잠은 스트레스에 지쳐 있는 미국에서는 매우 희소한 상품이며, 이제는 새로운 지위적 상징이 되었다. 한때 긴 숙면은 나약한 실패자의 상징으로 치부되었으나—1980년대만 하더라도 성공한 사람들 사이에서는 '잠이라는 건 바보들의 것이다'라는 말과 더불어 '패배자들이나 점심을 먹는다'라는 말이 유행하기도 했다—지금은 창의적인 경영자들에게는 재충전을 위해 꼭 필요한 수단으로 그 가치를 인정받고 있다." [33]

왜 하룻밤 자면서 충분히
생각해보는 건 과학적인가?
●
sleep on it

sleep on it은 "하룻밤 자고 생각하다, ~에 대해 즉답을 하지 않다"는 뜻이다. 16세기 초부터 쓰인 말이다. The boss said he'd tell me tomorrow if I got the job or not. He had to sleep on it(사장은 나를 고용할 것인지 하지 않을 것인지 내일 말해주겠다고 했다. 하룻밤 자고 생각해보겠다는 것이었다).[34]

잠을 자는 중에도 두뇌는 일을 한다고 하니, 잠을 적敵처럼 대하는 건 다시 생각해보는 게 좋겠다. 리처드 왓슨Richard Watson은 『퓨처 마인드: 디지털 문화와 함께 진화하는 생각의 미래』(2010)에서 "한때 '하룻밤 자면서 충분히 생각해본다sleep on it'란 말이 유행한 적이 있지만, 1953년이 돼서야 사람들은 두뇌가 잠을 잘 때도 기능을 멈추지 않는다는 것을 깨달았다"며 다음과 같이 말한다.

"우리가 잠을 잘 때 두뇌는 그날 받은 정보를 처리하느라 바쁘다. 좀더 구체적으로 말하면, 두뇌는 최근 기억을 갖고, 그것을 안정시킨 후 다시 장기적인 저장을 위해 외진 곳으로 옮겨둔다. 우리는 항상 정보를 처리하고 있지만, 잠을 자면서

342

He had to sleep on it

기억을 강화하고 적극적으로 기억을 선별하면서 곧바로 필요한 기억과 그렇지 않은 기억을 분리한다."[35]

1998년 미국의 신경과학자 마커스 라이클Marcus Raichle은 자기공명영상MRI을 연구하다가 한 가지 놀라운 사실을 발견했다. 라이클의 연구에 따르면, 실험 참가자가 테스트 문제에 집중하면서 생각에 골몰하기 시작하자 두뇌 특정 영역들의 활동이 늘어나는 게 아니라 줄어들었으며, 테스트가 끝나자 이 영역의 활동은 비약적으로 늘어났다. 예상과 달리 두뇌는 정신적으로 아무것도 하지 않을 때 그 활동을 더욱 강화한다는 사실에 충격을 받은 라이클은 이 같은 신경 활동의 기묘한 특성을 '디폴트 네트워크default network'라고 불렀다. 디폴트 네트워크는 default mode network, default state network, resting-state network, task-negative network, 또는 줄여서 DN이라고도 한다.[36]

왜 이런 디폴트 네트워크가 존재하는 걸까? 데이비드 디살보David DiSalvo는 『나는 결심하지만 뇌는 비웃는다What Makes Your Brain Happy and Why You Should Do the Opposite』(2012)에서 디폴트 네트워크가 우리의 자아의식에 필수 불가결하다는 이론이 가장 설득력 있다고 주장한다. 그는 "당신이 온통 바깥세상에만 관심을 쏟는다고 상상해보라"며 다음과 같이 말한다.

"그러면 당신은 생각을 효과적으로 표현하는 데는 익숙하겠지만 자신의 내면을 들여다볼 기회는 얻지 못할 것이고, 결국 '자기' 안에 있는 '진짜 자신'을 절대 만날 수 없게 될 것이다. 또한 제대로 직시하지 못한 정보는 처리할 수 없게 될 것이다. 디폴트 네트워크는 우리가 멍한 상태에 빠져 있을 때, 혹은 우리가 잠을 자는 동안에도 정보를 소화하고 이해할 수 있게 해준다. '문제를 안고 잠이 들었다가 답을 안고 깬다'라는 속담이 아주 근거 없는 말은 아니다."[37]

대니얼 J. 레비틴Daniel J. Levitin은 『정리하는 뇌The Organized Mind』(2014)에서 디폴트 네트워크를 '백일몽 네트워크daydreaming network' 혹은 '몽상 네트워크mind-wandering network'로 부르면서 이렇게 말한다. "이것은 우리가 백일몽을 꾸거나 마음의 방랑을 한 이후 상쾌한 기분을 느끼는 이유, 휴가와 낮잠이 원기 회복에 도움이 되는 이유를 설명해준다."[38]

우리 마음속엔 어떤 성향이나 메시지가 잠들고 있는가?

•
sleeper

sleeper는 "자고 있는 (눈에 띄지 않는) 것, 뜻하지 않게 히트한 상품, (경마의) 다크호스, 갑자기 진가를 발휘하는 사람, 긴급사태 발생에 대비하고 있는 첩보원sleeper agent, mole"을 뜻한다. sleeper는 원래 경마에서 직전의 경주를 뛰지 않아 힘을 비축해둠으로써 우승 확률이 높은 말을 가리킨다. 정치 분야에선 처음엔 눈에 띄지 않았지만 나중엔 법안 자체의 취지를 무력화시키는 법안 부가조항을 말한다.[39]

존 슈타이너John M. Steiner는 1982년에 발표한 「사회심리학적 관점에서 본 SS 친위부대의 어제와 오늘」이라는 글에서, 어떤 한 개인 안에 존재하지만 여전히 계속 보이지 않게 남아 있는 어떤 성향, 곧 어떤 특정하고 적절한 조건들 아래서만 표면화될 수 있거나 그런 조건에서 반드시 표면화될 수밖에 없는 성향을 가리켜 '슬리퍼sleeper'라고 했다. 지금까지 그 성향을 억누르면서 표면 밑에 감춰 두게 했던 그 요인들이 일단 갑자기 약화되거나 사라지면 그 성향이 표면화된다는 것이다.

심리학자 어빈 스토브Ervin Staub는 1989년에 출간한 『악의 근원들The Roots of Evil』에서 한 걸음 더 나아가 그처럼 악의를 품고 있는 '슬리퍼들'이 대부분의 인간들 속에, 아니 어쩌면 모든 인간 속에도 현존하고 있다는 가설을 제시했다.[40]

소비자들이 어떤 제품에 대한 광고를 처음 접했을 때 싫어하더라도 자주 반복해서 보면, 나중에 마트에 가서는 싫어했던 감정은 잊어버리고 친숙한 인지도만 남아 그 제품을 사는 경우가 있다. 이를 처음에는 잠자고 있던 효과가 나중에는 깨어난다는 의미에서 '수면자 효과sleeper effect' 또는 '잠복 효과'라고 한다. 이에 대해 이명천·김요한은 다음과 같이 말한다.

"실제로 TV에서 방영되는 많은 저관여 제품 광고들을 보면, 때론 유치하고 '내가 만들어도 저것보다는 잘 만들 수 있겠다'라는 생각이 드는 것들도 있다. 과연 국내의 대표적인 광고 전문가들이 비싼 비용을 들여가며 그 정도밖에 만들지 못하는 것일까? 아니면 반복하는 동안 기억하기 쉽게 일부러 그렇게 만든 것일까? 단정할 수는 없지만, 때로는 일부러 그렇게 만드는 경우도 있다. 대신 자주 반복하며 소비자의 기억 속에 들어가기 위한 것이다. 그렇게 익숙하고 친근해질수록 호감도 생기며 실제 구매에도 영향을 미치기 때문이다."[41]

sleeper hit(슬리퍼 히트)는 어떤 대중문화 상품이 처음엔 크게 성공하지 못했지만, 오랜 시간 '수면' 상태에 있다가 뒤늦게 성공하는 걸 말한다. 예컨대, 이민희는 이렇게 말한다. "클래지콰이의 주요곡으로는 MBC 드라마 〈내 이름은 김삼순〉(2005)에서 처음 선보였던 〈She Is〉(2005. 6)를 꼽을 수 있다. 〈She Is〉는 이른바 '슬리퍼 히트'라고 말할 수 있는 노래다. 드라마가 종영되고 시간이 어느 정도 흐른 뒤에 회자되기 시작했다. 전주가 시작되면서 즉시 터져나오는 가사 '숨겨왔던 나의……'가 어느 네티즌들이 편집한 일정한 성격의 영상과 맞물리면서다. 잠들어 있던 곡을 깨운 이들은 주로 드라마 팬들이다."⁴²

왜 헬렌 워터슨은
하루에 21시간을 자야 하는가?
●
Sleeping Beauty syndrome

Look through any video archive. Pre—MTV rock concert footage seems to sleepwalk. Jump cuts were the preserve of avant—garde cinema, not de rigueur in commercials for spectators younger than thirty. Look back fifty years, and it is hard to resist the impression that the movies were slower, newspaper and magazine articles longer, sentences longer and more complex, advertising text drawn out.

그 어떤 비디오 자료라도 훑어보라. MTV가 나오기 전에 록 콘서트의 장면들은 몽유병을 앓은 것처럼 느릿느릿해 보인다. 점프컷(짧은 컷을 연속하여 배열하는 것)은 아방가르드 영화의 부산물이었지, 30세 미만 관중을 대상으로 한 상업광고 형식은 아니었다. 50년 전으로 거슬러 올라가 보면 영화는 지금보다 훨씬 느리다. 뿐만 아니라 뉴스와 잡지의 기사는 더 길고, 문장은 더 장황하고 복잡하며, 광고 문구도 더 늘어져 있다는 느낌을 지울 수가 없다.[43]

미국 사회학자 토드 기틀린Todd Gitlin이 『무한 미디어: 미디어 독재와 일상의 종말Media Unlimited: How the Torrent of Images and Sounds Overwhelms Our Lives』(2002)에서 MTV의 등장 이후 '뒤틀린 속도의 문화'에 대해 한 말이다.

sleepwalk는 '몽유병 증세를 보이다', sleepwalker는 몽유병자를 뜻한다. 몽유병은 sleepwalking 또는 somnambulism이라고 한다. 수면과 관련된 병엔 몽유병 외에 기면증Narcolepsy, 嗜眠症이 있다. 일상생활 중 발작적으로 졸음에 빠져드는 신경계 질환이자 수면 장애다. 최근 원인이 일부 밝혀져서 기면병嗜眠病이라고도 한다. 한국 표준 질병 사인 분류에는 신경 계통의 질환―수면 장애Sleep disorders―발작성 수면 및 탈력 발작Narcolepsy and cataplexy으로 등록되어 있다. 2009년 5월, 보건복지부는 기면증을 희귀·난치성 병으로 지정했다. [44]

또 다른 수면 장애에 관한 질환으로 '과면증過眠症, Hypersomnias'과 '클레인 레빈 증후군Kleine-Levin Syndrome'이 있다. 둘의 나타나는 증세는 거의 같지만, 전자는 날마다 불규칙적으로 수시로 증세가 나타나는 것에 비해 후자는 보통 1년에 두세 차례 발생한다는 점에서 차이가 있다. '클레인 레빈 증후군'은 20세기 초 이 병을 발견한 윌 클레인Will Kleine과 막스 레빈Max Levin의 이름을 딴 것으로, 일명 '잠자는 숲 속의 공주 증후군Sleeping Beauty syndrome'이라고 불리기도 한다. [45]

'클레인 레빈 증후군'은 전 세계에 환자가 1,000명 정도 있으며, 뾰족한 치료 방법이 없는 것으로 알려졌다. 2014년 11월 영국 『미러』 등 외신은 이 병을 앓는 헬렌 워터슨(36·여)의 사연을 소개했다. 워터슨은 24시간 중 무려 21시간을 자며, 나머지 3시간은 깨어 있어도 깨어 있는 게 아닌 제대로 된 인생을 살지 못하고 있다.

　　워터슨의 일상은 단순하다. 21시간에 걸친 잠에서 깨어 난 뒤, TV를 보는 게 전부다. 워터슨이 대중 앞에 나선 건 자신 을 괴롭히는 증후군이 있다는 사실을 많은 사람이 알아주기를 바랐기 때문이다. 그녀는 "난 항상 지쳐 있고 아프다"며 "더 이 상 누군가와의 교류도 기대할 수 없다"고 말했다. 그러면서 "난 이제 내 삶을 받아들이기로 했다"며 "불행하게도 난 동화 속 공주처럼 행복한 인생을 살진 못할 것 같다"고 덧붙였다.[46]

주

머리말

1 앤서니 그랜트(Anthony M. Grant)・앨리슨 리(Alison Leigh), 정지현 옮김, 『행복은 어디에서 오는가』(비즈니스북스, 2010/2013), 95쪽.

2 Stewart Edelstein, 『Dubious Doublets』(Hoboken, NJ: Wiley, 2003), pp.11~12; John Ayto, 『Word Origins: The Hidden Histories of English Words from A to Z』, 2nd ed.(London, UK: A & C Black, 2005), p.55.

3 앤서니 그랜트(Anthony M. Grant)・앨리슨 리(Alison Leigh), 정지현 옮김, 『행복은 어디에서 오는가』(비즈니스북스, 2010/2013), 103~104쪽.

4 니컬러스 에플리(Nicholas Epley), 박인균 옮김, 『마음을 읽는다는 착각: 오해와 상처에서 벗어나는 관계의 심리학』(을유문화사, 2014), 96~97쪽.

제1장 심리・마음・두뇌

1 박윤진, 「'뉴스룸' 절대 미남 정우성, 절대 지성 손석희를 만나다」, 『마이데일리』, 2016년 1월 8일.

2 더글러스 켄릭(Douglas T. Kenrick), 최인하 옮김, 『인간은 야하다: 진화심리학이 들려주는 인간 본성의 비밀』(21세기북스, 2011/2012), 83쪽.

3 서창원・민윤기, 『생활 속의 심리학』(시그마프레스, 2007), 452~453쪽.

4 조승연, 「[Weekly BIZ] [인문학으로 배우는 비즈니스 영어] project」, 『조선일보』, 2015년 1월 3일.

5 일레인 아론(Elaine N. Aron), 고빛샘 옮김, 『사랑받을 권리: 상처 입은 나를 치유하는 심리학 프레임』(웅진지식하우스, 2010), 99~100쪽.

6 샌디 호치키스(Sandy Hotchkiss), 이세진 옮김, 『사랑과 착취의 심리』(교양인, 2002/2005), 27쪽.

7 이하경, 「개 밥그릇 챙긴 고관, 돈 말리는 선장」, 『중앙일보』, 2014년 4월

23일.

8 「introspection」,『네이버 영어사전』.

9 강현식,『꼭 알고 싶은 심리학의 모든 것』(소울메이트, 2010), 395쪽.

10 이남석,『편향: 나도 모르게 빠지는 생각의 함정』(옥당, 2013), 190쪽; 「Introspection illusion」,『Wikipedia』.

11 로버트 코펠(Robert Koppel), 권성희 옮김,『투자와 비이성적 마인드: 감정은 어떻게 객관적 데이터를 왜곡하는가?』(비즈니스북스, 2011/2013), 253쪽.

12 범상규 · 송균석,『호모 이코노미쿠스: 비합리적 소비 행동에 숨은 6가지 심리』(네시간, 2010), 166쪽; 롤프 도벨리(Rolf Dobelli), 두행숙 옮김,『스마트한 선택들: 후회없는 결정을 하기 위해 꼭 알아야 할 52가지 심리 법칙』(걷는나무, 2012/2013), 98~100쪽; 강준만,「왜 취업에 성공하면 '내 실력 때문' 실패하면 세상 탓'을 하는가?: 이기적 편향」,『감정 독재: 세상을 꿰뚫는 50가지 이론』(인물과사상사, 2013), 56~60쪽 참고.

13 이남석,『편향: 나도 모르게 빠지는 생각의 함정』(옥당, 2013), 191~194쪽.

14 엘리엇 애런슨(Elliot Aronson) · 캐럴 태브리스(Carol Tavris), 박웅희 옮김,『거짓말의 진화: 자기정당화의 심리학』(추수밭, 2007), 69~70쪽.

15 「scarcity」,『다음 영어사전』;「scarcity」,『네이버 영어사전』.

16 베르나르 마리스(Bernard Maris), 조홍식 옮김,『케인즈는 왜 프로이트를 숭배했을까?: 경제학자들이 말하지 않는 경제학 이야기』(창비, 2006/2009), 48~49쪽.

17 엘든 테일러(Eldon Taylor), 이문영 옮김,『무엇이 우리의 생각을 지배하는가』(알에이치코리아, 2009), 71쪽.

18 로버트 치알디니(Robert Cialdini) 외, 윤미나 옮김,『설득의 심리학 2』(21세기북스, 2007/2008), 176쪽.

19 로버트 치알디니(Robert Cialdini), 황혜숙 옮김,『설득의 심리학(개정5판)』(21세기북스, 2009/2013), 339~342쪽.

20 로버트 치알디니(Robert Cialdini), 황혜숙 옮김,『설득의 심리학(개정5판)』(21세기북스, 2009/2013), 360~361쪽.

21 로버트 치알디니(Robert Cialdini), 황혜숙 옮김,『설득의 심리학(개정5판)』(21세기북스, 2009/2013), 366~367쪽.

22 「affinity」,『네이버 영어사전』.

23 Adrian Room,『Brewer's Dictionary of Modern Phrase & Fable』(London: Cassell, 2002), p.12.

24 마거릿 헤퍼넌(Margaret Heffernon), 김성훈 옮김,『경쟁의 배신: 경쟁은 누구도 승자로 만들지 않는다』(알에이치코리아, 2014), 355~356쪽.

25 더글러스 러시코프(Douglas Rushkoff), 오준호 옮김,『보이지 않는 주인: 인간을 위한 경제는 어떻게 파괴되었는가』(웅진지식하우스, 2009/2011), 330쪽.

26 앤디 메리필드(Andy Merrifield), 김병화 옮김, 『마주침의 정치』(이후, 2013/2015), 135쪽.

27 선안남, 『스크린에서 마음을 읽다』(시공사, 2011), 65쪽.

28 백승찬, 「책과 삶 모두가 '예' 할 때 '아니요' 할 수 있는가」, 『경향신문』, 2015년 7월 4일.

29 마이클 가자니가(Michael S. Gazzaniga), 박인균 옮김, 『뇌로부터의 자유: 무엇이 우리의 생각, 감정, 행동을 조종하는가?』(추수밭, 2011/2012), 247쪽.

30 리처드 레스택(Richard M. Restack), 홍승효 옮김, 『인간적인, 너무나 인간적인 뇌』(휴머니스트, 2012/2015), 103~104쪽.

31 모리스 크랜스톤(M. W. Cranston), 「로크와 동의에 의한 정치」, 데이비드 톰슨(David Thomson) 엮음, 김종술 옮김, 『서양 근대정치사상』(서광사, 1990), 99~117쪽; 홍사중, 『근대시민사회사상사』(한길사, 1997); 강준만, 「experience」, 『교양영어사전 2』(인물과사상사, 2013), 237~239쪽 참고.

32 김대식, 「[김대식의 브레인 스토리] (138) 설명하기 힘든 사실들」, 『조선일보』, 2015년 6월 4일.

33 리처드 셴크먼(Richard Shenkman), 강순이 옮김, 『우리는 왜 어리석은 투표를 하는가: 욕망과 무지로 일그러진 선거의 맨 얼굴』(인물과사상사, 2008/2015), 168~169쪽.

34 톰 지그프리드(Tom Siegfried), 이정국 옮김, 『호모루두스: 존 내시의 게임 이론으로 살펴본 인간 본성의 비밀』(자음과모음, 2006/2010), 168~169쪽; 마크 핸더슨(Mark Henderson), 윤소영 옮김, 『상식 밖의 유전자』(을유문화사, 2009/2012), 110~115쪽; 강준만, 「'블랭크 슬레이트'는 어디에서 나온 말인가?: blank slate」, 『인문학은 언어에서 태어났다: 재미있는 영어 인문학 이야기』(인물과사상사, 2014), 125~126쪽.

35 더글러스 밴 프랫(Douglas Van Praet), 권혜숙 옮김, 『세상 모든 지갑을 열게 하는 95% 법칙』(엑스오북스, 2012/2015), 62쪽.

36 Albert Jack, 『Black Sheep and Lame Ducks: The Origins of Even More Phrases We Use Every Day』(New York: Perigree Book, 2007), pp.143~144.

37 김기란·최기호, 『대중문화사전』(현실문화, 2009), 212쪽.

38 Adrian Room, 『Brewer's Dictionary of Modern Phrase & Fable』(London: Cassell, 2002), p.211.

39 정이나, 「오바마 '빈둥지증후군'…딸들 떠날 생각에 눈물 '찔끔'」, 『뉴스1』, 2015년 4월 8일; 강준만, 「왜 한국의 가족주의를 '파시즘'이라고 하는가? 빈둥지신드롬」, 『독선 사회: 세상을 꿰뚫는 50가지 이론 4』(인물과사상사, 2015), 103~107쪽 참고.

40 조르디 쿠아드박(Jordi Quoidbach), 박효은 옮김, 『행복한 사람들은 무엇이 다른가: 행복을 결정짓는 작은 차이』(북로드, 2010/2014), 134~136쪽.

41 「restorative」, 『네이버 영어사전』.

42 앤서니 기든스(Anthony Giddens) · 필립 서튼(Philip W. Sutton), 김봉석 옮김, 『사회학의 핵심 개념들』(동녘, 2014/2015), 404~405쪽.

43 하워드 제어(Howard Zehr), 손진 옮김, 『회복적 정의란 무엇인가?: 범죄와 정의에 대한 새로운 접근』(KAP, 1990/2010), 213~216쪽.

44 하워드 제어(Howard Zehr), 손진 옮김, 『회복적 정의란 무엇인가?: 범죄와 정의에 대한 새로운 접근』(KAP, 1990/2010), 259쪽.

45 박숙영, 『공동체가 새로워지는 회복적 생활교육을 만나다』(좋은교사, 2014); 강준만, 「왜 소통을 하는 데 지팡이가 필요한가?: talking stick」, 『재미있는 영어 인문학 이야기 1』(인물과사상사, 2015), 205~207쪽 참고.

46 앨런 밀러(Alan S. Miller) · 가나자와 사토시(Satoshi Kanazawa), 박완신 옮김, 『처음 읽는 진화심리학』(웅진지식하우스, 2007/2008), 16~17쪽.

47 프란츠 부케티츠(Franz Wuketits), 염정용 옮김, 『왜 우리는 악에 끌리는가: 선악의 본질에 대한 진화론적 고찰』(21세기북스, 1999/2009), 164~165쪽.

48 롭 브룩스(Rob Brooks), 최재천 · 한창석 옮김, 『매일 매일의 진화생물학』(바다출판사, 2015), 35~36쪽.

49 「Self-determination theory」, 『Wikipedia』.

50 C. Page Moreau & Darren W. Dahl, 「인지적 제약과 소비자 창의성」, Arthur B. Markman & Kristin L. Wood 공편, 김경일 외 공역, 『혁신의 도구』(학지사, 2009/2013), 211쪽.

51 에드워드 데시(Edward L. Deci) · 리처드 플래스트(Richard Flaste), 이상원 옮김, 『마음의 작동법: 무엇이 당신을 움직이는가』(에코의서재, 1995/2011), 250쪽.

52 라즐로 복(Laszlo Bock), 이경식 옮김, 『구글의 아침은 자유가 시작된다: 구글 인사책임자가 직접 공개하는 인재등용의 비밀』(알에이치코리아, 2015), 266~267쪽.

53 문요한, 『스스로 살아가는 힘: 내가 선택하고 결정하는 인생법』(더난출판, 2014), 111~112쪽.

제2장 정치 · 갈등 · 리더십

1 「alternative」, 『네이버 영어사전』.

2 Adrian Room, 『Brewer's Dictionary of Modern Phrase & Fable』(London: Cassell, 2002), pp.23~24.

3 「Alternative」, 『Wikipedia』.

4 William Safire, 『Safire's Political Dictionary』(New York: Random House, 1978), p.47.

5 E. E. Schattschneider, 『The Semi-Sovereign People: A Realist's View of Democracy in America』(New York: Holt, Rinehart and Winston, 1960),

p.68.

6 E. E. Schattschneider, 『The Semi-Sovereign People: A Realist's View of Democracy in America』 (New York: Holt, Rinehart and Winston, 1960), p.121.

7 임귀열, 「임귀열 영어] Measure is treasure(중용이 최고)」, 『한국일보』, 2010년 4월 28일.

8 손호철, 「한국의 신자유주의와 민주주의」, 안병영・임혁백 편, 『세계화와 신자유주의: 이념・현실・대응』 (나남, 2000).

9 Robert D. Putnam, 『Bowling Alone: The Collapse and Revival of American Community』 (New York: Touchstone Book, 2000), p.336.

10 Erich Fromm, 오제운 옮김, 『To Have or to Be?』 (YBM Si-sa, 1976/1986), 188~189쪽.

11 Saul D. Alinsky, 『Reveille for Radicals』 (New York: Vintage Books, 1946/1989), pp.193~194.

12 David Riesman, Nathan Glazer, Reuel Denney, 『The Lonely Crowd: A Study of the Changing American Character』 (Garden City, N.Y.: Doubleday Anchor Books, 1950/1954), p.228.

13 B. Bishop, 『The Big Sort: Why the Clustering of Like-Minded America Is Tearing Us Apart』 (New York: Mariner Books, 2009); D. Roussopoulos & C. G. Benello, eds, 『Participatory Democracy: Prospects for Democratizing Democracy』 (New York: Black Rose Books, 2005).

14 「Politics」, 『Wikipedia』.

15 임귀열, 「임귀열 영어] Your vote is your voice(투표로 의사 표현을)」, 『한국일보』, 2010년 5월 19일; 강준만, 「politics」, 『교양영어사전 2』 (인물과사상사, 2013), 525~526쪽 참고.

16 임귀열, 「임귀열 영어] Politics is…(정치는 무엇인가)」, 『한국일보』, 2012년 3월 7일.

17 Alvin W. Gouldner, 『The Dialectic of Ideology and Technology: The Origins, Grammar, and Future of Ideology』 (New York: Oxford University Press, 1976), p.153.

18 Claus Mueller, 『Politics of Communication: A Study in the Political Sociology of Language, Socialization, and Legitimation』 (New York: Oxford University Press, 1973), p.113.

19 Neil Postman, 『Amusing Ourselves to Death: Public Discourse in the Age of Show Business』 (New York: Penguin Books, 1985), p.125.

20 Barrett Seaman & David Beckwith, 「I Love People」, 『Time』, 7 July, 1986, p.16.

21 「Tony Snow」, 『Current Biography』, 67:9(September 2006), p.69.

22 James K. Galbraith, 『The Predator State: How Conservatives Abandoned the Free Market and Why Liberals Should Too』(New York: Free Press, 2008), p.108.

23 폴 돌런(Paul Dolan), 이영아 옮김, 『행복은 어떻게 설계되는가: 경제학과 심리학으로 파헤친 행복의 성장 조건』(와이즈베리, 2014/2015), 245~246쪽.

24 이인식, 『멋진 과학 2』(고즈윈, 2011), 94~96쪽.

25 로버트 프랭크(Robert Frank), 권성희 옮김, 『리치스탄: 새로운 백만장자의 탄생과 부의 비밀』(더난출판, 2007/2008), 227~228쪽.

26 로버트 프랭크(Robert Frank), 권성희 옮김, 『리치스탄: 새로운 백만장자의 탄생과 부의 비밀』(더난출판, 2007/2008), 228~229쪽.

27 스티븐 아스마(Stephen T. Asma), 노상미 옮김, 『편애하는 인간: 평등 강박에 빠진 현대인에 대한 인문학적 탐구』(생각연구소, 2013), 21~22쪽.

28 스티븐 아스마(Stephen T. Asma), 노상미 옮김, 『편애하는 인간: 평등 강박에 빠진 현대인에 대한 인문학적 탐구』(생각연구소, 2013), 271쪽.

29 이미숙, 『존경받는 부자들』(김영사, 2004), 36쪽.

30 에바 일루즈(Eva Illouz), 강주헌 옮김, 『오프라 윈프리, 위대한 인생』(Sb, 2003/2006), 254쪽; 강준만, 「charity」, 『교양영어사전 2』(인물과사상사, 2013), 115~117쪽 참고.

31 이미숙, 『존경받는 부자들』(김영사, 2004), 37쪽.

32 김기천, 「승자독식 사회 바로잡을 가장 긍정적인 대안 '기부': 박애 자본주의」, 『조선일보』, 2010년 7월 10일; 오미환, 「"기부는 투자" 착한 부자들에게 박수를!: 박애 자본주의」, 『한국일보』, 2010년 7월 10일.

33 매슈 비숍(Matthew Bishop) · 마이클 그린(Michael Green), 안진환 옮김, 『박애 자본주의』(사월의책, 2010), 67쪽.

34 매슈 비숍(Matthew Bishop) · 마이클 그린(Michael Green), 안진환 옮김, 『박애 자본주의』(사월의책, 2010), 28쪽.

35 매슈 비숍(Matthew Bishop) · 마이클 그린(Michael Green), 안진환 옮김, 『박애 자본주의』(사월의책, 2010), 435쪽.

36 임귀열, 「[임귀열 영어] Give until it hurts(아프도록 베풀라)」, 『한국일보』, 2014년 8월 6일.

37 Martin H. Manser, 『Get to the Roots: A Dictionary of Word & Phrase Origins』(New York: Avon Books, 1990), p.225; William Morris & Mary Morris, 『Morris Dictionary of Word and Phrase Origins』, 2nd ed.(New York: Harper & Row, 1971), p.577; 「tit for tat」, 『네이버 영어사전』; 「tit for tat」, 『다음 영어사전』.

38 엘리엇 애런슨(Elliot Aronson) · 캐럴 태브리스(Carol Tavris), 박웅희 옮김, 『거짓말의 진화: 자기정당화의 심리학』(추수밭, 2007), 280쪽.

39 존 카치오포(John T. Cacioppo) · 윌리엄 패트릭(William Patrick), 이원기 옮김, 『인간은 왜 외로움을 느끼는가: 사회신경과학으로 본 인간 본성과 사

회의 탄생』(민음사, 2008/2013), 88~90쪽.

40 이인식, 『아주 특별한 과학 에세이』(푸른나무, 2001), 24~26쪽; 마이클 맥컬러프(Michael McCullough), 김정희 옮김, 『복수의 심리학』(살림, 2008/2009), 156~160쪽.

41 제임스 서로위키(James Surowiecki), 홍대운·이창근 옮김, 『대중의 지혜: 시장과 사회를 움직이는 힘』(랜덤하우스중앙, 2004/2005), 164~165쪽; 강준만, 「왜 지역주의는 해소되기 어려울까?: 죄수의 딜레마」, 『우리는 왜 이렇게 사는 걸까?: 세상을 꿰뚫는 50가지 이론 2』(인물과사상사, 2014), 297~303쪽 참고.

42 강준만, 「왜 결혼식과 장례식은 간소화될 수 없나?: 상호성의 법칙」, 『감정독재: 세상을 꿰뚫는 50가지 이론』(인물과사상사, 2013), 153~158쪽 참고.

43 프란츠 부케티츠(Franz Wuketits), 염정용 옮김, 『왜 우리는 악에 끌리는가: 선악의 본질에 대한 진화론적 고찰』(21세기북스, 1999/2009), 129~130쪽.

44 프란츠 부케티츠(Franz M. Wuketits), 김성돈 옮김, 『도덕의 두 얼굴』(사람의무늬, 2010/2013), 44쪽.

45 프란스 드 발(Frans de Waal), 이충호 옮김, 『내 안의 유인원』(김영사, 2005), 292쪽.

46 개드 사드(Gad Saad), 김태훈 옮김, 『소비 본능: 왜 남자는 포르노에 열광하고 여자는 다이어트에 중독되는가』(더난출판, 2011/2012), 151쪽.

47 프란츠 부케티츠(Franz M. Wuketits), 김성돈 옮김, 『도덕의 두 얼굴』(사람의무늬, 2010/2013), 48~49쪽.

48 존 카치오프(John T. Cacioppo)·윌리엄 패트릭(William Patrick), 이원기 옮김, 『인간은 왜 외로움을 느끼는가: 사회신경과학으로 본 인간 본성과 사회의 탄생』(민음사, 2008/2013), 82쪽.

49 Christine Ammer, 『The Facts on File Dictionary of Clichés』(New York: Checkmark Books, 2001), p.363.

50 「slippery」, 『네이버 영어사전』.

51 「slope」, 『네이버 영어사전』.

52 Christine Ammer, 『The Facts on File Dictionary of Clichés』(New York: Checkmark Books, 2001), p.363.

53 에드워드 데이머(Edward Damer), 김회빈 옮김, 『엉터리 논리 길들이기』(새길, 1999), 188쪽; 로버트 코펠(Robert Koppel), 권성희 옮김, 『투자와 비이성적 마인드: 감정은 어떻게 객관적 데이터를 왜곡하는가?』(비즈니스북스, 2011/2013), 239쪽.

54 강재륜, 『논리학』(대왕사, 1996), 67~68쪽.

55 앨버트 허시먼(Albert O. Hirschman), 이근영 옮김, 『보수는 어떻게 지배하는가』(웅진지식하우스, 1991/2010), 125~127쪽.

56 로버트 프랭크(Robert H. Frank), 이한 옮김, 『사치 열병: 과잉시대의 돈과 행복』(미지북스, 1999/2011), 341쪽.

57 「monitor」, 『네이버 영어사전』; 「monitor」, 『다음 영어사전』.

58 Joseph A. DeVito, 『Human Communication: The Basic Course』, 11th ed.(New York: Pearson, 2009), p.460; 이민규, 『끌리는 사람은 1%가 다르다』(더난출판, 2009), 92쪽.

59 「Mark Snyder(psychologist)」, 『Wikipedia』; 「Self-monitoring」, 『Wikipedia』.

60 John Stewart ed., 『Bridges Not Walls: A Book about Interpersonal Communication』(New York: McGraw-Hill, 1995), p.164.

61 브라이언 리틀(Brian R. Little), 이창신 옮김, 『성격이란 무엇인가』(김영사, 2014/2015), 114~123쪽.

62 Joseph A. DeVito, 『The Interpersonal Communication Book』 3rd ed.(New York: Harper & Row, 1983), pp.33~35.

63 Judy C. Pearson et al., 『Human Communication』, 3rd ed.(New York: McGraw-Hill, 2008), p.54.

64 나은영, 『인간 커뮤니케이션과 미디어』(한나래, 2002), 70쪽.

제3장 역사 · 사회 · 변화

1 케네스 데이비스(Kenneth C. Davis), 이충호 옮김, 『당신이 성경에 대해 알아야 할 모든 것』(웅진지식하우스, 1998/2011), 441~442쪽.

2 케네스 데이비스(Kenneth C. Davis), 이충호 옮김, 『당신이 성경에 대해 알아야 할 모든 것』(웅진지식하우스, 1998/2011), 465쪽.

3 임귀열, 「[임귀열 영어] Xmas or Christmas」, 『한국일보』, 2013년 12월 9일.

4 윤희영, 「[윤희영의 News English] 크리스마스에 얽힌 이야기들」, 『조선일보』, 2015년 12월 15일.

5 「달란트[talent]」, 『네이버 지식백과』.

6 빌 브라이슨(Bill Bryson), 박중서 옮김, 『빌 브라이슨의 유쾌한 영어 수다』(휴머니스트, 1990/2013), 269쪽.

7 진 립먼-블루먼(Jean Lipman-Blumen), 정명진 옮김, 『부도덕한 카리스마의 매혹』(부글북스, 2005); 귄터 오거(Günter Ogger), 오승구 옮김, 『사기꾼의 경제: 경제는 이렇게 무너진다』(창해, 2004).

8 라즐로 복(Laszlo Bock), 이경식 옮김, 『구글의 아침은 자유가 시작된다: 구글 인사책임자가 직접 공개하는 인재등용의 비밀』(알에이치코리아, 2015), 118쪽.

9 김회승, 「[유레카] 신경제와 불평등」, 『한겨레』, 2014년 10월 9일.

10 케네스 데이비스(Kenneth C. Davis), 이순호 옮김, 『미국에 대해 알아야 할 모든 것, 미국사』(책과함께, 2003/2004); 벨 훅스(Bel Hooks), 이경아 옮김, 『벨 훅스, 계급에 대해 말하지 않기』(모티브북, 2008).

11 Louis Filler, 『The Muckrakers』(University Park, Penn.: The Pennsylvania State University Press, 1976); 하워드 진(Howard Zinn)· 레베카 스테포프(Rebecca Stefoff), 김영진 옮김, 『하워드 진 살아있는 미국 역사』(추수밭, 2007/2008).

12 케네스 데이비스(Kenneth C. Davis), 이순호 옮김, 『미국에 대해 알아야 할 모든 것, 미국사』(책과함께, 2003/2004); Michael Emery & Edwin Emery, 『The Press and America: An Interpretive History of the Mass Media』, 8th ed.(Boston, Mass.: Allyn and Bacon, 1996).

13 매슈 크렌슨(Matthew A. Crenson)·벤저민 긴스버그(Benjamin Ginsberg), 서복경 옮김, 『다운사이징 데모크라시: 왜 미국 민주주의는 나빠졌는가』(후마니타스, 2004/2013), 416쪽.

14 이보형, 『미국사 개설』(일조각, 2005).

15 케네스 데이비스(Kenneth C. Davis), 이순호 옮김, 『미국에 대해 알아야 할 모든 것, 미국사』(책과함께, 2003/2004).

16 Max Cryer, 『Common Phrases』(New York: Skyhorse, 2010), p.103; Charles Earle Funk & Charles Earle Funk, Jr., 『Horsefeathers and Other Curious Words』(New York: Quill, 1958/2002), p.41; Webb Garrison, 『What's in a Word?』(Dallas, TX: Thomas Nelson, 2000), p.161.

17 Adrian Room, 『Brewer's Dictionary of Modern Phrase & Fable』(London: Cassell, 2002), p.555.

18 「Fear mongering」, 『Wikipedia』.

19 커윈 C. 스윈트(Kerwin C. Swint), 김정욱·이훈 옮김, 『네거티브, 그 치명적 유혹: 미국의 역사를 바꾼 최악의 네거티브 캠페인 25위~1위』(플래닛미디어, 2005/2007), 77~88쪽.

20 「slice」, 『다음 영어사전』..

21 요아힘 모르(Joachim Mohr) 외, 박미화 옮김, 『무엇이 과연 진정한 지식인가』(더숲, 2011/2012), 73~75쪽.

22 프랭크 파트노이(Frank Partnoy), 강수희 옮김, 『속도의 배신』(추수밭, 2012/2013), 115~116쪽; 강준만, 「왜 우리는 다른 사람을 본 지 2초 만에 모든 걸 판단하는가?: 블링크」, 『감정 독재: 세상을 꿰뚫는 50가지 이론』(인물과사상사, 2013), 215~219쪽 참고.

23 Malcolm Gladwell, 『Blink: The Power of Thinking Without Thinking』(Back Bay Books, 2005), pp.45~46; 강준만, 「blink」, 『교양영어사전 2』(인물과사상사, 2013), 57~59쪽 참고.

24 토머스 대븐포트(Thomas H. Davenport)·브룩 맨빌(Brook Manville), 김옥경 옮김, 『최선의 결정은 어떻게 내려지는가』(프리뷰, 2012), 29쪽.

25 수전 핀커(Susan Pinker), 우진하 옮김, 『빌리지 이펙트: 페이스 투 페이스―접속하지 말고 접촉하라』(21세기북스, 2014/2015), 378쪽.

26 클리퍼드 기어츠(Clifford J. Geertz), 문옥표 옮김, 『문화의 해석』(까치,

1998), 20쪽.

27 조한욱, 『문화로 보면 역사가 달라진다』(책세상, 2000), 135~136쪽.

28 조한욱, 『문화로 보면 역사가 달라진다』(책세상, 2000), 12~13쪽.

29 안병직, 「제1장 '일상의 역사'란 무엇인가」, 안병직 외, 『오늘의 역사학』(한 겨레신문사, 2002), 41~42쪽.

30 「cascade」, 『네이버 영어사전』; 「cascade」, 『다음 영어사전』.

31 「인포메이션 캐스케이드[Information Cascade]」, 『네이버 지식백과』; 「Information cascade」, 『Wikipedia』.

32 제임스 서로위키(James Surowiecki), 홍대운 · 이창근 옮김, 『대중의 지혜: 시장과 사회를 움직이는 힘』(랜덤하우스중앙, 2004/2005), 90~92쪽.

33 던컨 와츠(Duncan J. Watts), 강수정 옮김, 『Small World: 여섯 다리만 건너면 누구와도 연결된다』(세종연구원, 2003/2004), 270쪽.

34 캐스 선스타인(Cass R. Sunstein), 이기동 옮김, 『루머』(프리뷰, 2009), 49~50쪽.

35 캐스 선스타인(Cass R. Sunstein), 이기동 옮김, 『루머』(프리뷰, 2009), 57쪽.

36 이형식, 『테네시 윌리엄즈: 삶과 작품세계』(건국대학교출판부, 1994).

37 데이비드 핼버스탬(David Halberstam), 김지원 옮김, 『데이비드 핼버스탬의 1950년대 아메리카의 꿈』(세종연구원, 1996).

38 최성희, 「미국 연극의 수용과 전후 한국 여성의 정체성: '욕망이라는 이름의 전차'의 한국 초연을 중심으로」, 김덕호 · 원용진 엮음, 『아메리카나이제이션』(푸른역사, 2008), 85~120쪽.

39 Nigel Rees, 『The Cassell Dictionary of Cliches』(New York: Cassell, 1996), p.44; Adrian Room, 『Brewer's Dictionary of Modern Phrase & Fable』(London: Cassell, 2002), p.144.

40 Allan Metcalf & David K. Barnhart, 『America In So Many Words: Words That Have Shaped America』(New York: Houghton Mifflin, 1997), pp.250~251.

41 클로드 M. 스틸(Claude M. Steele), 정여진 옮김, 『고정관념은 세상을 어떻게 위협하는가: 정체성 비상사태』(바이북스, 2010/2014), 9쪽.

42 앤디 메리필드(Andy Merrifield), 김병화 옮김, 『마주침의 정치』(이후, 2013/2015), 105, 153쪽.

43 앤디 메리필드(Andy Merrifield), 김병화 옮김, 『마주침의 정치』(이후, 2013/2015), 157~159쪽.

44 William Morris & Mary Morris, 『Morris Dictionary of Word and Phrase Origins』, 2nd ed.(New York: Harper & Row, 1971), p.415; Phil Cousineau, 『Word Catcher』(Berkeley, CA: Viva, 2010), pp.95~96; 찰스 패너티(Charles Panati), 이윤웅 옮김, 『문화와 유행상품의 역사 1』(자작나무, 1991/1997), 20~21쪽.

45 에드워드 렐프(Edward Relph), 김덕현 · 김현주 · 심승희 옮김, 『장소와

장소상실』(논형, 1976/2005), 101쪽; 크리스토퍼 래시(Christopher
Lasch), 이희재 옮김, 『진보의 착각: 당신이 진보라 부르는 것들에 관한 오
해와 논쟁의 역사』(휴머니스트, 1991/2014), 117~118쪽; 「Nostalgia」,
『Wikipedia』.

46 사이먼 레이놀즈(Simon Reynolds), 최성민 옮김, 『레트로 마니아: 과거에
중독된 대중문화』(작업실유령, 2011/2014), 27쪽.

제4장 경제·세계화·국제관계

1 이케다 준이치(池田純一), 서라미 옮김, 『왜 모두 미국에서 탄생했을까: 히
피의 창조력에서 실리콘밸리까지』(메디치, 2011/2013), 250쪽.

2 세스 고딘(Seth Godin), 박세연 옮김, 『이카루스 이야기: 생각을 깨우는 변
화의 힘』(한국경제신문, 2012/2014), 11, 40쪽.

3 엠 그리핀(Em Griffin), 김동윤·오소현 옮김, 『첫눈에 반한 커뮤니케이션
이론』(커뮤니케이션북스, 2012), 378쪽.

4 Orin Hargraves, ed., 『New Words』(New York: Oxford University Press,
2004), p.195.

5 윌리엄 데이비도(William H. Davidow), 김동규 옮김, 『과잉연결시대: 일상
이 된 인터넷, 그 이면에선 어떤 일이 벌어지는가』(수이북스, 2011), 9쪽; 강
준만, 「왜 혁신은 대도시에서 일어나는가?: 네트워크 효과」, 『생각의 문법:
세상을 꿰뚫는 50가지 이론 3』(인물과사상사, 2015), 279~284쪽 참고.

6 리처드 왓슨(Richard Watson), 이진원 옮김, 『퓨처 마인드: 디지털 문화와
함께 진화하는 생각의 미래』(청림출판, 2010/2011), 37~43쪽.

7 차두원·진영현, 『초연결시대, 공유경제와 사물인터넷의 미래』(한스미디
어, 2015), 207~211쪽.

8 「circuit」, 『다음 영어사전』.

9 「서킷 트레이닝[Circuit training]」, 『체육학대사전』(민중서관, 2000); 『네이
버 지식백과』에서 재인용.

10 「서킷 브레이커[circuit breakers]」, 『두산백과』; Adrian Room, 『Brewer's
Dictionary of Modern Phrase & Fable』(London: Cassell, 2002), p.140;
찰스 킨들버거(Charles P. Kindleberger)·로버트 알리버(Robert Z.
Aliber), 김홍식 옮김, 『광기, 패닉, 붕괴: 금융위기의 역사』(굿모닝북스,
2006), 343쪽.

11 마이클 루이스(Michael Lewis) 편저, 이규장·조진경·이건식 옮김, 『패닉
이후』(21세기북스, 2008), 97쪽.

12 심재우, 「애플 시총 하룻새 64조 원 증발」, 『중앙일보』, 2013년 1월 26일.

13 최광, 「'서킷 브레이커 도입' 시아오강 中 증권감독위원장 경질」, 『머니투
데이』, 2016년 2월 20일.

14 「사이드 카(side car)」, 『네이버 지식백과』.

15 Chris Anderson, 『The Long Tail: Why the Future of Business Is Selling Less of More』(New York: Hyperion, 2006/2008), p.11; 크리스 앤더슨 (Chris Anderson), 이노무브그룹 외 옮김, 『롱테일 경제학』(랜덤하우스, 2006), 47~48쪽.

16 「매스클루시비티[Massclusivity]」, 『네이버 지식백과』.

17 「대량 맞춤[Mass Customization]」, 『네이버 지식백과』.

18 존 실리 브라운(John Seely Brown)·폴 두구드(Paul Duguid), 이진우 옮김, 『비트에서 인간으로』(거름, 2000/2001), 43~44쪽.

19 조지 리처(George Ritzer), 김종덕 옮김, 『맥도날드 그리고 맥도날드화: 유토피아인가, 디스토피아인가』(시유시, 1999), 37쪽.

20 Randy Kluver, 「Globalization, Informatization, and Intercultural Communication」, Fred E. Jandt, ed., 『Intercultural Communication: A Global Reader』(Thousand Oaks, CA: Sage, 2004), pp.431~432.

21 기 소르망(Guy Sorman), 박선 옮김, 『열린 세계와 문명창조』(한국경제신문사, 1998), 22쪽.

22 홍성욱, 『네트워크 혁명, 그 열림과 닫힘: 지식기반사회의 비판과 대안』(들녘, 2002), 133~134쪽.

23 조 킨첼로(Joe L. Kincheloe), 성기완 옮김, 『맥도날드와 문화권력: 버거의 상징』(아침이슬, 2004), 193쪽.

24 박현일, 「미 개신교의 '아이콘' 수정교회가 가톨릭에 팔린 사연」, 『유코피아』, 2011년 11월 24일.

25 손유경, 「우리 전통예술은 한(恨)의 정서를 바탕에 깔고 있는가?」, 김용석 외 엮음, 『한국의 교양을 읽는다』(휴머니스트, 2003), 189쪽; 강준만, 「identity」, 『교양영어사전 2』(인물과사상사, 2013), 350~352쪽 참고.

26 지그문트 바우만(Zygmunt Bauman), 홍지수 옮김, 『방황하는 개인들의 사회』(봄아필, 2001/2013), 229, 247~248쪽.

27 프랭크 레흐너(Frank J. Lechner)·존 볼리(John Boli), 윤재석 옮김, 『문명의 혼성(World Culture)』(부글북스, 2005/2006), 83~85쪽.

28 지그문트 바우만(Zygmunt Bauman), 홍지수 옮김, 『방황하는 개인들의 사회』(봄아필, 2001/2013), 248쪽.

29 돈 탭스콧(Don Tapscott), 허운나·유영만 옮김, 『N세대의 무서운 아이들: 디지털·지식혁명의 신물결』(물푸레, 1999), 169~171쪽.

30 홍윤선, 『딜레마에 빠진 인터넷: 스토킹, 해킹, 게임중독…블랙 인터넷 바로보기』(굿인포메이션, 2002), 135쪽.

31 장정훈, 「소비자 동질감 이끄는 '아이덴슈머 마케팅' 확산」, 『중앙일보』, 2007년 12월 19일; 강명수 외, 「브랜드 커뮤니티 성과에 관한 연구: 관계 성과와 브랜드 자산을 중심으로」, 『광고연구』, 제69호(2005년 겨울), 11쪽.

32 오윤희, 「[Weekly BIZ] [Cover Story] 10년새 매출 3,000% 늘어난 '캐나다

구스'의 브랜드 전략」, 『조선일보』, 2014년 11월 29일.

33 조지프 나이(Joseph S. Nye, Jr.), 이기동 옮김, 『미국의 세기는 끝났는가』 (프리뷰, 2015), 158~159쪽.

34 팔란티어 2020, 『우리는 마이크로 소사이어티로 간다: 세상의 변화를 읽는 디테일 코드』(웅진윙스, 2008), 7쪽.

35 「MicroSociety」, 『Wikipedia』.

36 「Micronation」, 『Wikipedia』; 「Talossa」, 『Wikipedia』.

37 손민호, 「[분수대] 규제만 규제하면 정말 대박이 날까」, 『중앙일보』, 2014년 3월 26일.

38 심진용, 「[책과 삶] 빈곤을 착취하는, 그라민은행의 또 다른 '민낯'」, 『경향신문』, 2015년 11월 28일.

39 이지선, 「마이크로파이낸싱, 구명의 밧줄인가 죽음의 밧줄인가」, 『경향신문』, 2010년 12월 8일.

40 필립 맥마이클(Philip McMichael), 조효제 옮김, 『거대한 역설: 왜 개발할수록 불평등해지는가』(교양인, 2012/2013), 384쪽.

41 심진용, 「[책과 삶] 빈곤을 착취하는, 그라민은행의 또 다른 '민낯'」, 『경향신문』, 2015년 11월 28일.

42 김명환, 「그 시절 그 광고 [22] "고무는 구시대 유물…비니루가 최고!" 플라스틱을 '생활 개선 선구자' 취급」, 『조선일보』, 2014년 5월 28일.

43 Adrian Room, 『Brewer's Dictionary of Modern Phrase & Fable』 (London: Cassell, 2002), p.531.

44 「Plastic」, 『Wikipedia』.

45 임아영, 「[책과 삶] 대출광고가 판치는 사회서 생존하려면」, 『경향신문』, 2014년 3월 8일.

46 로리 에시그(Laurie Essig), 이재영 옮김, 『유혹하는 플라스틱: 신용카드와 성형수술의 달콤한 거짓말』(이른아침, 2010/2014), 193~194쪽; 강준만, 「왜 '크레딧 크런치'는 전혀 해롭지 않은 말처럼 들리는가?: crunch」, 『재미있는 영어 인문학 이야기 2』(인물과사상사, 2015), 130~132쪽 참고.

47 「preference」, 『다음 영어사전』.

48 Jordan Almond, 『Dictionary of Word Origins: A History of the Words, Expressions, and Cliches We Use』(Secaucus, NJ: Citadel Press, 1997), p.226.

49 장하준, 김희정 옮김, 『장하준의 경제학 강의: 지금 우리를 위한 새로운 경제학 교과서』(부키, 2014), 226~227쪽.

50 이남석, 『편향: 나도 모르게 빠지는 생각의 함정』(옥당, 2013), 109쪽.

51 하노 벡(Hanno Beck), 배명자 옮김, 『경제학자의 생각법』(알프레드, 2009/2015), 100~101쪽.

52 「tantrum」, 『네이버 영어사전』.

53 로버트 트리버스(Robert Trivers), 이한음 옮김, 『우리는 왜 자신을 속이도

록 진화했을까?: 진화생물학의 눈으로 본 속임수와 자기기만의 메커니즘』(살림, 2011/2013), 150~151쪽.

54 배정원, 「[Weekly BIZ] 신흥국 자금이 급격히 유출되면서 탠트럼 가능성」, 『조선일보』, 2015년 12월 19일.

55 김대호, 「미국 금리 인상 초읽기 드디어 오늘밤, 긴축발작의 정체는? 테이퍼 탠트럼(taper tantrum)의 유래와 뉴욕증시·코스피 전망」, 『글로벌이코노믹』, 2015년 12월 16일.

56 「Hyun-Song Shin」, 『Wikipedia』.

제5장 교육·대학·가족

1 Phil Cousineau, 『Word Catcher』(Berkeley, CA: Viva, 2010), p.79.

2 임귀열, 「[임귀열 영어] Relevant Conversation(대화법 코드)」, 『한국일보』, 2013년 12월 3일.

3 임귀열, 「[임귀열 영어] Witty Comebacks and Conversation(재치 있는 응답법)」, 『한국일보』, 2012년 10월 23일.

4 C. 더글러스 러미스(C. Douglas Lummis), 김종철·최성현 옮김, 『경제성장이 안 되면 우리는 풍요롭지 못할 것인가』(녹색평론사, 2000/2011), 196, 214쪽.

5 「Aaron Sams」, 『Wikipedia』; 「Blended learning」, 『Wikipedia』; 천인성·백민경, 「동영상 강의 미리 보고, 수업 땐 토론…대학가 '플립 러닝' 확산」, 『중앙일보』, 2015년 11월 12일; 강준만, 「미국 야구에서 타자가 타격 후 배트를 던지면 어떤 일이 벌어질까? bat flip」, 『재미있는 영어 인문학 이야기 3』(인물과사상사, 2015), 245~247쪽 참고.

6 파리드 자카리아(Fareed Zakaria), 강주헌 옮김, 『하버드 학생들은 더 이상 인문학을 공부하지 않는다』(사회평론, 2015), 157쪽.

7 노진호·어고은, 「입시·취업 일변도…일부 강사들 '눈길 끌기 쇼' 집중」, 『중앙선데이』, 2013년 12월 15일.

8 우승호, 「대학 강의 N스크린 시대 열린다」, 『서울경제』, 2013년 6월 17일; 어고은, 「"인터넷으로 유명 강좌 듣고 토론… '무크'를 더 많은 학생이 누렸으면"」, 『중앙선데이』, 2013년 12월 15일.

9 정원식, 「걸음마 떼는 한국형 '무크'…평생교육의 백년대계 찾아라」, 『경향신문』, 2015년 3월 4일.

10 강준만, 「왜 95%는 공짜로 주고 5%로 돈을 벌라고 하는가? freemium」, 『재미있는 영어 인문학 이야기 2』(인물과사상사, 2015), 236~239쪽 참고.

11 우병현, 「지갑을 열게 하는 '프리미엄(Freemium)' 전략」, 『조선일보』, 2014년 3월 7일; 「Coursera」, 『Wikipedia』.

12 나폴레온 힐(Napoleon Hill), 김정수 편역, 『나폴레온 힐 성공의 법칙』(중

양경제평론사, 1928/2007), 73~74쪽.

13 마틴 메이어(Martin Mayer), 조재현 옮김, 『교육전쟁: 마틴 메이어, 한국 교육을 말하다』(글로세움, 2009), 131쪽.

14 배철현, 「열정」, 『경향신문』, 2015년 10월 30일.

15 스티븐 맥나미(Stephen J. McNamee)·로버트 밀러 주니어(Robert K. Miller Jr.), 김현정 옮김, 『능력주의는 허구다: 21세기에 능력주의는 어떻게 오작동되고 있는가』(사이, 2015), 169~170쪽.

16 브리짓 슐트(Brigid Schulte), 안진이 옮김, 『타임푸어: 항상 시간에 쫓기는 현대인을 위한 일·가사·휴식 균형잡기』(더퀘스트, 2014/2015), 190쪽.

17 Grant Barrett, ed., 『Oxford Dictionary of American Political Slang』 (New York: Oxford University Press, 2004), p.239.

18 Grant Barrett, ed., 『Oxford Dictionary of American Political Slang』 (New York: Oxford University Press, 2004), p.281.

19 「Soccer Mom」, 『Wikipedia』.

20 Grant Barrett, ed., 『Oxford Dictionary of American Political Slang』 (New York: Oxford University Press, 2004), pp.232~233; Susie Dent, 『fanboys and overdogs: the language report』(New York: Oxford University Press, 2005), p.17; 강준만, 「mom」, 『교양영어사전』(인물과사상사, 2012), 469~471쪽 참고.

21 김민아, 「[여적] 타이거 맘」, 『경향신문』, 2013년 4월 8일.

22 이순녀, 「타이거 맘 자녀 '고양이' 된다? 자존감 적고 불안감 높아 美 '안티 타이거 맘' 확산」, 『서울신문』, 2012년 1월 19일, 22면.

23 임귀열, 「[임귀열 영어] Thinking of Father's Day(아버지 날)」, 『한국일보』, 2009년 6월 24일.

24 임귀열, 「[임귀열 영어] Thinking of Father's Day(아버지 날)」, 『한국일보』, 2009년 6월 24일.

25 「Laura Bush」, 『Current Biography』, 62:6(June 2001), p.16.

26 브리짓 슐트(Brigid Schulte), 안진이 옮김, 『타임푸어: 항상 시간에 쫓기는 현대인을 위한 일·가사·휴식 균형잡기』(더퀘스트, 2014/2015), 302쪽.

27 브리짓 슐트(Brigid Schulte), 안진이 옮김, 『타임푸어: 항상 시간에 쫓기는 현대인을 위한 일·가사·휴식 균형잡기』(더퀘스트, 2014/2015), 308쪽.

28 임귀열, 「[임귀열 영어] Father is a banker by nature(아버지는 돈 버는 사람)」, 『한국일보』, 2014년 5월 14일.

29 임귀열, 「[임귀열 영어] Smart Witticisms(재치 있게 말하기)」, 『한국일보』, 2011년 10월 18일.

30 강준만, 「Father's Day」, 『교양영어사전 2』(인물과사상사, 2013), 253쪽 참고.

31 양모듬, 「아버지의 날, 누가 만들었을까」, 『조선일보』, 2015년 6월 23일.

32 임귀열, 「[임귀열 영어] Father is a banker by nature(아버지는 돈 버는 사람)」, 『한국일보』, 2014년 5월 14일.

33 김민아, 「[여적] 아버지의 딸」, 『경향신문』, 2015년 8월 22일.

34 윤형준, 「여성에게 권력의 축 이동…이젠 세계적 현상」, 『조선일보』, 2013년 6월 28일.

35 「프렌디 마케팅[frienddy marketing]」, 『네이버 지식백과』.

36 김헌식, 「'프레디'는 가능한가?: 캠핑 대디 신드롬」, 『미디어오늘』, 2013년 6월 30일.

37 김윤덕, 「[만물상] "아빠랑 살래요"」, 『조선일보』, 2015년 2월 7일.

38 맷 리들리(Matt Ridley), 김한영 옮김, 『본성과 양육』(김영사, 2003/2004), 110쪽.

39 맷 리들리(Matt Ridley), 김한영 옮김, 『본성과 양육』(김영사, 2003/2004).

40 스티븐 맥나미(Stephen J. McNamee)·로버트 밀러 주니어(Robert K. Miller Jr.), 김현정 옮김, 『능력주의는 허구다: 21세기에 능력주의는 어떻게 오작동되고 있는가』(사이, 2015), 203쪽.

41 「Judith Rich Harris」, 『Wikipedia』.

42 김주환, 『그릿』(쌤앤파커스, 2013), 179~182쪽.

43 앨리사 쿼트(Alissa Quart), 유병규·박태일 옮김, 『나이키는 왜 짝퉁을 낳았을까』(한국경제신문, 2003/2004), 14쪽.

44 박원영, 『투덜투덜 뉴욕, 뚜벅뚜벅 뉴욕: 꼰대 감독의 뉴욕 잠입 생존기』(미래를소유한사람들, 2015), 261~262쪽.

45 맷 리들리(Matt Ridley), 김한영 옮김, 『본성과 양육』(김영사, 2003/2004), 356~357쪽.

46 데이브 그로스먼(Dave Grossman), 이동훈 옮김, 『살인의 심리학』(플래닛, 2009/2011), 232~233쪽.

47 Max Cryer, 『Common Phrases』(New York: Skyhorse, 2010), p.221; 강준만, 「obsolescence」, 『교양영어사전』(인물과사상사, 2012), 505~507쪽 참고.

48 앨빈 토플러(Alvin Toffler)·하이디 토플러(Heidi Toffler), 김중웅 옮김, 『부의 미래』(청림출판, 2006), 169~172쪽.

제6장 인생·삶·행복

1 Sara Tulloch, 『The Oxford Dictionary of New Words』(New York: Oxford University Press, 1992), pp.8~9; Adrian Room, 『Brewer's Dictionary of Modern Phrase & Fable』(London: Cassell, 2002), p.14.

2 캐서린 메이어(Catherine Mayer), 황덕창 옮김, 『어모털리티: 나이가 사라진 시대의 등장』(퍼플카우, 2011/2013), 71쪽.

3 연점숙, 「노년 여성을 위한 나라는 없다: 타자, 노년 여성, 페미니즘」, 이희원 외, 『페미니즘: 차이와 사이』(문학동네, 2011), 112쪽.

4 Jonathon Green, 『Newspeak: A Dictionary of Jargon』(Boston, MA: Routledge & Kegan Paul, 1985), p.6; 「The Gray Panthers」, 『Wikipedia』.

5 정희진, 「몸에 새겨진 계엄령, 나이」, 월간 『인권』, 제17호(2005년 1월), 12~15쪽.

6 Jordan Almond, 『Dictionary of Word Origins: A History of the Words, Expressions, and Cliches We Use』(Secaucus, NJ: Citadel Press, 1997), p.21; Martin H. Manser, 『Get to the Roots: A Dictionary of Word & Phrase Origins』(New York: Avon Books, 1990), pp.8~9; Robert L. Chapman, 『New Dictionary of American Slang』(New York: Harper & Row, 1986), p.6; 『시사영어사/랜덤하우스 영한대사전』(시사영어사, 1991), 113쪽.

7 Adrian Room, 『Brewer's Dictionary of Modern Phrase & Fable』 (London: Cassell, 2002), p.536.

8 리처드 스텐걸(Richard Stengel), 임정근 옮김, 『아부의 기술: 전략적인 찬사, 아부에 대한 모든 것』(참솔, 2000/2006), 439쪽.

9 임귀열, 「[임귀열 영어] One bad apple spoils the bunch(어물전 망신은 꼴뚜기가)」, 『한국일보』, 2011년 6월 1일.

10 박수련, 「이브·뉴턴·세잔·잡스…역사 바꾼 사과」, 『중앙일보』, 2012년 9월 22일.

11 이영완, 「[IF] [if 닥터] 애플 로고는 앨런 튜링의 독이 든 사과?」, 『조선일보』, 2015년 5월 30일.

12 홍재원, 「[탐사보도 '세상 속으로'] 재벌이 사는 법…된장찌개·파전 '음식은 소박', 헬기 동원 골프·레이싱 '취미는 화려'」, 『경향신문』, 2013년 6월 15일.

13 임귀열, 「[임귀열 영어] What's your comfort food?(정든 음식)」, 『한국일보』, 2015년 4월 4일.

14 유니 홍(Euny Hong), 정민현 옮김, 『코리안 쿨: 세계를 사로잡은 대중문화 강국 '코리아' 탄생기』(원더박스, 2014/2015), 114쪽.

15 Adrian Room, 『Brewer's Dictionary of Modern Phrase & Fable』 (London: Cassell, 2002), p.149.

16 류혜인, 『왜 아무도 성냥팔이 소녀를 도와주지 않았을까: 동화로 보는 심리학』(이가서, 2013), 20~24쪽.

17 Nigel Rees, 『The Cassell Dictionary of Cliches』(New York: Cassell, 1996), p.47; 수전 린(Susan Linn), 김승욱 옮김, 『TV 광고 아이들: 우리 아이들을 위협하는 키즈마케팅』(들녘, 2004/2006), 206~207쪽; 강준만, 「edge」, 『교양영어사전』(인물과사상사, 2012), 241~243쪽 참고.

18 Lois Beckwith, 『The Dictionary of Corporate Bullshit』(New York: Broadway Books, 2006), p.54.

19 Adrian Room, 『Brewer's Dictionary of Modern Phrase & Fable』

(London: Cassell, 2002), p.206.

20 나지홍, 「"미국은 가문사회" ···억만장자 2세, 세습 확률 9분의 1 '최고'」, 『조선일보』, 2015년 3월 24일.

21 주일우, 「지식의 최전선에 그가 있다, 존 브록만」, 『중앙일보』, 2013년 4월 13일.

22 주일우, 「지식의 최전선에 그가 있다, 존 브록만」, 『중앙일보』, 2013년 4월 13일.

23 노진서, 『영단어, 지식을 삼키다』(이담, 2014), 134쪽.

24 김찬호, 『모멸감: 굴욕과 존엄의 감정사회학』(문학과지성사, 2014), 251쪽.

25 리처드 세넷(Richard Sennett), 김병화 옮김, 『투게더: 다른 사람들과 함께 살아가기』(현암사, 2012/2013), 232~233쪽.

26 Christine Ammer, 『The Facts on File Dictionary of Clichés』(New York: Checkmark Books, 2001), p.122.

27 Christine Ammer, 『The Facts on File Dictionary of Clichés』(New York: Checkmark Books, 2001), p.399; 『엣센스 영한사전』, 제6정판(민중서림, 1995), 1145쪽.

28 아리아나 허핑턴(Ariana Huffington), 강주헌 옮김, 『제3의 성공』(김영사, 2014), 160쪽.

29 백성호, 「"성경에서 예수는 자신만이 하나님 아들이라 말한 적 없어"」, 『중앙일보』, 2015년 10월 8일.

30 임귀열, 「[임귀열 영어] From Boston Left to Idaho Stop(운전 행태 용어)」, 『한국일보』, 2013년 5월 2일.

31 그레그 매커운(Greg McKeown), 김원호 옮김, 『에센셜리즘: 본질에 집중하는 힘』(알에이치코리아, 2014), 22쪽.

32 배정원, 「[Weekly BIZ] 다 버려라···핵심만 빼고」, 『조선일보』, 2015년 1월 31일.

33 Phil Cousineau, 『Word Catcher』(Berkeley, CA: Viva, 2010), p.147.

34 Ronald W. Dworkin, 『Artificial Happiness: The Dark Side of the New Happy Class』(New York: Carroll & Graf Publishers, 2006), p.167; 로널드 드워킨(Ronald W. Dworkin), 박한선 · 이수인 옮김, 『행복의 역습: 행복 강박증 사회가 어떻게 개인을 병들게 하는가』(아로파, 2006/2014), 221쪽.

35 Marvin Terban, 『Scholastic Dictionary of Idioms』(New York: Scholastic, 1996), p.83.

36 앤 시튼(Anne Seaton) · 로위나 녹스(Rowena Knox), 『영어속담 쓰는 재미를 알게 되는 책』(두앤비컨텐츠, 2005), 106쪽.

37 임귀열, 「[임귀열 영어] Think long, think wrong(장고 끝에 악수)」, 『한국일보』, 2015년 4월 8일.

38 임귀열, 「[임귀열 영어] Convictions do not imply reasons(신념은 합리가 아니다)」, 『한국일보』, 2014년 4월 9일.

39 임귀열, 「[임귀열 영어] Think long, think wrong(장고 끝에 악수)」, 『한국
일보』, 2015년 4월 8일.

40 제임스 보그(James Borg), 정향 옮김, 『마음의 힘: 생각의 습관을 바꾸는 마
인드 파워 트레이닝』(한스미디어, 2010/2011), 31쪽.

41 Christine Ammer, 『The Facts on File Dictionary of Clichés』(New York:
Checkmark Books, 2001), p.55.

42 방현철, 「[만물상] 담배 죄악세(罪惡稅)」, 『조선일보』, 2015년 9월 9일.

43 임귀열, 「[임귀열 영어] Poverty is no sin(가난이 죄인가요)」, 『한국일보』,
2008년 12월 24일.

44 Christine Ammer, 『The Facts on File Dictionary of Clichés』(New York:
Checkmark Books, 2001), p.430.

45 Mike Davis, 『Dead Cities And Other Tales』(New York: The New Press,
2002), pp.123~124.

제7장 사랑·남녀관계·인간관계

1 조 내버로(Joe Navarro)·토니 시아라 포인터(Toni Sciarra Poynter), 장세
현 옮김, 『우리는 어떻게 설득당하는가』(위즈덤하우스, 2010/2012), 33~
46쪽.

2 대니얼 핑크(Daniel H. Pink), 김명철 옮김, 『파는 것이 인간이다』(청림출
판, 2012/2013), 115쪽; 니콜라 게겐(Nicholas Guéguen), 고경란 옮김,
『소비자는 무엇으로 사는가?: 고객의 심리에 관한 100가지 실험』(지형,
2005/2006), 324~325쪽.

3 브라이언 트레이시(Brian Tracy), 홍성화 옮김, 『전략적 세일즈』(비즈토크
북, 2012), 323~324쪽; 강준만, 「왜 모방은 가장 성실한 아첨인가?: 유사 매
력의 효과」, 『우리는 왜 이렇게 사는 걸까?: 세상을 꿰뚫는 50가지 이론 2』
(인물과사상사, 2014), 133~136쪽 참고.

4 임귀열, 「[임귀열 영어] Mirror Effect or Paraphrasing(되받아 말하기)」,
『한국일보』, 2013년 10월 22일.

5 김서영, 「여성들의 반격 미러링, 오프라인으로 나오다」, 『경향신문』, 2015년
12월 12일.

6 곽아람, 「[Why] 우리가 김치녀? 그럼 너네 남자들은 '한남충'」, 『조선일
보』, 2015년 10월 24일.

7 마크 엘우드(Mark Ellwood), 원종민 옮김, 『할인시대: 소비 3.0 시대의 행
동지침서』(처음북스, 2013/2014), 90, 197쪽.

8 Adrian Room, 『Brewer's Dictionary of Modern Phrase & Fable』
(London: Cassell, 2002), p.244.

9 이필상, 「국내 기업은 외국자본 먹이인가」, 『세계일보』, 2004년 10월 30일,

23면; 장하성, 「'코리아 디스카운트'의 실체」, 『한겨레』, 2004년 9월 22일, 23면.

10 「[사설] 탈북자 차별 방지法, 고용 인센티브 도입하자」, 『조선일보』, 2015년 3월 12일.

11 김창훈 외, 「'취업 위해서라면… '스펙 디스카운트' 시대」, 『한국일보』, 2015년 2월 26일.

12 셰릴 샌드버그(Sheryl Sandberg), 안기순 옮김, 『린 인』(와이즈베리, 2013), 74쪽.

13 안혜리, 「"이 오빠가 설명해줄게"」, 『중앙일보』, 2015년 3월 12일.

14 박선영, 「잇따른 여성 혐오 발언으로 주목받는 맨스플레인」, 『한국일보』, 2015년 5월 6일.

15 리베카 솔닛(Rebecca Solnit), 김명남 옮김, 『남자들은 자꾸 나를 가르치려 든다』(창비, 2014/2015), 24~25쪽.

16 「Manspreading」, 『Wikipedia』; 신경진, 「'쩍벌남' 등 신조어 1,000여 개 옥스퍼드 사전 등재」, 『중앙일보』, 2015년 8월 29일.

17 윤희영, 「[윤희영의 News English] "'쩍벌남'들, 너희 이제 큰일 났다"」, 『조선일보』, 2015년 9월 10일.

18 라즐로 복(Laszlo Bock), 이경식 옮김, 『구글의 아침은 자유가 시작된다: 구글 인사책임자가 직접 공개하는 인재등용의 비밀』(알에이치코리아, 2015), 127쪽.

19 Phil Cousineau, 『Word Catcher』(Berkeley, CA: Viva, 2010), p.156.

20 최재천, 「[최재천의 자연과 문화] [330] 키스의 진실」, 『조선일보』, 2015년 8월 18일.

21 케이트 폭스(Kate Fox), 권석하 옮김, 『영국인 발견(Watching the English)』(학고재, 2004/2010), 63쪽.

22 「flying kiss」, 『Wiktionary』.

23 「Eskimo kissing」, 『Wikipedia』; 「Butterfly Kiss」, 『Wikipedia』; 「Butterfly Kisses(song)」, 『Wikipedia』. 강준만, 「kiss」, 『교양영어사전 2』(인물과사상사, 2013), 381~382쪽 참고.

24 『엣센스 영한사전』, 제6정판(민중서림, 1995), 1572쪽.

25 임귀열, 「[임귀열 영어] Does Love need a reason?(사랑에도 이유가 필요한가?)」, 『한국일보』, 2009년 6월 3일.

26 Erich Fromm, 『The Art of Loving』(New York: Bantam Books, 1956, 1963), p.106.

27 『엣센스 영한사전』, 제6정판(민중서림, 1995), 1799쪽.

28 Christine Ammer, 『The Facts on File Dictionary of Clichés』(New York: Checkmark Books, 2001), p.267.

29 Christine Ammer, 『The Facts on File Dictionary of Clichés』(New York: Checkmark Books, 2001), p.402.

30 「I (Who Have Nothing)」, 『Wikipedia』.

31 유주희, 「[빅데이터 3.0시대] 〈상〉 디지털 엘도라도를 찾아서 방대한 정보 쪽
집게 분석…지나쳤던 일상도 상품이 된다」, 『서울경제』, 2013년 1월 23일.

32 캐서린 메이어(Catherine Mayer), 황덕창 옮김, 『어모털리티: 나이가 사라
진 시대의 등장』(퍼플카우, 2011/2013), 298쪽.

33 안병민, 「[휴넷MBA와 함께하는 경영 뉴 트렌드] 디테일로 승부… '마이크
로 밸류 마케팅'이 뜬다」, 『조선일보』, 2012년 8월 23일; 박정관, 「「소비자
스스로 자기가 뭘 원하는지 모를 때 많다」[17] "작은 것으로 승부하라"
(3)」, 『데일리팜』, 2012년 11월 26일.

34 차두원, 「온디맨드는 커넥티드 라이프 변화의 신호탄」, 『머니투데이』,
2015년 6월 7일.

35 이지용, 「[View & Outlook] 내 영화 취향 아는 IPTV 그 안에 미시경제학
있다」, 『매일경제』, 2015년 1월 23일.

36 「Microaggression」, 『Wikipedia』.

37 김환영, 「'미세 갑질'에도 눈살 찌푸리는 시대 올까?」, 『중앙일보』, 2015년
12월 12일.

38 브리짓 슐트(Brigid Schulte), 안진이 옮김, 『타임푸어: 항상 시간에 쫓기는
현대인을 위한 일·가사·휴식 균형잡기』(더퀘스트, 2014/2015), 448쪽.

39 스티븐 존슨(Steven Johnson), 서영조 옮김, 『탁월한 아이디어는 어디서
오는가』(한국경제신문, 2010/2012), 279쪽.

40 Neil Ewart, 『Everyday Phrases: Their Origins and Meanings』(Poole·
Dorset, UK: Blandford Press, 1983), p.106; Adrian Room, 『Brewer's
Dictionary of Modern Phrase & Fable』(London: Cassell, 2002), p.394.

41 「Pencil test(South Africa)」, 『Wikipedia』.

42 「Pencil skirt」, 『Wikipedia』.

43 정준화, 「내겐 너무 섹시한 펜슬스커트」, 『한겨레』, 2015년 6월 18일.

44 「남자들 미니스커트보다 펜슬스커트에 더 열광하는 이유」, http://tip.
daum.net/question/56696785/56696971?q=%ED%8E%9C%EC%8A%A
C%EC%8A%A4%EC%BB%A4%ED%8A%B8.

45 Adrian Room, 『Brewer's Dictionary of Modern Phrase & Fable』
(London: Cassell, 2002), p.526.

46 Christine Ammer, 『The Facts on File Dictionary of Clichés』(New York:
Checkmark Books, 2001), p.317; 『엣센스 영한사전』, 제6정판(민중서림,
1995), 1988쪽.

47 안정효, 『오역사전』(열린책들, 2013), 550쪽.

48 Michael Emery & Edwin Emery, 『The Press and America: An
Interpretive History of the Mass Media』, 8th ed.(Boston, Mass.: Allyn
and Bacon, 1996).

49 Christine Ammer, 『The Facts on File Dictionary of Clichés』(New York:

Checkmark Books, 2001), p.278.

50 「A picture is worth a thousand words」, 『Wikipedia』.

51 Christine Ammer, 『The Facts on File Dictionary of Clichés』(New York: Checkmark Books, 2001), p.380.

52 Albert Jack, 『Black Sheep and Lame Ducks: The Origins of Even More Phrases We Use Every Day』(New York: Perigree Book, 2007), p.120.

53 손진석, 「조국을 떠난 일론 머스크」, 『조선일보』, 2015년 12월 24일.

54 고승연·임영신·배미정, 「당신도 '스마트 아일랜드族'?」, 『매일경제』, 2011년 4월 1일.

55 김용섭, 『디지털 신인류』(영림카디널, 2005), 222쪽; 하워드 라인골드(Howard Rheingold), 이운경 옮김, 『참여군중: 휴대폰과 인터넷으로 무장한 새로운 군중』(황금가지, 2003).

56 만프레드 슈피처(Manfred Spitzer), 김세나 옮김, 『디지털 치매: 머리를 쓰지 않는 똑똑한 바보들』(북로드, 2012/2013), 91쪽.

57 정선언, 「"블랙아웃·범죄예방엔 스마터 시티가 답이다": 한국 온 벤켓 IBM 부사장」, 『중앙일보』, 2012년 8월 21일.

58 「스마트워크[smart work]」, 『네이버 지식백과』.

59 김한별, 「팔순 노인이 무거운 물건 번쩍…입는 로봇 세상 10년 내 온다」, 『중앙일보』, 2013년 2월 22일.

제8장 언론·대중문화·마케팅

1 Editors of the American Heritage Dictionaries, 『More Word Histories and Mysteries: From Aardvark to Zombie』(New York: Houghton Mifflin, 2006), pp.169~170; Adrian Room, 『Brewer's Dictionary of Modern Phrase & Fable』(London: Cassell, 2002), p.513.

2 「파파라치」, 『두산백과(www.doopedia.co.kr)』.

3 William Morris & Mary Morris, 『Morris Dictionary of Word and Phrase Origins』, 2nd ed.(New York: Harper & Row, 1971), pp.441~442; Nigel Rees, 『Cassell's Dictionary of Word and Phrase Origins』(London: Cassell, 2002), p.191; 「유시민과 함께 읽는 이탈리아 문화 이야기」, 『유시민과 함께 읽는 유럽 문화 이야기 II: 이탈리아·스위스·오스트리아편』(푸른나무, 1998), 50쪽.

4 심혜리, 「유명인사 사생활 찍는 '파파라치' 산업의 이면」, 『경향신문』, 2012년 2월 4일.

5 정철운, 「잇따른 연예특종, 탐사보도인가 파파라치인가」, 『미디어오늘』, 2013년 1월 5일.

6 「slash」, 『네이버 영어사전』.

7   허구연, 『허구연이 알려주는 여성을 위한 친절한 야구교과서』(북오션, 2012), 212쪽.

8   홍종윤, 『팬덤문화』(커뮤니케이션북스, 2014), 14쪽.

9   홍종윤, 『팬덤문화』(커뮤니케이션북스, 2014), 15쪽.

10 돈 탭스콧(Don Tapscott) · 앤서니 윌리엄스(Anthony D. Williams), 윤미나 옮김, 『위키노믹스: 웹2.0의 경제학』(21세기북스, 2006/2007), 229~230쪽.

11 이강수, 『현대 매스커뮤니케이션이론』(나남, 1991), 434쪽; 「Third-person effect」, 『Wikipedia』; 강준만, 「왜 "우리는 괜찮지만 다른 사람들은 영향을 받는다"고 생각하나?: '제3자 효과' 이론」, 『감정 독재: 세상을 꿰뚫는 50가지 이론』(인물과사상사, 2013), 165~169쪽 참고.

12 이남석, 『편향: 나도 모르게 빠지는 생각의 함정』(옥당, 2013), 126~128쪽; 「Hostile media effect」, 『Wikipedia』.

13 대니얼 J. 레비틴(Daniel J. Levitin), 김성훈 옮김, 『정리하는 뇌』(와이즈베리, 2014/2015), 490쪽.

14 오택섭 · 박성희, 「적대적 매체지각: 메시지인가 메신저인가」, 『한국언론학보』, 49권2호(2005년 4월), 141쪽.

15 오택섭 · 박성희, 「적대적 매체지각: 메시지인가 메신저인가」, 『한국언론학보』, 49권2호(2005년 4월), 136쪽.

16 홍인기 · 이상우, 「트위터의 뉴스 재매개가 이용자의 뉴스 지각에 미치는 영향」, 『방송통신연구』, 통권 제90호(2015년 4월), 76쪽.

17 한규석, 『사회심리학의 이해』(학지사, 1995), 143~144쪽; 데이비드 맥레이니(David McRaney), 박인균 옮김, 『착각의 심리학』(추수밭, 2011/2012), 122~126쪽; 「Just-world hypothesis」, 『Wikipedia』; 강준만, 「왜 파워포인트 프레젠테이션은 우리의 적이 되었는가?: 통제의 환상」, 『감정 독재: 세상을 꿰뚫는 50가지 이론』(인물과사상사, 2013), 31~37쪽 참고.

18 엘리엇 애런슨(Elliot Aronson), 박재호 옮김, 『인간, 사회적 동물: 사회심리학에 관한 모든 것』(탐구당, 2012/2014), 479쪽.

19 박진영, 『심리학 일주일』(시공사, 2014), 231쪽.

20 Markus Appel, 「Fictional Narratives Cultivate Just-World Beliefs」, 『Journal of Communication』, 58(2008), pp.62~83; 조너선 갓셜(Jonathan Gottschall), 노승영 옮김, 『스토리텔링 애니멀: 인간은 왜 그토록 이야기에 빠져드는가』(민음사, 2012/2014), 168쪽.

21 「시적 정의[詩的 正義, Poetic justice, Poetische Gerechtigkeit]」, 『네이버 지식백과』.

22 안정효, 『오역사전』(열린책들, 2013), 229쪽.

23 수지 오바크(Susie Orbach), 김명남 옮김, 『몸에 갇힌 사람들: 불안과 강박을 치유하는 몸의 심리학』(창비, 2009/2011), 224쪽.

24 노린 드레서(Norine Dresser), 박미경 옮김, 『낯선 문화 엿보기』(프레스빌,

1996/1997), 39쪽.

25 라즐로 복(Laszlo Bock), 이경식 옮김, 『구글의 아침은 자유가 시작된다: 구글 인사책임자가 직접 공개하는 인재등용의 비밀』(알에이치코리아, 2015), 80~81쪽.

26 이해익 외, 『한권으로 만나는 비즈니스 명저 40』(에코비즈, 2004), 253~254쪽; 장정빈, 『고객의 마음을 훔쳐라: 행동경제학을 활용한 매혹의 마케팅 & 서비스』(올림, 2013), 125쪽.

27 장정빈, 『고객의 마음을 훔쳐라: 행동경제학을 활용한 매혹의 마케팅 & 서비스』(올림, 2013), 125~126쪽.

28 임귀열, 「[임귀열 영어] Click–bait whoring is a sin(제목 낚시질은 죄악)」, 『한국일보』, 2012년 3월 19일.

29 에릭 슈밋(Eric Schmidt) 외, 박병화 옮김, 『구글은 어떻게 일하는가』(김영사, 2014), 136쪽.

30 에릭 슈밋(Eric Schmidt) 외, 박병화 옮김, 『구글은 어떻게 일하는가』(김영사, 2014), 137쪽.

31 리처드 오글(Richard Ogle), 『스마트월드』(리더스북, 2007/2008), 15쪽.

32 애덤 라신스키(Adam Lashinsky), 임정욱 옮김, 『인사이드 애플: 비밀제국 애플 내부를 파헤치다』(청림출판, 2012), 62, 74~77쪽.

33 마크 골스톤(Mark Goulston), 황혜숙 옮김, 『뱀의 뇌에게 말을 걸지 마라: 이제껏 밝혀지지 않았던 설득의 논리』(타임비즈, 2009/2010), 274쪽.

34 잭 웰치(Jack Welch) · 수지 웰치(Suzy Welch), 강주헌 옮김, 『잭 웰치의 마지막 강의』(알프레드, 2015), 162~164쪽.

35 Jordan Almond, 『Dictionary of Word Origins: A History of the Words, Expressions, and Cliches We Use』(Secaucus, NJ: Citadel Press, 1997), p.241.

36 임귀열, 「[임귀열 영어] Tip or go home(팁 주기 싫으면 오지 마라)」, 『한국일보』, 2015년 4월 25일.

37 로런스 레시그(Lawrence Lessig), 김정오 옮김, 『코드: 사이버공간의 법이론』(나남출판, 1999/2002), 354~355쪽.

38 구본권, 『당신을 공유하시겠습니까?』(어크로스, 2014), 104~108쪽.

39 윤정호, 「4달러 커피에 3달러 팁…모바일 결제가 부른 '팁 바가지'」, 『조선일보』, 2015년 2월 3일.

40 제프리 페퍼(Jeffrey Pfeffer) · 로버트 서튼(Robert I. Sutton), 안시열 옮김, 『생각의 속도로 실행하라』(지식노마드, 2000/2010), 8~10쪽; 마이클 유심(Michael Useeem), 안진환 옮김, 『고 포인트: 선택과 결정의 힘』(한국경제신문, 2006/2010), 35~36쪽.

41 제프리 페퍼(Jeffrey Pfeffer) · 로버트 서튼(Robert I. Sutton), 안시열 옮김, 『생각의 속도로 실행하라』(지식노마드, 2000/2010), 335~359쪽.

42 제프리 페퍼(Jeffrey Pfeffer) · 로버트 서튼(Robert I. Sutton), 안시열 옮김,

『생각의 속도로 실행하라』(지식노마드, 2000/2010), 344쪽.

43 강준만, 「Kodak」, 『교양영어사전 2』(인물과사상사, 2013), 385~387쪽 참고.

44 톰 켈리(Tom Kelley)·데이비드 켈리(David Kelley), 박종성 옮김, 『유쾌한 크리에이티브: 어떻게 창조적 자신감을 이끌어낼 것인가』(청림출판, 2013/2014), 164~166쪽.

45 톰 켈리(Tom Kelley)·데이비드 켈리(David Kelley), 박종성 옮김, 『유쾌한 크리에이티브: 어떻게 창조적 자신감을 이끌어낼 것인가』(청림출판, 2013/2014), 167~169쪽.

46 알 리스(Al Ries)·로라 리스(Laura Ries), 『마케팅 반란』(청림출판, 2003), 21쪽; 「Positioning (marketing)」, 『Wikipedia』.

47 잭 트라우트·알 리스, 안진환 옮김, 『포지셔닝』(을유문화사, 2002), 19, 27쪽.

48 틴 스키너 외, 강정인 편역, 『마키아벨리의 이해』(문학과지성사, 1993), 89쪽.

49 잭 트라우트·알 리스, 안진환 옮김, 『포지셔닝』(을유문화사, 2002), 28쪽.

50 잭 트라우트·알 리스, 안진환 옮김, 『포지셔닝』(을유문화사, 2002), 20쪽.

51 데이비드 오길비, 최경남 옮김, 『광고 불변의 법칙』(거름, 2004), 19쪽.

52 로언 깁슨 대담·정리, 형선호 옮김, 『미래를 다시 생각한다: 세계적 경영 베스트셀러 저자 15인의 긴급 제안!』(금호문화, 1998), 250쪽.

53 서지오 지먼 외, 이승봉 옮김, 『마케팅 종말: 팔리지 않는 광고가 마케팅을 죽이고 있다』(청림출판, 2003), 119~120쪽.

54 이명천·김요한, 『광고전략』(커뮤니케이션북스, 2013), 14~15쪽.

제9장 과학기술·디지털화·소통

1 조승연, 「인문학으로 배우는 비즈니스 영어] engineer」, 『조선일보』, 2014년 2월 22일.

2 Jeremy Rifkin, 『The European Dream: How Europe's Vision of the Future Is Quietly Eclipsing the American Dream』(New York: Penguin, 2004/2005), p.116; 제러미 리프킨(Jeremy Rifkin), 이원기 옮김, 『유러피언 드림: 아메리칸 드림의 몰락과 세계의 미래』(민음사, 2004/2005), 153쪽.

3 제임스 하킨(James Harkin), 고동홍 옮김, 『니치: 왜 사람들은 더 이상 주류를 좋아하지 않는가』(더숲, 2011/2012), 55쪽.

4 제임스 하킨(James Harkin), 고동홍 옮김, 『니치: 왜 사람들은 더 이상 주류를 좋아하지 않는가』(더숲, 2011/2012), 59쪽.

5 김난도 외, 『트렌드 코리아 2015』(미래의창, 2014), 275쪽.

6 정태식, 『거룩한 제국: 아메리카·종교·국가주의』(페이퍼로드, 2015), 187쪽.

7 김국현, 『웹 이후의 세계』(성안당, 2009), 67쪽.

8 커넥팅랩, 『모바일트렌드 2014』(미래의창, 2013), 83쪽.

9 「mash-up」, 『네이버 영어사전』.

10 돈 탭스콧(Don Tapscott)·앤서니 윌리엄스(Anthony D. Williams), 윤미나 옮김, 『위키노믹스: 웹2.0의 경제학』(21세기북스, 2006/2007), 222쪽.

11 더글러스 러시코프(Douglas Rushkoff), 박종성·장석훈 옮김, 『현재의 충격: 모든 것이 지금 일어나고 있다』(청림출판, 2013/2014), 215~217쪽.

12 김난도 외, 『트렌드 코리아 2015』(미래의창, 2014), 122~123쪽.

13 우한울, 「우리는 왜 블로그에 열광하는가?」, 『세계일보』, 2004년 11월 29일, 29면.

14 박지훈, 「'싸이질' 다시보기」, 『당대비평』, 제27호(2004년 가을), 370~371쪽.

15 문주영, 「신세대 라이프스타일 3대 키워드」, 『경향신문』, 2004년 12월 8일, 2면.

16 안준현, 「'1인 매체' 블로그가 전통 언론관 흔든다」, 『한국일보』, 2005년 3월 10일, 14면; 이상헌, 「할 말 있는 사람은 블로그로: 블로기즘(Blogism)은 가능한가?」, 『신문과방송』, 2005년 2월, 140~143쪽.

17 임귀열, 「[임귀열 영어] Blog, blogger, blogging(blog의 의미와 쓰임)」, 『한국일보』, 2011년 1월 31일.

18 조엘 컴(Joel Comm)·켄 버지(Ken Burge), 신기라 옮김, 『트위터: 140자로 소통하는 신인터넷 혁명』(예문, 2009), 144쪽.

19 이지선·김지수, 『디지털 네이티브 스토리』(리더스하우스, 2011), 72~73쪽.

20 이택광, 「1장 트위터라는 히스테리 기계」, 이택광 외, 『트위터, 그 140자 평등주의』(자음과모음, 2012), 21~22쪽.

21 김외현, 「중국판 트위터, 한국판 트위터」, 『한겨레』, 2010년 12월 16일; 톰 스탠디지(Tom Standage), 노승영 옮김, 『소셜미디어 2000년: 파피루스에서 페이스북까지』(열린책들, 2013/2015), 343쪽.

22 서옥식 편저, 『오역의 제국: 그 거짓과 왜곡의 세계』(도리, 2013), 69쪽.

23 Philip K. Howard, 『Life Without Lawyers: Liberating Americans form Too Much Law』(New York: W. W. Norton & Co., 2009), p.11.

24 Christine Ammer, 『The Facts on File Dictionary of Clichés』(New York: Checkmark Books, 2001), p.249.

25 「mine」, 『다음 영어사전』.

26 하노 벡(Hanno Beck), 배명자 옮김, 『경제학자의 생각법』(알프레드, 2009/2015), 214쪽.

27 마이클 본드(Michael Bond), 문희경 옮김, 『타인의 영향력: 그들의 생각과 행동은 어떻게 나에게 스며드는가』(어크로스, 2014/2015), 39쪽.

28 김난도 외, 『트렌드 코리아 2016』(미래의창, 2015), 99쪽.

29 Adrian Room, 『Brewer's Dictionary of Modern Phrase & Fable』(London: Cassell, 2002), p.532; 「Platform shoe」, 『Wikipedia』; 「Elevator shoes」, 『Wikipedia』.

30 조승연, 「[Weekly BIZ] [인문학으로 배우는 비즈니스 영어] platform」, 『조

선일보』, 2013년 11월 9일.

31 유봉석, 『게이트 쉐이링』(매일경제신문사, 2014), 33쪽.

32 손해용, 「산업 생태계 휘젓는 이들: 모바일시대 '플랫폼 비즈니스'의 명암」, 『중앙일보』, 2014년 12월 11일.

33 이봉현, 「플랫폼이 되는 자가 승리한다」, 『한겨레』, 2015년 5월 8일.

34 안정효, 『오역사전』(열린책들, 2013), 650쪽.

35 로저 실버스톤(Roger Silverstone), 김세은 옮김, 『왜 미디어를 연구하는가?』(커뮤니케이션북스, 1999/2009), 221~222쪽.

36 「singular, singularity」, 『네이버 영어사전』.

37 에릭 브린욜프슨(Erik Brynjolfsson)·앤드루 맥아피(Andrew McAfee), 이한음 옮김, 『제2의 기계시대: 인간과 기계의 공생이 시작된다』(청림출판, 2014), 319~320쪽; 「The Singularity Is Near」, 『Wikipedia』.

38 레이 커즈와일(Ray Kurzweil), 김명남·장시형 옮김, 『특이점이 온다: 기술이 인간을 초월하는 순간』(김영사, 2005/2007).

39 리처드 왓슨(Richard Watson), 이진원 옮김, 『퓨처 마인드: 디지털 문화와 함께 진화하는 생각의 미래』(청림출판, 2010/2011), 88, 99쪽; 피터 틸(Peter Thiel)·블레이크 매스터스(Blake Masters), 이지연 옮김, 『제로 투 원』(한국경제신문, 2014), 250쪽; 비제이 바이테스워런(Vijay V. Vaitheeswaran), 안진환 옮김, 『필요 속도 탐욕』(한국경제신문, 2012/2013), 131쪽.

40 조승연, 「[Weekly BIZ] [인문학으로 배우는 비즈니스 영어] tablet」, 『조선일보』, 2014년 11월 8일.

41 「tablet」, 『Online Etymology Dictionary』; 「tabloid」, 『Online Etymology Dictionary』; Editors of the American Heritage Dictionaries, 『More Word Histories and Mysteries: From Aardvark to Zombie』(New York: Houghton Mifflin, 2006), p.233; 강준만, 「tabloid」, 『교양영어사전』(인물과사상사, 2012), 653~654쪽 참고.

42 임귀열, 「[임귀열 영어] Tabloid Tales(찌라시 문화)」, 『한국일보』, 2015년 1월 8일.

43 「태블릿 PC」, 『위키백과』; 「Phablet」, 『Wikipedia』.

44 옥철, 「올해 '패블릿'이 '태블릿'을 추월한다」, 『연합뉴스』, 2015년 7월 11일.

45 로저 마틴(Roger Martin), 이건식 옮김, 『디자인 씽킹』(웅진윙스, 2009/2010), 21쪽.

46 클라이브 톰슨(Clive Thompson), 이경남 옮김, 『생각은 죽지 않는다』(알키, 2013/2015), 166~167쪽.

47 정선형, 「3D 프린터 대중화 법적 문제 대두」, 『세계일보』, 2013년 5월 20일, 13면.

48 박철수, 『아파트: 공적 냉소와 사적 정열이 지배하는 사회』(마티, 2013), 256쪽.

49 박철수, 『아파트: 공적 냉소와 사적 정열이 지배하는 사회』(마티, 2013), 255쪽.

50 「Transgenerational design」, 『Wikipedia』.

51 유필화, 「[실전 MBA] 멀티태스킹의 덫」, 『조선일보』, 2013년 12월 23일.

52 게리 켈러(Gary Keller) · 제이 파파산(Jay Papasan), 구세희 옮김, 『원씽: 복잡한 세상을 이기는 단순함의 힘』(비즈니스북스, 2012/2013), 59~60쪽.

53 리처드 왓슨(Richard Watson), 이진원 옮김, 『퓨처 마인드: 디지털 문화와 함께 진화하는 생각의 미래』(청림출판, 2010/2011), 43~44쪽.

54 캐서린 스타이너 어데어(Catherine Steiner-Adair) · 테레사 바커(Teresa H. Barker), 이한이 옮김, 『디지털 시대, 위기의 아이들: 디지털 세상에서 아이는 어떻게 자라는가』(오늘의책, 2013/2015), 91쪽.

55 리처드 왓슨(Richard Watson), 이진원 옮김, 『퓨처 마인드: 디지털 문화와 함께 진화하는 생각의 미래』(청림출판, 2010/2011), 43~44쪽.

56 데이비드 크렌쇼(David Crenshaw), 이경아 옮김, 『멀티태스킹은 없다』(아롬미디어, 2008/2009), 62~67쪽.

57 셰리 터클(Sherry Turkle), 이은주 옮김, 『외로워지는 사람들: 테크놀로지가 인간관계를 조정한다』(청림출판, 2010/2012), 70쪽.

제10장 건강 · 수면 · 스포츠

1 수지 오바크(Susie Orbach), 김명남 옮김, 『몸에 갇힌 사람들: 불안과 강박을 치유하는 몸의 심리학』(창비, 2009/2011), 189쪽.

2 수지 오바크(Susie Orbach), 김명남 옮김, 『몸에 갇힌 사람들: 불안과 강박을 치유하는 몸의 심리학』(창비, 2009/2011), 193~194쪽.

3 김철중, 「[만물상] 비만 기준」, 『조선일보』, 2015년 4월 24일; 권대익, 「한국이 미국보다 뚱보 더 많다고?」, 『한국일보』, 2015년 6월 26일.

4 김한별, 「BMI 기준 살짝 넘기니 더 오래 사네」, 『중앙일보』, 2013년 8월 23일.

5 Max Cryer, 『Common Phrases』(New York: Skyhorse, 2010), p.200.

6 Georgia Hole, 『The Real McCoy: The True Stories Behind Our Everyday Phrases』(New York: Oxford University Press, 2005), p.127.

7 Adrian Room, 『Brewer's Dictionary of Modern Phrase & Fable』(London: Cassell, 2002), p.483.

8 「take pains」, 『네이버 영어사전』.

9 임귀열, 「[임귀열 영어] Grief Speaks(슬픔의 얘기)」, 『한국일보』, 2014년 5월 7일.

10 데이비드 크리스털(David Crystal), 서순승 옮김, 『언어의 작은 역사』(휴머니스트, 2010/2013), 18쪽.

11 Evan Morris, 『From Altoids to Zima: The Surprising Stories Behind 125

Brand Names』(New York: Fireside Book, 2004), p.197.

12 김난도 외, 『트렌드 코리아 2016』(미래의창, 2015), 175쪽.

13 임귀열, 「임귀열 영어」 From Original Brand to generic product(상품명의 일반 명사화)」, 『한국일보』, 2011년 6월 16일.

14 최보윤, 「뱀은 살판났다, 비아그라 덕분에」, 『조선일보』, 2013년 7월 6일.

15 임귀열, 「임귀열 영어」 Serendipity: chance event(우연한 행운)」, 『한국일보』, 2013년 5월 29일; 강준만, 「왜 우연은 준비된 자에게만 미소 짓는가?: 세렌디피티」, 『독선 사회: 세상을 꿰뚫는 50가지 이론 4』(인물과사상사, 2015), 181~185쪽 참고.

16 김홍식, 「클레멘스, 경기력 향상 위해 '비아그라'도 복용」, 『조이뉴스24』, 2008년 6월 11일; 임정식, 「발기부전 치료제, 선수들 경기력 향상 효과 논쟁」, 『스포츠조선』, 2008년 7월 14일.

17 임귀열, 「임귀열 영어」 Smoking Sayings(흡연 얘기)」, 『한국일보』, 2011년 1월 5일.

18 강준만, 『세계문화사전』(인물과사상사, 2005).

19 「Jeffrey Wigand」, 『Current Biography』, 61:4(April 2005), p.85.

20 「Jean Kilbourne」, 『Current Biography』, 65:5(May 2004), p.43.

21 더글러스 러시코프(Douglas Rushkoff), 오준호 옮김, 『보이지 않는 주인: 인간을 위한 경제는 어떻게 파괴되었는가』(웅진지식하우스, 2009/2011), 93쪽.

22 클로테르 라파이유(Clotaire Rapaille), 김상철·김정수 옮김, 『컬처코드: 세상의 모든 인간과 비즈니스를 여는 열쇠』(리더스북, 2006/2007), 145~147쪽.

23 Christine Ammer, 『The Facts on File Dictionary of Clichés』(New York: Checkmark Books, 2001), p.188.

24 Christine Ammer, 『The Facts on File Dictionary of Clichés』(New York: Checkmark Books, 2001), p.67.

25 댄 애리얼리(Dan Ariely), 이경식 옮김, 『거짓말하는 착한 사람들: 우리는 왜 부정행위에 끌리는가』(청림출판, 2012), 82쪽; 「멀리건[mulligan]」, 『네이버 지식백과』; 「Mulligan(games)」, 『Wikipedia』; Adrian Room, 『Brewer's Dictionary of Modern Phrase & Fable』(London: Cassell, 2002), p.464.

26 서기열, 「구연찬 장암칼스 회장 "멀리건 절대 안 받아…경영도 원칙대로"」, 『한국경제』, 2013년 10월 31일.

27 댄 애리얼리(Dan Ariely), 이경식 옮김, 『거짓말하는 착한 사람들: 우리는 왜 부정행위에 끌리는가』(청림출판, 2012), 82~83쪽; 예진수, 「난 착한 사람이니까…소소한 거짓말은 괜찮다?」, 『문화일보』, 2012년 7월 20일.

28 댄 애리얼리(Dan Ariely), 이경식 옮김, 『거짓말하는 착한 사람들: 우리는 왜 부정행위에 끌리는가』(청림출판, 2012), 86~87쪽.

29 곽아람, 「졸면 정말 죽는다…반드시 代價 치르는 '수면 빚(sleep debt)'」,
『조선일보』, 2015년 5월 23일; 「Sleep debt」, 『Wikipedia』; 강준만, 「왜
"졸면 정말 죽는다"는 말이 나오는가? sleep debt」, 『재미있는 영어 인문학
이야기 2』(인물과사상사, 2015), 181~184쪽 참고.

30 그레그 매커운(Greg McKeown), 김원호 옮김, 『에센셜리즘: 본질에 집중
하는 힘』(알에이치코리아, 2014), 126쪽.

31 대니얼 J. 레비틴(Daniel J. Levitin), 김성훈 옮김, 『정리하는 뇌』(와이즈베
리, 2014/2015), 285~288쪽.

32 울리히 슈나벨(Ulrich Schnabel), 김희상 옮김, 『행복의 중심 휴식』(걷는나
무, 2010/2011), 99~100쪽.

33 그레그 매커운(Greg McKeown), 김원호 옮김, 『에센셜리즘: 본질에 집중
하는 힘』(알에이치코리아, 2014), 129쪽.

34 Marvin Terban, 『Scholastic Dictionary of Idioms』(New York:
Scholastic, 1996), p.209; 강준만, 「sleep」, 『교양영어사전』(인물과사상사,
2012), 613~615쪽 참고.

35 리처드 왓슨(Richard Watson), 이진원 옮김, 『퓨처 마인드: 디지털 문화와
함께 진화하는 생각의 미래』(청림출판, 2010/2011), 134쪽.

36 울리히 슈나벨(Ulrich Schnabel), 김희상 옮김, 『행복의 중심 휴식』(걷는나
무, 2010/2011), 118쪽; 앤드루 스마트(Andrew Smart), 윤태경 옮김, 『뇌의
배신』(미디어윌, 2013/2014), 33쪽; 「Default mode network」,
『Wikipedia』.

37 데이비드 디살보(David DiSalvo), 이은진 옮김, 『나는 결심하지만 뇌는 비
웃는다』(모멘텀, 2012), 102쪽.

38 대니얼 J. 레비틴(Daniel J. Levitin), 김성훈 옮김, 『정리하는 뇌』(와이즈베
리, 2014/2015), 77쪽.

39 William Safire, 『Safire's Political Dictionary』(New York: Random
House, 1978), pp.615~616, 653~654; 강준만, 「sleep」, 『교양영어사전』
(인물과사상사, 2012), 613~615쪽 참고.

40 지그문트 바우만(Zygmunt Bauman), 조은평·강지은 옮김, 『고독을 잃어
버린 시간』(동녘, 2010/2012), 367쪽.

41 이명천·김요한, 『광고 전략』(커뮤니케이션북스, 2013), 82~83쪽; 강준만,
「왜 선거 캠페인에서 흑색선전이 효과를 발휘할 수 있을까?: 수면자 효과」,
『우리는 왜 이렇게 사는 걸까?: 세상을 꿰뚫는 50가지 이론 2』(인물과사상
사, 2014), 193~198쪽 참고.

42 이민희, 『팬덤이거나 빠순이거나: H.O.T. 이후 아이돌 팬덤의 ABC』(알마,
2013), 63쪽.

43 Todd Gitlin, 『Media Unlimited: How the Torrent of Images and Sounds
Overwhelms Our Lives』(New York: Metropolitan Books, 2002), p.88;
토드 기틀린(Todd Gitlin), 남재일 옮김, 『무한 미디어: 미디어 독재와 일상

의 종말』(Human & Books, 2002/2006), 132쪽.

44 「기면증」, 『위키백과』.

45 「Kleine-Levin syndrome」, 『Wikipedia』.

46 김동환, 「"잠자는 숲 속 공주는 동화일 뿐"…하루에 21시간 자는 女」, 『세계일보』, 2014년 11월 24일.

**재미있는
영어 인문학 이야기 4**

ⓒ 강준만, 2016

초판 1쇄 2016년 4월 20일 펴냄
초판 2쇄 2018년 6월 7일 펴냄

지은이 | 강준만
펴낸이 | 강준우
기획·편집 | 박상문, 박효주, 김예진, 김환표
디자인 | 최원영
마케팅 | 이태준
관리 | 최수향
인쇄·제본 | 대정인쇄공사

펴낸곳 | 인물과사상사
출판등록 | 제17-204호 1998년 3월 11일

주소 | (121-839) 서울시 마포구 서교동 392-4 삼양E&R빌딩 2층
전화 | 02-325-6364
팩스 | 02-474-1413
www.inmul.co.kr | insa@inmul.co.kr

ISBN 978-89-5906-398-7 04300
      978-89-5906-346-8 (세트)

값 15,000원

이 도서의 국립중앙도서관 출판시도서목록(CIP)은 서지정보유통지원시스템 홈페이지
(http://seoji.nl.go.kr)와 국가자료공동목록시스템(http://www.nl.go.kr/kolisnet)에서
이용하실 수 있습니다. (CIP제어번호: CIP2016009035)